AF368382

Michael Sinnhuber

3, 2, 1...
REDEN IST JETZT DEINS

Sofort bessere,
überzeugendere & gewinnbringendere
Reden & Präsentationen halten mit der
ganzheitlichen HAUS DES REDENS METHODE

Genderhinweis

Die in diesem Buch verwendeten Personenbezeichnungen beziehen sich immer gleichermaßen auf weibliche und männliche Personen. Auf eine Doppelnennung und gegenderte Bezeichnungen wird zugunsten einer besseren Lesbarkeit verzichtet.

https://mcprezi.academy

© 2024 Mag. Michael Sinnhuber
Umschlag, Illustration: MCPREZI.com
Weitere Mitwirkende: Claudia Sima, MSc

Druck und Distribution im Auftrag von Michael Sinnhuber: tredition GmbH, Halenreie 40-44, 22359 Hamburg, Deutschland

ISBN
Paperback   978-3-384-31241-9
Hardcover   978-3-384-31242-6
E-Book   978-3-384-31243-3

INHALTSVERZEICHNIS

VORWORT

Wir leben in einer schnelllebigen Zeit mit einer noch nie da gewesenen Informationsflut. Und je größer die Informationsflut, desto wichtiger ist es, effizient zu kommunizieren. Und zwar egal, ob vor einem großen Publikum oder nur im Zweier- oder Dreiergespräch, im Meeting oder in anderen Situationen, in denen es wichtig ist, Deine Stimme zu erheben.

Angstfrei und überzeugend vor Menschen reden & präsentieren zu können, ist also heute wichtiger denn je. Und zwar egal, in welchem Beruf Du tätig bist. Früher oder später kommen wir ALLE in eine Situation, wo wir vor mehr oder weniger Menschen reden müssen. Oder in Situationen, in denen es darum geht, zu einem Thema Stellung zu beziehen und seine Meinung zu sagen.

Und die, die in diesen Situationen das Wort souverän erheben (können), werden immer die sein, die in Erinnerung bleiben und somit am Ende des Tages erfolgreicher sein werden als die, die das nicht können.

Dabei geht es im ersten Schritt noch gar nicht um das Können. Vielmehr geht es um das Wollen oder besser gesagt das Nichtwollen. Die meisten Menschen drücken sich nämlich in vielen Fällen davor, überhaupt zu reden. Sie wollen nicht, sagen aber etwas anderes, nämlich dass sie es nicht können.

Kommt Dir das bekannt vor? Wenn ja, dann mach Dir keine Sorgen. Den erstens bist Du nicht allein und zweitens bist Du jetzt hier und somit am Start einer Reise, die Dein Leben verändern wird.

Denn was auf den ersten Blick nach einem Problem klingt, ist in Wahrheit die größte Chance für Dich und alle jene, die über ihren Schatten springen und sich raus auf die Bühne trauen. DAS sind die wahren Gewinner! Denn, dadurch, dass sich so Wenige trauen vor Menschen zu reden, ist es für diejenigen, die sich trauen, umso einfacher aus der Masse hervorzustechen, in Erinnerung zu bleiben und somit persönlich und beruflich erfolgreicher zu werden. Kleiner Schritt, große Wirkung. Klingt fast zu gut, um wahr zu sein, oder?

Aber weißt Du, was noch besser ist? DU wirst schon bald ebenfalls zu diesen Gewinnern gehören. Wie ich mir da so sicher sein kann, fragst Du Dich? Ganz einfach - Du bist jetzt hier. Damit hast Du den ersten Schritt schon genommen. DU WILLST Dich verändern und über Deinen Schatten springen.

Fehlt also nur mehr das KÖNNEN. Und zum Thema Können gibt es eine gute Nachricht. Nämlich - Reden kann man lernen! Das wussten schon die alten Römer. So lautet ein römisches Sprichwort „Poeta nascitur, orator fit" (Ein Dichter wird geboren, ein Redner wird gemacht). Und dass das Reden lernen keine Raketenwissenschaft ist, wusste schon Marcus Tullius Cicero, als er vor mehr als 2.000 Jahren meinte „Reden lernt man nur durch reden."

Klingt einfach, ist es auch! Auch wenn Du das jetzt noch nicht glauben kannst. Aber mit der richtigen Methode - nämlich meiner **HAUS DES REDENS METHODE** (HDRM) - wirst auch Du ganz schnell echte Ergebnisse erzielen. Und wenn Du erst einmal auf dem Weg bist, dann kann Dich niemand mehr stoppen.

Das kann ich Dir aus eigener Erfahrung bestätigen, ebenso wie die beiden oben genannten Zitate.

EINLEITUNG

Schweigen ist Silber, reden (zu können) ist Gold

Ich weiß, Du kennst diesen Spruch anders. Aber in unserem Zusammenhang ist der Originalspruch „Reden ist Silber, Schweigen ist Gold" völliger Blödsinn. Oder kannst Du Dich an eine Rede oder Präsentation in Deinem Leben erinnern, bei der der Vortragende das Publikum durch Schweigen überzeugt hat? Ich nicht.

Ganz im Gegenteil. Wir leben in einer Welt der Dauerbeschallung. Auch wenn es manchmal Sinn macht, innezuhalten, so kommt der wahre Erfolg nur dadurch, aus der Masse der Dauerbeschallung hervorzustechen. Nicht durch mehr Lautstärke, sondern durch überzeugendere Worte.

Willkommen in einer Welt, in der Worte Macht haben und Reden das neue Gold ist. Und dieses Gold glänzt im wahrsten Sinne des Wortes. Denn gut vor Menschen reden zu können, ist nicht nur ein „nice to have", sondern bringt Dir kurz-, mittel- oder langfristig auf jeden Fall auch mehr Geld.

> *„Wenn ich einmal all meine Besitztümer abgeben*
> *müsste und dürfte nur einen Besitz behalten, ich*
> *würde die Kraft der Rede wählen. Denn mit ihrer*
> *Hilfe hätte ich bald alle anderen zurückgewonnen."*
> *Daniel Webster*

Mitreißend reden und präsentieren zu können, ist ein Schlüssel zu beruflichem, privatem und finanziellem Erfolg. Unternehmen suchen nach Menschen, die nicht nur Fachwissen besitzen, sondern dieses auch klar und überzeugend vermitteln können. Menschen, die in der Lage sind, Teams zu motivieren, Kunden zu gewinnen und Ideen kraftvoll zu präsentieren. Genau das ist es, was Du mit der HAUS DES REDENS METHODE erreichen wirst.

Aber es geht nicht nur um Karrierechancen und beruflichen Erfolg. Deine Fähigkeit, vor Menschen zu reden, kann auch indirekte

Auswirkungen haben. Sie kann Dir helfen, bessere Beziehungen aufzubauen, Verhandlungen erfolgreicher zu führen und neue Möglichkeiten zu entdecken, die sich nicht ergeben hätten, wenn Du in einer Situation geschwiegen hättest.

ALL DAS trägt zu Deinem finanziellen Wachstum bei und öffnet Türen, von denen Du bisher nur geträumt hast.

Wie Du Deine Redekunst nutzen kannst, um Dein Einkommen zu steigern, Deine Karriere voranzutreiben und neue Horizonte zu erschließen, das zeige ich Dir anhand der unterstehenden Beispiele. Diese Liste erhebt keineswegs Anspruch auf Vollständigkeit. Ich will Dir damit nur vor Augen führen, in wie vielen Bereichen Deines Lebens Du von besseren Rede- & Präsentationsfähigkeiten direkt und indirekt profitieren wirst.

- **Führung und Management**: Damit Du in Führungspositionen gelangen und dort erfolgreich agieren kannst, musst Du gut vor Menschen reden und diese motivieren und überzeugen können. Somit führt diese Fähigkeit zu mehr Einkommen in höheren Karriere-Ebenen.

  - Führen durch Reden: Inspirieren und Motivieren von Teams.

  - Interne Präsentationen: Überzeugendes Darstellen von Projekten, Strategien und Ergebnissen.

- **Vertrieb und Akquise**: Je besser Du andere Menschen von Deinen Produkten und Dienstleistungen überzeugen kannst, desto höher werden Deine Umsätze sein. Dies führt im Verkaufsjob zu mehr Provisionen und in der Selbstständigkeit zu höherem Einkommen.

  - Produktpräsentationen: Überzeugende Darstellung von Produkten/Dienstleistungen und deren Kundennutzen

  - Kundenakquise: Gewinnung neuer Kunden durch überzeugende Kommunikation.

- Pitch-Präsentationen für Agenturen: Als Agentur stehst Du oft in direkter Konkurrenz und musst Deine Kunden in einem Pitch davon überzeugen, dass Deine Idee besser für deren Bedürfnisse ist als die des Mitbewerbs. Ich habe in meiner Agentur selbst Pitch-Präsentationen erstellt, gehalten und gewonnen. Aber vor allem habe ich mehrere Pitch-Präsentationen für meine Kunden geplant, designt & erstellt. Dabei ging es für meine Kunden um Aufträge im Wert von 100.000 bis zu 100 Millionen Euro für einen langjährigen Lieferauftrag. Wie wichtig es hierbei ist, die beste aller Präsentationen zu halten, muss wohl nicht extra erwähnt werden. Den finanziellen Wert der guten Präsentation spiegeln die Auftragswerte wider.

- Netzwerkevents: Aufbau von Geschäftsbeziehungen durch effektives Networking.

- **Account Management & Kundenbetreuung**: Ich war viele Jahre im Account Management von Hewlett-Packard (amerikanischer IT-Konzern und weltweit erfolgreichster Druckerhersteller) tätig und habe dort große bis sehr große Händler betreut. Einer dieser Händler sagte einmal zu mir: „Wir haben es doch so gut, Herr Sinnhuber. Wir können mit Reden Geld verdienen." Anfangs war ich etwas überrascht von der Aussage, aber er hatte recht. In diesem Fall war „das Reden" zwar keine klassische Präsentation, aber überzeugendes Argumentieren in Verkaufs- und Marketing-Planungsgesprächen war dennoch sehr wichtig. Bei Produktpräsentationen und -schulungen waren aber auch die klassischen Präsentationsskills gefragt. Ohne gute Kommunikationsfähigkeiten ist also ein gutes Account-Management nicht möglich. Und in vielen Fällen sind es die Account Manager, die später in Führungspositionen aufsteigen. Eben, weil sie meist gut kommunizieren können und auch die Materie kennen. Auch im Account-Management gibt es meist mehr

Provisionen für bessere Umsätze. Und durch den beruflichen Aufstieg steigt auch Dein Gehalt.

- **Marketing und Werbung**: „Wer nicht wirbt, der stirbt", sagte Henry Ford einst über Werbung. Denn kein Produkt & keine Dienstleistung kann ohne Marketing und Werbung groß werden. Wenn Du in diesem Bereich tätig bist, dann weißt Du, dass es gerade in Marketing & Werbung enorm wichtig ist, die Kernaussagen wirklich gut herauszuarbeiten und diese überzeugend zu kommunizieren. Je besser Du das kannst, desto erfolgreich wird „Dein Produkt" werden und desto mehr Geld wirst Du dadurch verdienen.

  - Werbe- und Marketingkampagnen: Kreative Präsentation von Werbebotschaften.

  - Pitch-Präsentationen: Überzeugen von Investoren, Partnern oder Stakeholdern.

  - Buchpräsentation: Nichts macht Dich mehr zum Experten als ein eigenes Buch. Aber auch als Sachbuch-Autor ist es heutzutage wichtig, Dein Buch online und offline bei Buch-Vorstellungen gut zu präsentieren, um Deine Leserschaft zu vergrößern.

- **Unternehmertum**: Gut reden und präsentieren zu können, ist für Angestellte ebenso wichtig, wie für Unternehmer. Als Unternehmer bzw. Selbstständiger hast Du aber den Vorteil, nicht nur indirekt, sondern meist direkt von überzeugender Kommunikation zu profitieren. Denn am Ende des Tages gehört der Großteil des Erfolgs Dir selbst und nicht Deinem Arbeitgeber.

  - Startup-Pitching: Präsentation von Geschäftsideen vor Investoren und Venture-Capital-Gebern.

  - Crowdfunding-Kampagnen: Überzeugende Präsentation von Projekten, um finanzielle Unterstützung zu erhalten.

- Die meisten Themen in der hier angeführten Liste gelten auch und vor allem für Unternehmer. So auch…

- **Öffentliche Auftritte und Medien:**

  - Keynote-Speaking: Als Keynote-Speaker auf Konferenzen, Branchenevents und anderen Veranstaltungen zu sprechen, kann nicht nur gut bezahlt sein, sondern auch die Tür zu neuen Geschäftsmöglichkeiten öffnen. Überzeugende Vorträge können Deine Marke stärken und Dich als Experte & Vordenker in Deinem Feld etablieren.

  - Selling from the Stage (Verkauf von der Bühne): Selling from the Stage" ist eine Spezialform des Keynote-Speaking, bei der die Präsentation aktiv dazu genutzt wird, um Deine Produkte oder Dienstleistungen direkt zu vermarkten. Durch eine geschickte Gestaltung der Präsentation kannst Du nicht nur informieren und inspirieren, sondern auch subtil zum Kauf anregen, ohne aufdringlich zu wirken. Zuhörer sind eher bereit, Angebote anzunehmen, wenn sie im Kontext einer Problemlösung oder Bedürfnisbefriedigung präsentiert werden. Der Schlüssel liegt in einer sorgfältigen Balance, um sicherzustellen, dass der Verkauf nahtlos in die Präsentation eingebettet ist, sodass das Publikum sich informiert und wertgeschätzt fühlt, ohne den Eindruck zu haben, dass es ausgenutzt wird.

  - Medienauftritte: Überzeugendes Vertreten von Standpunkten im TV, Radio oder in Podcasts kann aufgrund deren Reichweite wahre Wunder bewirken. Medienauftritte dienen meist dem Aufbau und der Stärkung des eigenen Images bzw. der von Dir vertretenen Marke. Sie können aber auch als Verkaufs- oder Marketingaktivitäten enormes Potenzial entfalten und neben dem finanziellen Einfluss wiederum neue Türen für weitere Möglichkeiten öffnen.

- **Bildung und Training:**

  - Lehre und Ausbildung: Effektive Vermittlung von Wissen an Schüler & Studenten kann Dein Image steigern. Als Vortragender in Weiterbildungseinrichtungen kannst Du Dir außerdem einen guten Nebenverdienst aufbauen.

  - Workshops & Seminare: Wenn Du Dein Know-how und Deine Erfahrung in Workshops & Seminaren gut vermittelst, kannst Du Dir dadurch eine lukrative Einnahmequelle aufbauen.

  - Onlinekurse und Webinare: Im Gegensatz zu Live-Workshops, die auf eine bestimmte Teilnehmermenge reduziert sind, bieten Onlinekurse und Webinare umfangreiche Möglichkeiten, um sogar einen weltweiten Markt mit Deinen Leistungen zu adressieren. Die Erstellung und der Verkauf von Online-Kursen zu Themen, in denen Du Experte bist, können eine bedeutende Einkommensquelle sein. Gute Präsentationsfähigkeiten sind dabei entscheidend, um komplexe Inhalte verständlich zu vermitteln und Dein Publikum zu engagieren und zu begeistern.

- **Beratung und Coaching:**

  - Einzel- und Gruppencoaching: Persönliche Entwicklung und Leistungssteigerung Deiner Kunden durch effektive Kommunikation. Individuelles Coaching oder Beratungsdienstleistungen erfordern die Fähigkeit, effektiv zu kommunizieren und Klienten durch Worte zu motivieren und zu inspirieren. Exzellente Redner können dabei höhere Honorare für ihre Dienstleistungen verlangen.

- Business- und Strategieberatung: Übermittlung strategischer Empfehlungen an Unternehmen. Je besser Du bist, desto höhere Beträge kannst Du für Deine Dienstleistungen verrechnen.

  - Online-Communitys: Coachings und Beratungen können nicht nur persönlich, sondern auch online erfolgen. Darüber hinaus bieten Online-Communitys eine weitere Einnahmequelle. Damit Deine Community aktiv und engagiert bleibt, musst Du aber überzeugend kommunizieren können.

- **Verhandlungen**:

  - Gehaltsverhandlungen: überzeugende Argumentation für eine Gehaltserhöhung oder Beförderung.

  - Geschäftsverhandlungen: Aushandeln von Verträgen und Konditionen.

- **Digitale Inhalte und Social Media**: Social Media ist heutzutage einer der wichtigen Kanäle im Marketing. Vor allem Video-Content wird dabei immer wichtiger. Um auf Video überzeugend zu wirken, musst Du überzeugend reden und präsentieren können. Mit diesen Fähigkeiten kannst Du wiederum direkt und indirekt Dein Einkommen steigern.

  - Influencer-Marketing: Aufbau einer Online-Präsenz und Beeinflussung durch überzeugende Inhalte.

  - Content Creation: Erstellung fesselnder digitaler Inhalte für Blogs, Videos oder Social Media. Diese kannst Du für Dein Eigenmarketing nutzen oder sie für andere Unternehmen erstellen und so eine Einnahmequelle generieren.

  - Podcasting: Podcasts sind ein starkes Medium mit großem Potenzial. Hosts, die fesselnd erzählen und interviewen können, gewinnen schnell an

Hörerschaft. Dies kann zu Werbeeinnahmen, Sponsoring und anderen Monetarisierungschancen führen.

- **Kunst und Kultur:**

  - Theater und Schauspiel: überzeugende Darstellung von Charakteren und Geschichten.

  - Literatur und Lesungen: Präsentation eigener Werke vor Publikum.

- **Politik und Aktivismus:**

  - Öffentliche Reden: Beeinflussung der öffentlichen Meinung und politisches Engagement.

  - Kampagnenführung: Präsentation und Förderung politischer oder sozialer Anliegen.

- **Wissenschaft und Forschung:**

  - Wissenschaftliche Präsentationen: Darstellung von Forschungsergebnissen auf Konferenzen.

  - Fachvorträge: Vermittlung komplexer wissenschaftlicher Inhalte an ein breites Publikum.

- **Rechtswesen:**

  - Gerichtsverhandlungen: überzeugende Argumentation in rechtlichen Auseinandersetzungen. Wer besser argumentiert, gewinnt mehr Fälle und kann höhere Honorare verlangen.

- **Vereinswesen:** In einem Verein bist Du zwar meistens ehrenamtlich tätig. Dennoch wirst Du auch für Deinen Verein immer wieder finanzielle Unterstützung in verschiedenen Größenordnungen benötigen. Wenn Du Eure Ideen & Projekte überzeugend präsentieren kannst, steigt die Chance, dass Du als erfolgreicher Vertreter Deines Vereins mehr Geld an Land ziehen kannst und somit alle Mitglieder davon profitieren.

Diese umfassende - aber keineswegs vollständige - Liste zeigt, wie vielseitig gute Redefähigkeiten einsetzbar sind und welches enorme Potenzial sie für Deinen privaten, beruflichen & finanziellen Erfolg bieten. Abhängig von Deinem persönlichen Hintergrund hast Du Dich sicher im ein oder anderen Beispiel wieder gefunden. Vielleicht hast Du daraus sogar schon persönliche Ziele für Dich formuliert. Falls das so ist, großartig. Dann können wir uns schon bald an die Umsetzung Deiner Ziele machen.

Falls nicht, kein Problem. Denn ich weiß, dass derartige Beispiele zwar grundsätzlich inspirierend sind, oft aber auch überfordernd wirken können. Wenn Du also denkst, „das klingt alles gut, aber WIE soll ICH das schaffen", dann bist Du hier genau richtig. Denn meine HAUS DES REDENS METHODE ist dieses WIE, mit dem Du es schaffen wirst. Schritt für Schritt zu Deinem Ziel.

Dass es funktioniert, zeigt meine Geschichte.

Meine Geschichte & wie Du davon profitieren kannst

> *„Kleine Gelegenheiten sind oft der Anfang zu gro-*
> *ßen Unternehmungen."*
> *Demosthenes*

Warum erzähle ich Dir hier meine Geschichte? Nur aus einem Grund. Ich war auch einmal so wie Du. Ich weiß daher genau, wie es Dir geht. Denn auch ich wurde nicht mit dem Rede-Gen geboren, so wie wir alle. Ganz im Gegenteil, ich habe es gehasst, vor Menschen zu reden. Referate in der Schule waren ein Graus für mich. Ich war ein Häufchen Elend, wenn ich vor Menschen reden musste und habe am ganzen Körper gezittert. Als Schüler ist das vielleicht normal, aber auch später im Studium war ich nie bei denjenigen, die sich freiwillig für Präsentationen gemeldet haben. Präsentationen habe ich stets nur gehalten, wenn es unbedingt sein musste und es gar keinen anderen Weg mehr gab.

Und jetzt bin ich hier - als Autor eines Buches über Rhetorik & Präsentation. Ich habe es geschafft und daher wirst auch Du es schaffen - da bin ich mir zu 100 Prozent sicher. Und aus diesem einen Grund erzähle ich Dir hier meine Geschichte.

Denn alles Negative, was ich zum Thema Reden & Präsentieren in mir gespeichert hatte, änderte sich von einem Tag auf den anderen. Genau genommen, von einem Moment auf den anderen. Und in diesem einen Moment hat sich mein Leben verändert. Amerikaner würden sagen, es war eine „Epiphany" - eine Eingebung bzw. eine Erleuchtung. Klingt sehr hochtrabend, ist aber im Grunde ganz simpel. Denn einfach ausgedrückt, bin ich in einer völlig ungefährlichen Situation über meinen Schatten gesprungen und habe erst nachher gemerkt, wie groß der Sprung eigentlich war. Und wenn Du gleich siehst, wie klein dieser Schritt war und welche großen Auswirkungen er hatte, dann wirst Du verstehen, warum dieses Buch für Dich wahrlich lebensverändernd sein kann.

Die Geschichte war folgende. Anfang der 2. Hälfte meines Betriebswirtschafts-Studiums an der Wirtschaftsuniversität Wien hatte ich ein Ganztags-Seminar in Soziologie. An einem Samstag. Dazu muss man wissen, dass Samstage als Seminartage bei Studierenden grundsätzlich nicht sonderlich beliebt sind. Schon gar nicht, wenn es am Vortag etwas (die Sponsion eines Studienkollegen) zu feiern gibt. Das Fach Soziologie wiederum war zu meiner Zeit für jeden BWL-Studenten nicht mehr als ein notwendiges Übel. Gleich 3 Gründe also, warum ich diesen Samstag möglichst schnell hinter mich bringen wollte. Die Professorin teilte uns am Anfang in mehrere Gruppen von je 4-5 Personen ein, in denen wir Schritt für Schritt den gesamten Stoff des Tages in vielen Gruppenarbeiten erarbeiten und diskutieren sollten. Nach jeder dieser 15-minütigen Gruppenarbeiten sollte immer ein Gruppenmitglied in ca. 2 Minuten kurz präsentieren, was wir die letzten 15 Minuten gemacht hatten. Es war also klar: Viele Gruppenarbeiten, wenige Gruppenteilnehmer - somit würde jeder mehrere Male zum Präsentieren an die Reihe kommen. Wobei das Wort „Präsentieren" für eine 2-minütige Zusammenfassung eines Gruppengesprächs wohl etwas hochgegriffen war. Aber egal.

Nach der ersten Gruppenarbeit passierte das, was immer in jeder Gruppe passiert, wenn die Frage „wer will als Erster präsentieren" in den Raum geworfen wird. Nämlich nichts. Wenn Du selbst schon einmal in so einer Situation warst, dann weißt Du, was ich meine. Alle senkten den Blick und versuchten nur ja keinen Blickkontakt mit der Professorin aufzunehmen, um nicht von ihr ausgewählt zu werden. Ich hasste es zwar genauso wie alle anderen, aber da ich 1. wusste, dass ich ohnehin irgendwann drankommen würde und 2. wollte, dass das Ganze möglichst schnell vorbei ist, hob ich die Hand und **meldete mich - zum ersten Mal in meiner langen Geschichte - freiwillig**. Ich stand auf, erzählte in ganz einfachen Worten, was wir gerade gemacht hatten, und setzte mich wieder. „Sehr gut! Danke, Herr Sinnhuber. Genau so stelle ich mir das vor", antwortete die Professorin. Ich war froh, es hinter mich gebracht zu haben, und das positive Feedback fühlte sich irgendwie gut an. Mir war zwar klar, dass ich inhaltlich nichts Besonderes geleistet hatte. Aber trotzdem war es gut, eine positive Rückmeldung zu erhalten. Und meine anderen Gruppenteilnehmer waren froh, dass ich den Schritt gemacht habe, den sie nicht machen wollten.

Nächste Gruppenarbeit, selbe Situation. Wieder herrschte Stille im Saal und niemand wollte das Schweigen brechen. Gestärkt vom ersten Kurzauftritt dachte ich mir, wenn es einmal funktioniert hat, wird es auch ein zweites Mal funktionieren. Und eigentlich war es ja viel einfacher gegangen als befürchtet. Also meldete ich mich wieder. Wieder ging es gut und Du ahnst vielleicht schon, wie es weiterging. Dieses Spiel wiederholte sich mehrere Male. Bis zum entscheidenden Augenblick, als ich zum 6. Mal die Hand hob und die Professorin sagte: „Nein, Herr Sinnhuber, nicht schon wieder Sie. **Bei Ihnen wissen wir jetzt schon, DASS SIE ES KÖNNEN!"**

Ich war sprachlos. Hatte sie jetzt wirklich gesagt „dass Sie es können", dachte ich mir? Dass ich DAS kann, was ich zuvor am meisten gehasst hatte? Was ich mir immer eingeredet hatte, dass ich es

NICHT kann? Ich konnte es nicht glauben. War das alles, was es brauchte, um einen bleibenden Eindruck bei jemandem zu hinterlassen? Ich konnte mir einfach nicht vorstellen, dass es so einfach wäre. Aber als ich den restlichen Tag das Treiben im Hörsaal beobachtete, merkte ich auf einmal, wie sehr ich mich mit meinen wenigen Wortmeldungen aus der Masse abgehoben hatte. Das Spiel der Stille ging nämlich munter weiter, aber ich durfte nicht mehr mitspielen. Immer wieder brach dann jemand das Eis, aber keiner von ihnen wollte meinem Beispiel folgen und gleich mehrere Male freiwillig reden. Und das, obwohl wir uns hier in einem völlig geschützten Raum befanden. Einem Raum, indem einer oder mehrere Fehler bei der „Präsentation" absolut keine - und ich meine wirklich absolut NULL - Auswirkungen hatte. Der perfekte Platz, um zu üben, eigentlich. **Aber DAS fiel mir erst auf, NACHDEM ich einen lebensverändernden Schritt gemacht hatte. Ohne dies zu wissen und vor allem ohne es zu planen.**

Lebensverändernd war dieser Tag für mich deswegen, weil ich durch dieses einschneidende Erlebnis auf einmal den Mut hatte, mich auch in anderen Situationen freiwillig zum Reden & Präsentieren zu melden. In Situationen, in denen es viel mehr zu gewinnen gab als ein paar nette Worte einer Professorin. Zum Beispiel in Seminaren, wo es um gute Noten oder gar um die Auswahl zur Teilnahme an bezahlten Projekten ging. Aber immer noch auf der Uni. Also in einem geschützten Bereich, wo bei einem möglichen Versagen keine schwerwiegenden Konsequenzen drohten. Von da an nutzte ich jede Chance und meldete mich in jeder Situation als Erster für Präsentationen. Das brachte mir in der Folge viele Vorteile, an die ich vorher nie gedacht hätte. Bei Gruppenarbeiten, die über ein ganzes Semester gingen, musste die Frage „wer präsentiert" immer gruppenintern geklärt werden. Mit meiner freiwilligen Meldung war ich stets der Held der Gruppe. Aber nicht, weil ich ein echter Held war, sondern weil die anderen so froh waren, dass ich ihnen das abgenommen hatte, was sie alle am meisten hassten. Nämlich das Präsentieren. Das ging sogar einmal so weit, dass ich über das gesamte Semester hinweg an den Gruppentreffen gar nicht teilnehmen musste und die Gruppenarbeit von allen anderen geschrieben wurde. Mein Part bestand einzig und allein darin, die 80-seitige Gruppenarbeit zu nehmen, eine Präsentation daraus zu basteln und diese dann beim letzten Termin des Semesters vor allen zu präsentieren. Klar, eine Präsentation zu erstellen, bedeutet auch Arbeit. Aber verglichen mit dem Schreiben einer 80-seitigen Seminar-Arbeit ist es ein Klacks. Und das alles nicht, weil ich mich vor der Mitarbeit gedrückt hätte. Nein, nur deshalb, weil die anderen mir mehr als dankbar waren, dass ich ihnen die Bürde der Präsentation abgenommen hatte. Und das Beste kommt noch! Denn was denkst Du, an wen sich der Professor am Ende des Semesters bzw. nach der Präsentation erinnert hat? RICHTIG! An mich bzw. an die Person, die die Präsentation gehalten hat. Denn diese Person ist durch den Auftritt „das Gesicht der Gruppe" und bleibt somit in Erinnerung. Eine Win-win-Situation für den Vortragenden sozusagen - weniger Aufwand, mehr Erfolg.

Na ja, und der Rest ist Geschichte, könnte man sagen. In meiner restlichen Zeit auf der Uni nutzte ich - wie schon erwähnt - jede Chance, um das Präsentieren und Reden zu üben, sodass ich zum Start meines Berufslebens gut vorbereitet war, um dort nahtlos in wichtige Präsentationen einzusteigen. Das soll nicht heißen, dass ich nie mehr vor einer Rede nervös oder angespannt war. Natürlich war ich das und bin es auch heute noch. Es heißt auch nicht, dass alle meine Präsentationen erfolgreich und problemlos waren. Das ist auch gar nicht möglich.

Aber, angestachelt durch die Erfolge auf der Uni, war mein Ehrgeiz geweckt. Ich habe mich inhaltlich weitergebildet und viele Dinge im Präsentationsbereich ausprobiert. Manche haben funktioniert, andere nicht. Aber ich habe jedes Mal etwas gelernt. **UND, ich bin bei jedem Mal und mit jeder Erfahrung besser geworden.** Denn, wie sagte schon Cicero vor mehr als 2.000 Jahren: „Reden lernt man nur durch Reden." Und von diesem Lernprozess und der stetig wachsenden Erfahrung profitierte ich dann bei allen weiteren Auftritten, bis hin zu Fernseh-Interviews, die ich in meinem aktuellen Job regelmäßig geben muss.

Kurz zusammengefasst kann man also sagen, aus einem Leiden wurde eine Leidenschaft. Und diese Leidenschaft hat schließlich so weit geführt, dass ich mich 2012 mit einer eigenen Agentur namens „MCPREZI - Die Agentur für Präsentation, Prezi & Rhetorik" selbstständig gemacht habe. Seither habe ich vielen Unternehmen & Einzelpersonen geholfen, überzeugende Reden und Präsentationen zu planen, zu erstellen und erfolgreich zu halten. Und **JETZT** will ich mit meiner Methode und meinen Erfahrungen **DIR helfen**, damit auch Du auf Deinen Auftritt vorbereitet bist, wenn er kommt (oder schon vor der Tür steht).

Wie kannst Du jetzt von meiner Geschichte profitieren?

Aber es soll hier doch eigentlich nicht um mich gehen, sondern um Dich, richtig? Warum erzähle ich Dir dann meine Geschichte so ausführlich? Nur aus einem Grund. Weil meine Geschichte zeigt, dass es **keine Wunder oder riesengroße, komplizierte Dinge im Leben braucht, um eine tiefgreifende Veränderung zu erreichen. Oft sind es nur kleine, aber entscheidende Schritte, die zu großen Veränderungen führen.** Und diese Schritte möchte ich mit Dir gemeinsam gehen, damit Du Deine Erfolgsgeschichte schreiben kannst.

Dieses Buch bietet Dir eine umfassende & ganzheitliche Zusammenfassung über alles, was Du für Deine erfolgreiche Rede oder Präsentation brauchst. Ich habe aus all meinen Erfahrungen und meinem Know-how für Dich eine eigene Methode entwickelt - ein Schritt-für-Schritt-System, das funktioniert. Gemeinsam gehen wir - Schritt für Schritt - durch meine ganzheitliche HAUS DES REDENS METHODE durch und Du nimmst Dir in jedem Abschnitt das mit, was Dir noch gefehlt hat bzw. was Dir hilft. Das wird - je nachdem, wo Du aktuell stehst - an der einen Stelle mehr und an der anderen weniger sein. Aber egal, wie viel und was Du Dir aus diesem Buch mitnimmst, eines steht fest.

JEDE - noch so kleine - Erkenntnis aus diesem Buch kann der eine kleine Funke sein, der Dein Feuer endgültig entfacht. Dieser

lebensverändernde Moment, der alles ins Rollen bringt. So wie es das Soziologie-Seminar für mich war.

Ich habe es geschafft, in einem Tag mein Leben zu verändern und es von dort an immer weiter zu verbessern. Du wirst es auch schaffen, da bin ich mir ganz sicher! Und ich möchte Dir dabei helfen.

Ich will Dir helfen

„Das Problem der Welt ist, dass intelligente Menschen voller Zweifel und Dumme voller Selbstvertrauen sind." Dieses Zitat wird vielfach dem amerikanischen Schriftsteller Charles Bukowski zugeschrieben. Aber egal, ob er es so wirklich gesagt hat oder nicht, es ist leider eine Tatsache unserer Zeit, dass es so ist. Das führt viel zu oft dazu, dass intelligente Menschen, die einen positiven Beitrag leisten könnten, aufgrund ihrer Zweifel still sind, während die Dummen voller Selbstbewusstsein „laut sind" und damit am Ende auch noch Erfolg haben.

Wahrscheinlich hast Du Dich selbst schon einmal gewundert, warum manche Menschen, die eigentlich nichts können, so voller Selbstvertrauen sind, während Du in manchen Situationen voller Zweifel bist. Ich will Dir helfen, Deinen Zweifeln in Bezug auf Reden & Präsentieren auf den Grund zu gehen und diese gemeinsam mit Dir zu beseitigen.

Wenn ich sage, ich will Dir helfen, dann hat das zwei Gründe. Der erste Grund ist, dass ich viel zu oft erlebt habe, dass gute Ideen & Produkte nur deshalb nicht erfolgreich wurden, weil deren Präsentation nicht gut oder nicht gut genug war. Gleichzeitig glaube ich daran, dass Menschen, die mit ihren guten Ideen etwas in der Welt bewegen wollen, auch Erfolg haben sollten. Ich will meinen Teil dazu beitragen, dass Du erfolgreich bist/wirst, in dem ich Dir dabei helfe, angstfrei und überzeugend Deine Botschaft in die Welt hinauszutragen.

Der zweite Grund ist ein ganz persönlicher. Denn ich habe im Laufe der Jahre festgestellt, dass es für mich meine Berufung ist, Menschen in Bereichen zu helfen, in denen meine Hilfe nützlich sein kann. Ich habe in meiner Agentur mit vielen großen internationalen Unternehmen und deren Chefs & Mitarbeitern gearbeitet. Ich habe Präsentationen für diese erstellt, die ihnen Aufträge in Millionenhöhe eingebracht haben. Das hat mich sehr stolz gemacht. Aber kein Dank oder positives Feedback eines Unternehmens hat mir je persönlich „so viel gegeben", wie die Entwicklung und der Erfolg von Einzelpersonen, mit denen ich persönlich gearbeitet habe. Wo ich die Erleichterung & Freude über das Geschaffte und den Erfolg direkt sehen und miterleben konnte.

Die Kombination aus diesen beiden Gründen, das ist mein innerer Antrieb. Und für mich gab es daher nichts Schöneres, als meine Berufung zu meinem Beruf zu machen. Als ein Teil dieser Berufung ist schließlich dieses Buch entstanden. Aber es ist nicht der einzige Weg, wie ich Dir helfen kann.

Wenn während der Lektüre dieses Buches Fragen auftauchen oder Du Hilfe brauchst, dann helfe ich Dir. Du kannst all Deine Fragen in die öffentliche Facebook-Gruppe unter https://www.facebook.com/groups/321redenistdeins posten. Neben meinen Antworten auf Deine Fragen kannst Du Dich dort auch mit anderen Gruppenmitgliedern austauschen und von deren Wissen & Erlebnissen zusätzlich profitieren.

Wenn Du kein Facebook-Konto hast, dann kannst Du mir stattdessen auch gerne eine Mail an hello@mcprezi.com schreiben. Die Beantwortung der Frage erfolgt ebenfalls in der Facebook-Gruppe. Du bekommst per Mail einen Link zu Deiner Antwort. Da es sich um eine öffentliche Gruppe handelt, kannst Du die Antworten auch ohne Facebook-Konto lesen.

Aber damit nicht genug. Wenn Du nach dem Lesen des Buches „Lunte gerochen hast" und noch schneller zum Erfolg kommen willst, dann lass uns reden. Egal, ob persönliches Coaching oder Gruppen-Coaching, ob Done-For-You oder Done-With-You

Präsentationsdesign, es gibt viele Möglichkeiten, wie ich Dich noch intensiver und persönlicher unterstützen kann. Bei einem kostenlosen und unverbindlichen Strategie-Gespräch reden wir über Deine Ausgangssituation & Deine Ziele und finden gemeinsam den perfekten Weg für Dich. Deinen unverbindlichen Termin kannst Du jederzeit unter https://www.mcprezi.academy/termin-buchen direkt in meinem Kalender buchen.

Für wen dieses Buch gedacht ist und für wen nicht

Einer meiner früheren Mentoren hat einmal gesagt: „Wenn Du willst, dass Menschen glauben, dass Du ihnen helfen kannst, hilf ihnen!"

Das will ich mit meiner Methode, mit meinem Wissen, meiner Erfahrung UND meiner Ehrlichkeit Dir gegenüber in diesem Buch tun. Ehrlichkeit ist auch für Dich sehr wichtig. Und zwar Ehrlichkeit in Bezug auf Deine aktuelle Situation, Deine Ziele und die Bereitschaft, Dinge zu tun, damit sich etwas verändert. Schon Goethe hat gesagt: „Erfolg hat 3 Buchstaben - TUN." Und dieses Tun ist es, was die erfolgreichen von den nicht so erfolgreichen Menschen unterscheidet.

Viele Menschen wissen viele Dinge. Aber nur diejenigen, die das Wissen auch in die Tat umsetzen, werden damit auch Erfolg haben. Zu wissen, wie man auf einem Rad fährt, macht Dich noch nicht zu einem Radfahrer. Du musst aufsteigen und fahren, damit Du wirklich Rad fährst. Und DU musst Dich hier ehrlich entscheiden, ob Du theoretisches Wissen über Rhetorik & Präsentation ansammeln willst, oder ob Du bereit bist dazu, Dich zu entwickeln und das Reden & Präsentieren vor Menschen zu Deiner neuen Superkraft zu machen.

Denn dieses Buch ist kein Buch im herkömmlichen Sinn. Es bietet keine bloße Information, sondern ist vielmehr eine Einladung zu einer Entwicklung. Ich lade Dich ein, mit mir auf eine Reise zu gehen. Und wie Du sicher weißt, kommt man von einer Reise immer verändert zurück. Aber genau diese Veränderung bzw. Transformation ist es, die wir beide anstreben, nicht wahr?

Wenn JA, dann bist DU hier richtig und ich freue mich auf unsere gemeinsame Reise!

Wenn NEIN, dann kann ich Dir leider nicht helfen. Denn falls Du nur auf der Suche nach „den besten Tipps" oder dem einzig wahren Zaubertrick bist, der alles für Dich verändert, OHNE dass Du etwas verändern musst, dann bist Du hier falsch. Wenn Du das suchst, dann schließe dieses Buch JETZT und spare Dir viel Zeit und mir einen unzufriedenen Leser.

Wie unsere gemeinsame Reise abläuft

Du bist noch da?

PERFEKT! Herzlichen Willkommen zum Start unserer Reise. Zu Beginn noch ein paar Informationen, wie unsere Reise ablaufen wird.

Wie schon erwähnt, geht es hier nicht um Information, sondern um Transformation. Eine Entwicklung also. Genau genommen eine Persönlichkeitsentwicklung, die weit über eine gute Präsentation hinaus geht. Diese Transformation beginnt beim Lesen, mit direkt anwendbaren Schritten, die Dir schnell Ergebnisse und Veränderungen bringen werden, wenn Du sie anwendest. Mit jedem Schritt, den Du gehst und jeder positiven Erfahrung, die Du machst, wirst Du wachsen und besser werden.

Was ich Dir hier anbiete, ist also keine Sammlung von Tipps & Tricks, sondern eine Methode - meine HAUS DES REDENS ME-THODE - kurz HDRM. Denn eine Schritt-für-Schritt-Methode ist das, was Du brauchst, um im Meer der unendlichen Informationen nicht unterzugehen.

Jede Veränderung beginnt mit einer Analyse. Wir beginnen mit einer Analyse Deiner aktuellen Situation sowie der allgemeinen Ausgangslage im Bereich Rhetorik & Präsentation. Darauf aufbauend schauen wir uns die größten Mythen zu diesen Themen an und werden Deine persönliche Einstellung zum Reden vor Menschen grundlegend verändern. Wir betonieren sozusagen ein unerschütterliches Fundament, auf dem danach Dein persönliches HAUS DES REDENS errichtet werden kann. Beim Hausbau starten wir mit der Planung und dem Bau des Hauses (Inhalt & Story Deines Vortrags). Gefolgt von der Haus-Gestaltung innen und außen (Design Deiner Präsentation). Und wenn das Haus schließlich fertig ist, dann kümmern wir uns abschließend um die Präsentation Deines Hauses in der Öffentlichkeit (Dein Auftritt auf der Bühne).

Nach jedem großen Kapitel fassen wir die wichtigsten Inhalte kurz zusammen, um die Zusammenhänge der einzelnen Bestandteile der HAUS DES REDENS METHODE noch besser verständlich zu machen.

Der lineare Ablauf von Inhalten in einem Buch ist leider nicht die beste visuelle Darstellung, um in einem Thema stets den Überblick zu behalten. Daher habe ich die Struktur des gesamten Buches zusätzlich in einer Mindmap für Dich festgehalten. Siehe: https://www.mcprezi.academy/buch-bonus. Die Mindmap dient einerseits als Gesamtübersicht über die Methode und andererseits auch als visuelle Zusammenfassung nach dem Lesen.

Alles, was Du auf unserer gemeinsamen Reise bzw. Deinem Hausbau erleben und erfahren wirst, kannst Du allein umsetzen. Wenn Du aber bei Deiner konkreten Umsetzung Unterstützung brauchst, dann bin ich gerne für Dich da.

Auf Deinen Erfolg,

Michael Sinnhuber

AUSGANGSSITUATION

Stand der Dinge - Für Dich

Analyse zum Start

> *„Er möchte ganz von vorn beginnen.*
> *Wo ist vorn?"*
> *Elias Canetti*

Jede Reise beginnt an einem Startpunkt. Bevor wir uns auf die gemeinsame Reise begeben, müssen wir klären, wo Du aktuell stehst. Soll heißen - bevor wir uns der Lösung Deiner Herausforderungen widmen können, müssen wir erst einmal herausfinden, was Dich konkret bedrückt und was Dich hemmt.

Damit Du Dir also all Deiner Herausforderungen bewusst werden kannst, starten wir hier mit einer Analyse Deines aktuellen Standes. Ich werde Dir dazu ein paar Fragen stellen. Wenn Du es einfach halten willst, kannst Du diese gleich beim Lesen im Kopf beantworten. Aufgrund der besseren Wirkung empfehle ich Dir allerdings, Deine Antworten zu Papier zu bringen. Das hat gleich mehrere Vorteile. Erstens machst Du Dir die Dinge durch das Aufschreiben bewusster. Zweitens erleichtert Dir das Niederschreiben eine vollständige Antwort. Es hilft Dir also dabei, nichts zu vergessen. Und drittens gibt Dir die Niederschrift die Möglichkeit, Deine aktuellen Antworten nach dem Abschluss unserer Reise noch einmal zu betrachten. Somit hast Du einen perfekten Vorher-Nachher-Vergleich. Und der wird sicher sehr spannend werden.

Es mag Dir jetzt vielleicht komisch erscheinen, dass ich Dir hier Fragen stelle, weil ich Deine Antworten ja nicht sehen kann. Es geht aber auch nicht um mich, sondern um Dich. Und die Fragen dienen in erster Linie dazu, Dir die Dinge bewusst zu machen. Im Laufe des

Buches kannst Du dann immer wieder zurückkommen, um zu sehen, welche der Herausforderungen wir schon besprochen und gelöst haben. Am Ende siehst Du somit genau, ob bzw. was für Dich noch offengeblieben ist. Und falls dem so ist, dann kannst Du Dich mit diesen offenen Punkten direkt an mich wenden.

Wenn Du Deine Antworten mit anderen teilen und von den Inputs der anderen Leser profitieren willst, dann kannst Du Deine Ergebnisse natürlich auch in die Facebook-Gruppe (https://www.facebook.com/groups/321redenistdeins) hochladen. Daraus ergeben sich sicherlich interessante Einsichten und Diskussionen mit anderen Gruppenmitgliedern, von denen wiederum alle profitieren können.

Damit Du die Antworten übersichtlich niederschreiben kannst, habe ich jeweils unterhalb der Fragen einen entsprechenden Platz frei gelassen. Falls Du nicht direkt ins Buch hineinschreiben willst oder die E-Book Version liest, so kannst Du die Vordrucke verwenden, die ich für Dich unter https://www.mcprezi.academy/buchbonus zum Download & Drucken bereitgestellt habe.

Wie schon im Vorwort erwähnt, ist es bei der Analyse wichtig, dass Du ehrlich bist. Und zwar ehrlich zu Dir selbst. Denn ich kann Deine Antworten nicht sehen. Somit kannst Du mich hier nicht belügen. Du kannst Dich nur selbst belügen. Und dass das nichts bringt, hast Du wahrscheinlich schon in anderen Situationen Deines Lebens festgestellt.

Herausforderungen

„Betrachtest du eine Situation als Problem, dann agiert die Angst. Deutest du eine Situation als Herausforderung, dann regiert der Mut."
Prof. Dr. Christian Ernst

Hier regiert auf jeden Fall der Mut. Aber bevor Du Dich voller Mut Deinen Herausforderungen stellen kannst, musst Du sie erst einmal erkennen und annehmen. Daher habe ich zum Start ein paar Herausforderungen aufgeschrieben, die vielleicht auf Dich zutreffen könnten. Kreuze einfach an, was für Dich gilt.

Meine Herausforderungen (kreuze an, was auf Dich zutrifft):

- Ich kann/will nicht vor Menschen reden & präsentieren (will nicht im Mittelpunkt stehen).

- Ich weiß nicht, wie man eine spannende Rede/Präsentation aufbaut, plant, erstellt.

- Ich kenne mich nicht (gut genug) mit Präsentationstools aus, um etwas "Gutes" zu erstellen.

- Ich habe Angst davor, mich auf der Bühne in irgendeiner Weise zu blamieren.

- Weitere Herausforderungen selbst einfügen:

Die Herausforderungen 2 & 3 haben mit fehlenden Fähigkeiten zu tun. Fähigkeiten, die man lernen kann und die wir in den Teilen 2 & 3 in diesem Buch behandeln werden.

Die Herausforderungen 1 & 4 haben dagegen mit persönlichen Einstellungen und negativen Gefühlen zu tun. Gefühlen wie Angst, Ablehnung usw. Aber Angst ist kein guter Begleiter - in keinem Aspekt Deines Lebens. Und daher werden wir diese Ängste ab sofort Herausforderungen nennen und sie dann nach & nach mit direkt anwendbaren Lösungen bearbeiten. Die Teile 1 & 4 der HAUS DES REDENS METHODE beschäftigen sich nämlich sehr intensiv mit diesen Gefühlen & Herausforderungen.

Um sich der Herausforderungen bewusst zu werden, nennen wir sie noch ein letztes Mal Ängste. Kreuze dazu nachfolgend die Zeilen an, die auf Dich zutreffen.

Ich habe Angst davor

- was die Anderen denken

- dass mich die Anderen (das Publikum) nicht ernst nehmen

- dass ich Fragen nicht beantworten kann

- dass die anderen merken, dass ich gar nicht so ein Experte bin, wie ich vorgebe zu sein. (Impostor-Syndrom)

- dass meine Präsentation nicht schön/professionell genug ist

- dass ich zu wenig Inhalt habe, um das Publikum zu überzeugen

- dass ich das Publikum auf dem Weg verliere (Fade Präsentation)

- dass meine Präsentation nicht perfekt ist (Ich bin Perfektionist)

- dass negative Wortmeldungen aus dem Publikum kommen

- dass ich meinen Text vergesse oder gar ein Blackout habe

- dass mir was Peinliches passiert

- dass die Technik nicht funktioniert

- in allen Teilen zu scheitern (den Pitch nicht zu gewinnen usw.)

- dass ich mich blamiere

- dass sonst irgendwas Schlimmes passiert - weitere Ängste selbst hier anführen:

Egal, wie viele Zeilen Du jetzt hier angekreuzt hast, mach Dir keine Sorgen! Denn „Was man zu verstehen gelernt hat, fürchtet man nicht mehr." (Marie Curie). Und genau das werden wir in diesem Buch machen. Wir blicken gemeinsam auf die Ursachen Deiner Herausforderungen, lernen diese zu verstehen und meine HAUS DES REDENS METHODE hält dann die nötigen Lösungen bereit, damit in Zukunft bei Dir immer der Mut regiert!

Was ist Dein persönlicher Stand der Dinge?

Nachdem wir uns mit Deinen Herausforderungen beschäftigt haben, hier nun ein paar Fragen zu Deinen bisherigen Erfahrungen und eine Selbsteinschätzung im Bereich Rhetorik & Präsentation.

Welche Erfahrungen hast Du bisher mit Präsentationen, Rhetorik und dem Reden vor Menschen gemacht?

Zähle hier alle Deine bisherigen Erfahrungen auf, die Du mit diesen Themen in Verbindung bringst. Wie z.B. Referate in der Schule, Vorträge im Beruf, Reden zu gewissen Anlässen, Wortmeldungen bei Sitzungen usw.

Wenn Du Dich selbst auf einer Skala von 1 bis 10 (1 = blutiger Anfänger, 10 = Vollprofi) einschätzen könntest, welche Zahl würdest Du erreichen?

Stärken & Schwächen Analyse

Auch wenn der Titel dieses Abschnitts "Stärken & Schwächen Analyse" heißt, so würde ich das Ganze für den weiteren Verlauf etwas umbenennen. Denn es geht hier in erster Linie darum, dass Du Dir bewusst machst, was Du in den 4 unten stehenden Bereichen schon gut kannst bzw. wo Du Dich bereits wohlfühlst und an welchen Bereichen & Themen Du noch arbeiten möchtest, um sie zu verbessern.

Ich habe Dir daher bewusst keine Vorschläge von Begriffen gemacht, die Du als Stärke oder Schwäche ankreuzen kannst. Denn das würde zu dem Eindruck führen, dass Du genau diese Schlagworte erfüllen musst, um ein guter Vortragender zu werden. Dem ist aber nicht so.

In meiner HAUS DES REDENS METHODE wirst Du erkennen, dass es nicht darum geht, einem vordefinierten Ideal nachzueifern, sondern vielmehr den für DICH besten Weg zu finden. Daher schreibe hier bitte einfach alles rein, wo Du Dich gut fühlst und woran Du noch arbeiten möchtest. Nach dem Lesen des Buches kannst Du diese Übung dann noch einmal machen und vergleichen, was sich für Dich verändert hat.

Persönliche Einstellung

Hierbei geht es vor allem um Deine Grundeinstellungen zum Reden vor und mit Menschen. Wobei fühlst Du Dich im Umgang mit Menschen und beim Reden vor einem Publikum gut und was hemmt Dich in Deinem Auftreten?

PERSÖNLICHE EINSTELLUNG	
DABEI FÜHLE ICH MICH GUT	DARAN MÖCHTE ICH ARBEITEN

Inhalt & Story

Wie geht es Dir damit, die Inhalte für eine Präsentation oder eine Rede zusammenzustellen? Wie leicht fällt es Dir eine überzeugende und fesselnde Dramaturgie aufzubauen? Wie gut bist Du darin, komplexe Dinge in einer Präsentation einfach zu erklären? Usw.

INHALT & STORY	
DABEI FÜHLE ICH MICH GUT	DARAN MÖCHTE ICH ARBEITEN

Visualisierung & Design

Wie gut fühlst Du Dich im Umgang mit Präsentationssoftware und wie geht es Dir mit der Visualisierung von wichtigen Daten & Kernaussagen?

<table>
<tr><td colspan="2" align="center">VISUALISIERUNG & DESIGN</td></tr>
<tr><td align="center">DABEI FÜHLE ICH MICH GUT</td><td align="center">DARAN MÖCHTE ICH ARBEITEN</td></tr>
<tr><td>

</td><td></td></tr>
</table>

Auftritt

Wie sicher fühlst Du Dich in allen Belangen rund um Deinen Auftritt wie z.B. Lampenfieber, Körpersprache, Stimme, Sprechgeschwindigkeit, Mimik, Gestik usw.?

AUFTRITT	
DABEI FÜHLE ICH MICH GUT	DARAN MÖCHTE ICH ARBEITEN

Was hast Du schon probiert/gemacht, um Deine Fähigkeiten zu verbessern?

Schreibe hier alles auf, was Du an Büchern, Artikeln, Podcasts, Videos, (Online-) Trainings & Workshops usw. schon konsumiert bzw. welche Tipps & Tricks Du bereits ausprobiert hast.

Was davon hat Dich weitergebracht und was hat nicht funktioniert?

Reflektiere kurz, welche der oben genannten Dinge und Aktivitäten Dich weitergebracht haben und welche nicht. Hat es möglicherweise sogar Informationen gegeben, die Dich mehr verwirrt haben, als dass sie Dir geholfen haben?

Was glaubst Du, warum hat es bisher nicht oder nicht ganz so funktioniert, wie Du es Dir gewünscht hättest? Gibt es vielleicht sogar ein Muster in den Bereichen, die nicht funktioniert haben?

Egal, ob Du es weißt, woran es bisher gelegen hat oder nicht. Ich begleite Dich jetzt auf dem Weg zu Deinem Erfolg und meine HAUS DES REDENS METHODE wird Dir einen Weg aufzeigen, der auch für Dich funktionieren kann.

Und ich betone hier das „kann" deswegen, weil ich Dir an dieser Stelle DEN Nr. 1 Grund nennen will, der in den meisten Fällen für das Scheitern verantwortlich ist. Nämlich NICHTS TUN, also Dinge zu wissen, sie aber nicht in die Tat umzusetzen! Wenn Du nichts tust, wird sich nichts verändern - egal, wie viele Bücher Du liest oder wie viele Kurse Du besuchst. **Vergiss das nie**!

*"Coaches und Mentoren öffnen Dir die Tür in ein
neues Leben. Durchgehen musst Du selbst!"*
Debby Schlenther

Was sind Deine Erwartungen?

Egal, ob Du schon gut bist und Dich verbessern willst, oder ob Du noch ganz am Anfang stehst. Die Tatsache, dass Du jetzt hier bist bedeutet, dass Du ganz konkrete Erwartungen an mich und dieses Buch hast. Und diese Erwartungen würde ich gerne erfahren.

Was erwartest Du von diesem Buch bzw. unserer gemeinsamen Reise? Welche Erwartungen hast Du an mich? Welche(s) Ziel(e) willst Du erreichen? Gibt es konkrete Fragen, die Du schon immer für Dich beantwortet haben wolltest?

Schreibe all das bitte hier auf, auch wenn ich es nicht sehen kann. Denn nur wenn man seine eigenen Erwartungen und Ziele klar formuliert, kann man nach einem Prozess kontrollieren, ob diese erreicht wurden.

Und wie schon einmal erwähnt, wenn Du Deine Erwartungen und Ziele mit der Community teilen willst, dann poste sie gerne in die Facebook-Gruppe und tausche Dich mit den Anderen dazu aus.

Was ist Dein Traum/Ziel?

Lass uns nun noch eine Stufe weitergehen. Von konkreten Erwartungen zu einem konkreten Endergebnis in der Zukunft. Dazu folgende Frage an Dich:

Stell Dir vor, Du siehst Dich in der Zukunft auf einer Bühne stehen. Wie würde Dein Traum-Auftritt ablaufen, wie würdest Du Dich fühlen und wie würde das Publikum im besten Fall darauf reagieren? Oder kurz gefragt, was ist Deine Zielvorstellung bzw. Dein Wunschergebnis für die Zukunft?

Falls es Dir schwerfällt, Dein Traum-Ziel zu formulieren, dann lass es mich für Dich versuchen. Wenn jemand Folgendes nach einem Vortrag über Dich sagen würde, würde das nach einer traumhaften Vorstellung und nach einem erstrebenswerten Ziel klingen?

"**DEIN-NAME** (hier Deinen Namen einfügen)

- ist selbstbewusst & authentisch aufgetreten und hat mir das Gefühl vermittelt, dass ihm/ihr der Auftritt (das Reden vor dem Publikum) Spaß bereitet hat.

- ist dabei wunderbar auf das Publikum eingegangen und hat es gut mitgenommen.

- Man hat wirklich gespürt, dass DEIN-NAME für das Thema brennt.

- Der Inhalt war spannend aufgebaut und die kleinen Geschichten haben die Inhalte perfekt ergänzt.

- Die Präsentationsfolien haben den Vortrag großartig unterstützt und waren ein echter Mehrwert und ein Hingucker.

- Die gestellten Fragen konnten ihn/sie zu keiner Zeit aus dem Konzept bringen und wurden souverän beantwortet.

- DEIN-NAME hat mich vollkommen überzeugt!

  - Ich konnte mir einiges aus dem Vortrag für mich mitnehmen und bin sehr zufrieden. (Im Falle eines allgemeinen thematischen Vortrags)

  - Ich habe sehr viel gelernt und werde die gezeigten Lösungen selbst umsetzen bzw. die Sache unterstützen. (Im Falle einer Präsentation, die zu einem Thema überzeugen sollte bzw. die Unterstützung einer Sache zum Ziel hatte)

  - Ich bin rundum überzeugt und werde das Produkt/die Dienstleistung auf jeden Fall kaufen. (Im Falle einer Verkaufspräsentation)

- Ich würde mich sehr freuen, wenn ich nur ansatzweise so gut vor einem Publikum auftreten könnte, wie es DEIN-NAME heute gemacht hat. Ich war sehr beeindruckt!"

Egal, ob Du manche Dinge schon so erlebt hast oder aktuell bereits zufrieden wärst, wenn eine der Aussagen auf Dich jemals zutreffen würde. Ich denke, wir sind uns einig, dass es eine **traumhafte Vorstellung wäre, wenn Du einmal alle der oben genannten Punkte so erleben könntest. Richtig?**

JA? Dann möchte ich Dich einladen, dieses **große Ziel als Dein Ziel für Deine erfolgreiche Zukunft zu definieren**! Denn Ziele sind wichtig.

Warum? Dazu ein paar Zitate von Leuten, die es wissen müssen.

> *"Indem Sie Ihre Träume und Ziele auf Papier festhalten, setzen Sie den Prozess in Gang, die Person zu werden, die Sie am liebsten sein möchten. Legen Sie Ihre Zukunft in gute Hände - Ihre eigenen."*
> *Mark Victor Hansen*

> *"Das Setzen von Zielen ist der erste Schritt, um das Unsichtbare in das Sichtbare zu verwandeln."*
> *Tony Robbins*

> *"Es gibt nur zwei Regeln, um erfolgreich zu sein. Erstens: Finden Sie genau heraus, was Sie tun wollen, und zweitens: Tun Sie es."*
> *Mario Cuomo*

DU weißt nun, wo Du aktuell stehst und wo Du hin willst bzw. was Du tun willst. **Also lasse es uns TUN! Für Deinen Erfolg!**

Stand der Dinge - Allgemein

> *"Es scheint immer unmöglich, bis es getan ist."*
> *Nelson Mandela*

Es könnte sein, dass Dir Dein Ziel bzw. die Traumvorstellung, die wir im letzten Abschnitt gezeichnet haben, ein wenig unwahrscheinlich erscheint. Oder Dir vielleicht sogar Angst macht. Das ist absolut normal, muss Dir aber an dieser Stelle keine Sorgen bereiten. Warum? Das werde ich Dir beginnend mit diesem Abschnitt zeigen.

Denn nach Deiner persönlichen Analyse machen wir uns jetzt daran, die Themen Rhetorik & Präsentation von Grund auf zu durchforsten, neu zu denken und FÜR DICH Deinen individuellen Weg zum Erfolg zu entwickeln!

Dazu schauen wir uns zuerst einmal den Stand der Dinge in der Welt der Präsentation & Rhetorik gemeinsam an.

Gute Präsentationen in Erinnerung?

Ich nehme an, Du hast in Deinem bisherigen Leben schon einige Vorträge, Reden bzw. Präsentationen von anderen Menschen gesehen. Egal, ob bei einem Kongress, in einem Meeting, bei einer Messe, einer Feier oder bei irgendeinem anderen Anlass. Überall sprechen Menschen in den verschiedensten Situationen zu uns. Was mich aber jetzt speziell interessiert, ist die Frage, an welche dieser Situationen Du Dich spontan erinnern kannst und warum?

Ich möchte Dich bitten, an Präsentationen, Vorträge & Reden von anderen Personen zu denken, die Du selbst gesehen hast UND die Dir aus irgendeinem Grund in Erinnerung geblieben sind. Beispielsweise weil der Vortragende so überzeugend war, das Thema besonders gut dargestellt wurde usw.

Wenn Dir eine derartige Präsentation in Erinnerung geblieben ist, dann schreibe bitte kurz den Namen des Vortragenden auf und worum sich der Vortrag inhaltlich drehte.

Falls Dir nicht spontan etwas einfällt, dann denke bitte kurz nach. Falls Dir aber absolut keine eindrucksvolle Präsentation oder Rede in Erinnerung sein sollte, dann ist das auch kein Problem.

Ich stelle diese Frage bei allen meinen Seminaren & Workshops ganz zu Beginn. Über die Jahre habe ich die Frage also weit mehr als 1.000 Menschen gestellt. Das Ergebnis sieht im Schnitt folgendermaßen aus. Von 10 Personen können sich 8 an KEINE Rede oder Präsentation erinnern, die sie beeindruckt hat. Von den verbleibenden 2 kann sich 1 zwar an eine beeindruckende Situation erinnern, weiß aber nicht mehr genau, worum es inhaltlich ging und/oder wer der Vortragende war. Und nur 1 von 10 kann sich tatsächlich an den Inhalt UND die Person erinnern, die einen bleibenden Eindruck hinterlassen hat. Wenn Du also auf die Frage oben keine oder nur eine kurze Antwort hinterlassen hast, dann bist Du in guter Gesellschaft.

Aber was sagt uns das über das Thema Rhetorik & Präsentation? Geht es dabei nicht in erster Linie darum, einen Eindruck zu hinterlassen und in Erinnerung zu bleiben bzw. etwas zu erreichen?

Der Status quo ist düster

OH JA, genau DARUM geht es! Die Erinnerung an Deine Botschaft ist der Schlüssel zu Deinem Erfolg. Nehmen wir an, Du präsentierst eine Lösung, ein Produkt oder eine Dienstleistung, die für Dein Publikum interessant ist. Wenn Du die Leute dabei so richtig vom Hocker reißt, dann werden sie Deiner Lösung folgen und Dein Produkt kaufen.

Das Problem ist nur, die Wenigsten werden das sofort tun. In den allermeisten Fällen liegen Vortrag und Kaufentscheidung mehr oder weniger weit auseinander. DANN ist es wichtig, dass Du mit Deiner Botschaft in Erinnerung geblieben bist. Denn nur, wenn sich die Entscheider zum Zeitpunkt der Kaufentscheidung noch an Dich erinnern, dann hast Du Dein Ziel erreicht. Ähnlich gilt dies auch bei politischen Wahlen (Themen) oder in einer Bewerbungssituation. In diesem Fall bist DU selbst die „Lösung", an die sich die Personaler erinnern müssen.

So weit, so gut. Aber wie Du im letzten Abschnitt an Deiner eigenen Antwort und den Antworten meiner Workshop-Teilnehmer gesehen hast, ist der Stand der Dinge leider sehr düster. Denn kaum jemand kann sich wirklich an gute Vorträge erinnern, obwohl das doch das größte Ziel ist.

Aber warum ist das so?

95 % aller Präsentationen sind langweilig

Die Antwort liegt auf der Hand und ist ganz einfach. **Die allermeisten Präsentationen sind einfach mega langweilig!** Und zwar so langweilig, dass es sogar einen eigenen Namen für den Zustand des gelangweilten Publikums gibt, nämlich „Tod durch Power-Point" (Death by PowerPoint).

Wie viel Prozent aller Präsentationen weltweit langweilig sind, darüber kann man vortrefflich streiten. Ob 70, 80 oder 90 Prozent (aus meiner Erfahrung sind es mehr als 95 %) spielt dabei eigentlich keine große Rolle. Denn Tatsache ist, es ist der überwiegende Anteil und das ist eine wahre Tragödie! Nicht wahr?

Was ist das Problem an langweiligen Präsentationen?

Abgesehen davon, dass sie viel wertvolle Lebenszeit von Millionen Menschen vergeuden, liegt das Hauptproblem darin, dass fade Vorträge dazu führen, dass die Aufmerksamkeit des Publikums verloren geht. Die **Aufmerksamkeit ist aber das zentrale Element**, das wir als Vortragende benötigen, um in Erinnerung zu bleiben. Keine Aufmerksamkeit = kein Verständnis der Botschaft = keine Erinnerung = keine Zustimmung/Kauf/Handlung. So einfach ist das!

Das ist nicht nur eine Aussage von mir, sondern wissenschaftlich erwiesen. Der amerikanische Wissenschaftler John Medina beschäftigt sich seit Jahrzehnten in vielen Studien mit dem menschlichen Gehirn. In seinem Buch **„Brain Rules: 12 Principles for Surviving and Thriving at Work, Home, and School"** heißt es unter Brain rule #6: **„ATTENTION - We do not pay attention to boring things"** (Wir schenken langweiligen Dingen keine Aufmerksamkeit). Wenn Du mehr darüber erfahren willst, dann kann ich Dir dieses Buch nur schwer ans Herz legen. Für unsere gemeinsame Reise würden die Details jetzt zu weit führen.

Aber, die Aussage „We don't pay attention to boring things" bildet eine bedeutungsvolle Grundlage für Dein wichtigstes Ziel. Nämlich das Publikum nicht zu langweilen, sondern es mit Deinen Inhalten zu begeistern. So stichst Du aus der Masse hervor und bleibst automatisch in Erinnerung! Und das wollen wir ja schließlich erreichen!

Das Allerbeste daran: Wenn 95 % aller Präsentationen fad sind, dann gehörst Du mit einer „unfaden" Präsentation automatisch zu den 5 % der Guten. Man könnte auch sagen, dann **gehörst Du zu den besten 5 % der Vortragenden!** Und DIE sind es, die in Erinnerung bleiben und die Welt verändern!

Hört sich großartig an, nicht wahr? Wird es auch!

Große Angst der Menschen

Eine fade Präsentation ist primär ein inhaltliches Problem, das man mit dem richtigen Plan & System (Teil 2 und 3 der HAUS DES REDENS METHODE) lösen kann. Für viele Menschen gibt es aber eine noch viel größere Herausforderung, als die Inhalte richtig aufzubereiten. Sie haben nämlich panische **Angst vor Menschen zu reden**, auch Redeangst genannt.

Diese Angst gibt es in den verschiedensten Ausprägungen. Manche können in einer Gruppendiskussion zwar ihre Meinung sagen, sobald sie aufstehen und etwas vortragen müssen, ist es aber vorbei. Andere haben schon Angst vor kleinen Gruppen (2-3 Personen), während die meisten Menschen erst bei mittleren bis großen Gruppen in Schockstarre verfallen. Wieder andere machen zwar den ganzen Tag nichts anderes, als vor Menschen zu reden (Lehrer), bekommen es aber auf einmal mit der Angst zu tun, wenn statt den Schülern die Eltern dasitzen. Die Angst sich also durch die Änderung des Publikums aufbaut.

Die Symptome reichen von erhöhtem Blutdruck, verstärktem Schwitzen und trockenem Mund über Muskelverhärtungen und Zittern bis hin zu Panikattacken und kompletten Blackouts. Letzteres veranlasste wohl auch den amerikanischen Schriftsteller Mark Twain zu folgender Aussage: „Das menschliche Gehirn ist eine großartige Sache. Es funktioniert bis zu dem Zeitpunkt, wo du aufstehst, um eine Rede zu halten."

Aber weiter im Thema. Das Phänomen der Redeangst ist in der Bevölkerung sehr weit verbreitet. So weit, dass es sogar einen medizinischen Fachausdruck dafür gibt. Mit dem Fachbegriff „**Glossophobie**" wird die Angst vor Publikum, in der Öffentlichkeit zu sprechen oder eine Rede führen zu müssen, bezeichnet.

Laut dem amerikanischen Wissenschaftsportal Psycom.net leiden bis zu **75 % aller Menschen an Redeangst** (https://www.psycom.net/glossophobia-fear-of-public-speaking). Auch wenn es sich hier um amerikanische Zahlen handelt, so denke ich, dass der Prozentsatz ebenso für den deutschsprachigen Raum ziemlich gut passt. Auf Basis meiner Erfahrungen würde ich ihn sogar eher noch höher ansetzen.

Aber damit nicht genug. Denn zahlreiche Menschen leiden nicht nur unter Redeangst, für viele ist es sogar die größte aller persönlichen Ängste. So kommt eine Untersuchung in Deutschland (https://de.statista.com/statistik/daten/studie/258499/umfrage/die-haeufigsten-aengste-der-menschen/) aus dem Jahr 2013 zum Ergebnis, dass „Öffentlich zu sprechen" die **Nr. 1 Angst** ist. Und zwar für 41 % der Befragten. Im Vergleich dazu, haben nur 19 % Angst vor Krankheit & Tod! Dies entspricht auch in etwa den Zahlen aus einer amerikanischen Studie (1973 R. H. Bruskin Associate's American Fears study), die durch eine britische Studie aus dem Jahr 2012 (https://www.researchgate.net/publication/271993200_Is_Public_Speaking_Really_More_Feared_Than_Death) großteils bestätigt wurde.

Aber egal, ob die „Angst vor Menschen zu sprechen" an 1., 2. oder 3. Stelle aller Ängste steht. Die Tatsache, dass sie - bei allen

„echten Problemen" unserer Welt - unter den Top 3 steht, ist schon eine sehr erschütternde Situation. Findest Du nicht auch?

DAS ist Deine Chance!

Aber so schlimm das auch alles klingen mag. Es gibt nichts Schlimmes, das nicht auch etwas Gutes in sich hat. Denn genau in diesen 2 Problemstellungen - 75 % mit Redeangst und 95 % fade Präsentationen - genau darin liegt **DEINE GROSSE CHANCE**!

Wie soll das eine Chance sein, wenn Du doch selbst davon betroffen bist, wirst Du Dich jetzt vielleicht fragen. Der Grund für Deine Chance liegt in der Psyche von uns Menschen. Und zwar dahingehend, dass Menschen Dinge, die sie nicht können oder nicht mögen, immer so lange wie möglich verdrängen. Sie verdrängen diese Dinge meistens so lange, bis es nicht mehr anders geht. Und das, auch wenn sie wissen, dass es einen (mehr oder weniger einfachen) Ausweg aus der Situation gibt. Zugegebenermaßen erscheint der Ausweg in diesem Fall für die Meisten etwas schwieriger als bei anderen Themen. Aber dass das nicht stimmt, das wirst Du schon bald selbst erleben. Denn...

> *„Du musst nicht spitze sein, um anzufangen. Aber*
> *du musst anfangen, um spitze zu werden."*
> *Zig Zagler*

Im konkreten Fall ist dieser Anfang, sich **aktiv mit dem Thema zu beschäftigen und sich Hilfe bei der Bewältigung der Herausforderung zu holen**. Beides hast Du mit dem Kauf dieses Buches bereits gemacht - GRATULATION. Du hast also den wichtigsten Teil schon hinter Dich gebracht, nämlich den 1. Schritt. Und da die Meisten aus der oben genannten Masse diesen 1. Schritt NIEMALS gehen werden, hast Du eigentlich schon jetzt einen Wettbewerbsvorteil.

Wenn Du jetzt aber die HAUS DES REDENS METHODE auch noch erfolgreich anwendest, dann wirst Du in null Komma nix aus der Masse der 75/95 % herausstechen. Und das wird Dein Leben in vielen Belangen zum Positiven verändern, das verspreche ich Dir!

Denn Du bist jetzt unaufhaltsam auf dem Weg zu den besten 5 %. Und Du gehörst somit schon bald zu der Gruppe von Menschen, die Du - wegen ihrer Redegewandtheit - jetzt noch bewunderst!

Warum hat es bisher nicht funktioniert?

Die Chancen stehen also sehr günstig. Nun stellt sich aber die Frage, warum es bisher nicht oder nicht so funktioniert hat, wie Du es Dir erwartet oder erträumt hast? Oder ganz allgemein gefragt. Wie kann es überhaupt sein, dass der Stand der Dinge bei einem Thema allgemein so düster ist, wo doch ALLE INFORMATIONEN zur Lösung der offenen Fragen frei zugänglich sind? Es sollte doch ein Leichtes sein, sich Antworten auf alle Fragen im Internet zu besorgen und diese dann einfach umzusetzen. Ist es nicht!

Und genau da liegt der Grund begraben. **In der fehlenden oder falschen Umsetzung von verfügbarem Wissen.** Dies kann viele Gründe haben. Aber ich will jetzt gar nicht auf Gründe wie fehlende Motivation oder Ähnliches eingehen. Vielmehr möchte ich über den Teufelskreis reden, in dem sich die meisten meiner Kunden befinden oder befunden haben. Und den ich selbst nur zu gut kenne.

Aus meiner eigenen Erfahrung und den Erfahrungen meiner Kunden sind es einer oder mehrere der folgenden Gründe & Erlebnisse, die dazu führen, dass Menschen nicht den Erfolg haben, den sie haben sollten. Und warum sie oftmals nicht in die Umsetzung kommen oder im Laufe des Weges verzweifelt aufgeben.

- Präsentations- & Rhetoriktipps helfen nicht (ausreichend), weil sie immer nur einen Teilaspekt des gesamten Themas beleuchten. Um einen Tipp richtig zu verstehen, braucht es den Kontext, in dem er eingebettet ist. Du kennst sicher das Sprichwort "Man sieht den Wald vor lauter Bäumen nicht". Die einzelnen Tipps sind die Bäume, diese helfen Dir aber nichts, wenn Du den Wald (Kontext) nicht siehst. Es ist also kein Wunder, wenn Du in diesem Wald an Informationen den Überblick verlierst.

- Wie bei jedem Thema, gibt es auch bei Rhetorik & Präsentation unendlich viele "Experten". Dies führt dazu, dass sich die gut gemeinten Tipps teilweise widersprechen, was für Dich nur zu weiterer Verwirrung führt, anstatt Deine Fragen zu beantworten.

- Noch schwieriger wird es, wenn anstatt von Tipps auf einmal von Regeln gesprochen wird. Regeln - egal wie richtig oder falsch sie sind - führen dazu, dass Du in eine Drucksituation kommst, diese Regeln zu befolgen. Dies führt zu mehr Druck in der Vortragssituation, schon allein aus der Tatsache heraus, dass Du Dir all diese Regeln merken musst. Somit schaden diese meist mehr, als sie Dir helfen. Und noch schlimmer wird es, wenn die Regeln auch noch veraltet oder kompletter Bullshit sind. Wie z.B. die "Regel", dass eine PowerPoint-Folie nicht mehr als 7 Aufzählungszeichen mit je 7 Wörtern haben soll. Warum das Blödsinn ist? Weil eine Folie mit 49 Wörtern eine Katastrophe ist und Dein Publikum schneller zum Schlafen bringt als das Sandmännchen. Im Kapitel „Aufmerksamkeit" wird Dir das noch klarer werden.

- Wir lernen in der Schule tausende Dinge. Aber das Reden vor Menschen sowie das Erstellen von guten Präsentationen lernen wir dort nicht. Oder nicht ausreichend bzw. falsch. In meiner gesamten Ausbildungszeit - Schule & Studium zusammen - hatte ich genau eine 90-minütige Einheit, wo wir von einem Präsentationstrainer gelernt haben, wie man „richtig präsentiert". Der Rest verlief nach dem Motto "Du musst ein Referat zum Thema XY machen - viel Spaß". Dann habe ich mir, nach bestem Wissen und Gewissen, Inhalte zusammengesucht und die dann - für mich bestmöglich - in eine Präsentation verwandelt und vorgetragen. Wie man den Inhalt gut plant, diesen visuell überzeugend aufbereitet und gut vorträgt - dazu bekamen wir niemals richtige und gute Hilfestellungen. Kommt Dir das bekannt vor?

- Gut, ich bin schon etwas älter und manchmal höre ich, dass es in den heutigen Schulen & Universitäten mehr dazu gibt. Aber von wem? Von einem Lehrer, der niemals in der Situation war, jemandem etwas "verkaufen zu müssen"? Denn das Vortragen von Unterrichtsstoff ist zwar technisch gesehen auch ein Vortrag. Praktisch gesehen hat es aber mit dem „echten Leben" nichts zu tun. Weil die Schüler die Information annehmen müssen, egal ob es ihnen gefällt oder nicht. Sinn würde das also nur machen, wenn die Lehrer eine entsprechende Sonderausbildung zu diesem Thema hätten. Was in der Regel nicht der Fall ist.

- Man steht also in der Situation ziemlich allein da. Dazu kommen oft noch hohe Erwartungen an sich selbst bzw. an den Vortrag oder die Präsentation, was den eigenen Druck erhöht.

- Nicht zu wissen, wie man "es richtig macht", führt zu einer gewissen Hilflosigkeit. Und Hilflosigkeit führt zu Abneigung.

- All diese genannten Aspekte führen in vielen Fällen zu schlechten (ersten) Erfahrungen mit dem Reden vor Menschen.

- Aus einer schlechten Erfahrung wird eine negative Einstellung.

- Es folgt ein "ich kann das nicht, ich will das nicht". Und schon hat man ein Problem aufgebaut, das man in der Zukunft möglichst vermeiden will, obwohl man weiß, dass es gut wäre, gut vor Menschen reden und präsentieren zu können.

- Diese Abneigung führt wiederum zu fehlender Übung, die aber so wichtig wäre.

- Und somit bist Du in einem Teufelskreis gefangen, aus dem Du allein nicht mehr so leicht herauskommst.

Kommt Dir das bekannt vor? Ich denke ja. Aber wie Du oben gesehen hast, ist es in vielen Bereichen nicht einmal wirklich Deine Schuld, dass es bisher nicht richtig funktioniert hat.

Das wird sich jetzt ändern! Denn was Du brauchst, sind keine weiteren Tipps, Tricks & Informationen, Du brauchst ein System. Und genau das ist die HAUS DES REDENS METHODE!

Die Lösung - Die HAUS DES REDENS METHODE

"Nicht weil es schwer ist, wagen wir es nicht,
sondern weil wir's nicht wagen, ist es schwer."
Seneca, römischer Philosoph

Wie funktioniert jetzt also die HAUS DES REDENS METHODE? Das erfährst Du hier im Überblick, bevor wir uns an die Details der einzelnen Module machen.

Der Name „HAUS DES REDENS" kommt davon, dass alle Reden, Vorträge und Präsentationen nach demselben Schema ablaufen und doch immer anders sind. Wie der Bau eines Hauses. Das Grundsystem ist beim Bau eines jeden Hauses dasselbe. Und doch sieht jedes Haus anders aus.

Wenn Du das System der HAUS DES REDENS METHODE einmal verstanden und verinnerlicht hast, dann kannst Du es immer und immer wieder anwenden. Du wirst immer wieder gleich vorgehen und dennoch immer neue, andere, aber großartige Ergebnisse für jedes Deiner Themen hervorbringen. Egal, über welches Thema Du sprichst. Egal, wie groß Dein Publikum ist. Die HAUS DES REDENS METHODE funktioniert immer!

Die **HAUS DES REDENS METHODE** besteht aus den folgenden 4 Teilen:

1. Fundament = Persönliche Einstellung

2. Planung und Bau des Hauses (Rohbau) = Inhalt & Story

3. Gestaltung des Hauses = Design & Visualisierung

4. Vorstellung des Hauses in der Öffentlichkeit = Dein Auftritt

„Wer hohe Türme bauen will,
muss lange beim Fundament verweilen."
Anton Bruckner

1. Fundament = Deine persönliche Einstellung

Ein starkes Fundament ist die Grundlage für jedes Bauwerk. Egal, ob Haus oder Turm, ob groß oder klein. Wenn das Fundament instabil oder auf losem Untergrund gebaut ist, wird das Bauwerk nicht lange stehen. Dasselbe gilt für Deine Präsentation bzw. das Reden vor Menschen.

Für Deinen Auftritt ist Deine persönliche Einstellung das Fundament, auf dem alles aufgebaut ist. Die Einstellung zu Dir & Deinen Fähigkeiten sowie zum Thema Präsentation bilden die Grundlage dafür, wie Dein Auftritt verläuft. Wir bauen gemeinsam ein unerschütterliches Fundament für Dein HAUS DES REDENS, damit Dich nichts und niemand mehr „umhauen" kann.

2. Planung & Bau des Hauses = Dein Gerüst, Dein Inhalt & Deine Story

Planung ist in jeder Lebenslage sehr wichtig. Aber für Deinen Vortrag ist eine gute Planung lebenswichtig. Dabei geht es nicht nur darum, was Du wie sagen willst. Es beginnt schon dabei, was Du überhaupt erreichen willst. Denn wenn Du nicht weißt, was Du mit Deinen Worten erreichen willst, dann kann es Dein Publikum niemals herausfinden.

Aufbauend auf Deinem Ziel baust Du Deine überzeugende Story auf, die alle notwendigen Inhalte enthält, die es braucht, um Deine Botschaft zu platzieren. Und um schlussendlich die gewünschte Handlung beim Publikum - und somit Dein Ziel - zu erreichen.

Klingt einfach, ist es auch. Mit der HAUS DES REDENS METHODE bekommst Du einen Prozess in die Hand, den Du immer & immer wieder anwenden kannst. Egal um welches Thema und welcher Herausforderung es sich handelt.

3. Innen- & Außen-Gestaltung des Hauses = Dein Design & Deine Visualisierung

„Das Sehen übertrifft alle anderen Sinne", vor allem dann, wenn es darum geht, komplexe Inhalte zu erklären oder sich diese zu merken. Eine gute Visualisierung von Inhalten kann wahre Wunder bewirken. In 95 % aller Fälle geschieht bei Präsentationen aber genau das Gegenteil. Anstatt die wichtigsten Inhalte überzeugend zu visualisieren, langweilen die meisten Vortragenden ihr Publikum mit endlosen Textfolien zu Tode.

Genau das wird Dir mit der HAUS DES REDENS METHODE nicht passieren. Denn auch zu diesem wichtigen Bereich habe ich einen erprobten Prozess für Dich. Ein Prozess, der Dich dabei unterstützt, das Wichtigste hervorzuheben und damit Dein Publikum dabei zu unterstützen, Deine Botschaft einfacher und besser zu verstehen. Und zwar auch dann, wenn Du Dich für nicht (sehr) kreativ hältst.

„Wer nicht redet, wird nicht gehört."
Helmut Schmidt

4. Vorstellung des Hauses in der Öffentlichkeit = Dein Auftritt vor dem Publikum

3 von 4 Teilen der Methode haben sich bisher mit der Vorbereitung auf Deinen großen Auftritt beschäftigt. Wenn Du diese 3 Teile gut erledigt hast, dann steht Deinem großartigen Auftritt nichts mehr im Wege. Aber, Du musst diesen finalen Schritt machen. Oder alles, was wir bisher durchgemacht haben, war nutzlos.

Du hast Dein HAUS DES REDENS gebaut, nun steht es unerschütterlich in der Welt. Und jetzt wirst Du es voller Stolz der Öffentlichkeit präsentieren und diese begeistern. Die ersten 3 Schritte werden Dir dazu den nötigen Rückhalt und die Sicherheit bieten. In diesem 4. Schritt bekommst Du nun noch das Rüstzeug für all die verschiedenen Situationen, in denen Dein Auftritt stattfinden kann. Je nach Größe des Publikums, Raumbeschaffenheit, technischer Ausstattung, Bühne und den sonstigen Umständen sind unterschiedliche Dinge zu beachten. Meine Methode bietet Dir für all diese Situationen die nötige Unterstützung.

Du siehst also, anstatt tausender unzusammenhängender Tipps & Informationen, ist die HAUS DES REDENS METHODE eine gesamtheitliche Schritt-für-Schritt-Anleitung, die alle Teile eines überzeugenden Auftritts umfasst und Dir in jeder Phase Unterstützung bietet!

"Der Anfang ist die Hälfte des Ganzen".
Aristoteles

Und der Anfang beim Bau Deines persönlichen HAUS DES REDENS ist das Fundament, Deine persönliche Einstellung.

Auf geht's!

TEIL 1 – FUNDAMENT – DEINE PERSÖNLICHE EINSTELLUNG

Bevor wir uns mit allen anderen Dingen beschäftigen, beschäftigen wir uns zuallererst mit DIR! Du bist die Person, die die Rede hält und die vor den Menschen souverän auftreten will und wird.

Sich selbst zu kontrollieren, was soll das genau heißen? Du denkst jetzt wahrscheinlich in erster Linie daran, Deine Nerven im Zaum zu halten und nicht zu nervös zu werden. Ja, das auch. Aber wenn Du Deine Nervosität im Griff hast, dann ist das das Ergebnis von alledem, worum es hier geht.

Im Gegensatz zu der Aussage von Napoleon Hill geht es nämlich nicht nur darum, Dich selbst „unter Kontrolle zu haben". Sondern es geht vor allem darum, 1. Dir Deiner Selbst bewusst zu werden und 2. Dir bewusst zu machen,

- welchen Anteil Du am Erfolg einer Rede hast,

- was Du bei einer Präsentation tun darfst/sollst und was nicht

- wie Du eine Verbindung zum Publikum aufbaust und somit gut beim Publikum ankommst

- welche „weichen Faktoren" darüber entscheiden, ob das Publikum Dir glaubt und was Du dafür tun kannst

- und so weiter.

Aber keine Angst, die genannten Punkte sind nicht dazu da, um Dir Druck zu machen. Ganz im Gegenteil, das bewusst machen wird Dich befreien und Dir viel Druck nehmen.

Dazu werden wir gängige Glaubenssätze beleuchten und diese brechen. Danach werden wir darauf neue Sichtweisen aufbauen, die

Dir mehr Selbstvertrauen, Optimismus & Sicherheit aber auch mehr Gelassenheit & Entschlossenheit im Auftritt geben werden. Denn diese Punkte sind es, die Dein Fundament ausmachen.

Fundament = Grundlage des Erfolgs

Das Fundament ist die Grundlage für die Stabilität eines Hauses. Für Deine erfolgreiche Rede oder Präsentation gilt Deine persönliche Einstellung als das Fundament. Und ist somit die Grundlage für Deinen Erfolg.

Die persönliche Einstellung - Dein Mindset - spielt eine entscheidende Rolle beim Reden vor Menschen. Deine **positive, optimistische Einstellung** kann den Unterschied zwischen einem erfolgreichen Auftritt und einem gescheiterten Versuch ausmachen. Dein positives Mindset gibt Dir das **Selbstbewusstsein,** um souverän und authentisch aufzutreten und Dich selbst und Deine Ideen oder Botschaften **erfolgreich und entschlossen zu präsentieren.** Und schlussendlich gibt Dir eine optimistische Einstellung die nötige **Gelassenheit,** um auch dann souverän zu bleiben, wenn mal etwas nicht nach Plan läuft.

Mein Ziel ist es, mit Dir gemeinsam Dein starkes Fundament aufzubauen. Ich nenne es das „OSEG"-Fundament. Folgende Komponenten werden wir dazu entwickeln & stärken:

- Optimismus
- Selbstvertrauen
- Entschlossenheit
- Gelassenheit

Abgekürzt ergeben diese 4 Komponenten die Abkürzung **OSEG,** daher der Begriff OSEG-Fundament zum leichteren Merken.

1. Optimismus

Wenn wir an herausfordernde Situationen - wie eine Präsentation vor vielen Menschen - denken, dann ist unser Denken meist auf das Negative fokussiert. Wir denken daran, was alles schiefgehen kann, und machen uns dadurch selbst verrückt. Im Extremfall führt dieser negative Fokus sogar zu einem kompletten Blackout. Aber wenn Du es schaffst, Dich durch negative Gedanken komplett verrückt zu machen, dann muss auch das Gegenteil funktionieren, richtig?

Darum lass uns an das Gute denken, damit auch das Gute passiert. Nicht umsonst heißt es „Energy flows, where focus goes!" Und wenn Du den Fokus auf das Positive legst, dann erhöhst Du damit die Wahrscheinlichkeit, dass wirklich alles gut wird.

Optimismus bezieht sich also auf die positive Einstellung einer Person, die glaubt, dass die Dinge gut werden und Herausforderungen überwunden werden können. Eine optimistische Einstellung kann dazu beitragen, dass eine Person sich auf die positiven Aspekte konzentriert und sich von den negativen Aspekten nicht entmutigen lässt. Und genau diese Person kannst auch Du sein!

2. Selbstvertrauen

Selbstvertrauen ist die Fähigkeit, an Dich selbst und Deine Fähigkeiten zu glauben. Also einen optimistischen Blick auf Dich selbst zu entwickeln. Viele Menschen leiden an einem niedrigen Selbstbewusstsein und haben daher u.a. Angst, sich vor Menschen zu präsentieren. Das Problem dabei ist, dass man dadurch viele Möglichkeiten verpasst, um positive Erlebnisse zu machen. Aber diese sind die Grundlage für die Steigerung des Selbstbewusstseins. Das ist nicht nur meine Meinung, sondern auch die des bekannten Kommunikationstrainers Dale Carnegie: „Selbstvertrauen gewinnt man dadurch, dass man genau das tut, wovor man Angst hat, und auf diese Weise eine Reihe von erfolgreichen Erfahrungen sammelt." (Dale Carnegie)

Eine gute Vorbereitung gibt Dir dazu die nötige Sicherheit und erhöht die Wahrscheinlichkeit des Erfolgs. Somit könnte man sagen, dass das ganze Buch dazu dient, Dich auf das vorzubereiten, wovor Du Angst hast und auf diese Weise eine Reihe von erfolgreichen Erfahrungen zu sammeln.

Diese positiven Momente werden Dich dazu motivieren, weiterzumachen, es wieder zu tun. Und wenn Du einmal in dieser positiven Spirale drin bist, kann Dich irgendwann nichts und niemand mehr erschüttern.

„Hoffnung und Entschlossenheit tragen die Saat
des Erfolges in sich."
Dalai Lama

3. Entschlossenheit

Entschlossenheit bedeutet, dass Du ein klares Ziel hast und entschlossen bist, dieses zu erreichen. Um entschlossen zu agieren, musst Du von Dir und Deinen Inhalten überzeugt sein. Vertrauen in Deine Botschaft und in Dich selbst ist also notwendig, um entschlossen auftreten zu können.

Eine entschlossene Einstellung wird dazu beitragen, dass Du Deine Ziele schneller erreichst und Hindernisse einfacher überwindest. Wenn Du entschlossen bist, kannst Du Deine Nervosität und Unsicherheit überwinden und dadurch das Publikum mit Selbstvertrauen und Klarheit ansprechen. Durch Deine Entschlossenheit wirst Du Deine Botschaft effektiver kommunizieren und das Publikum besser überzeugen.

4. Gelassenheit

Gelassenheit bedeutet, dass Du in der Lage bist, ruhig und gelassen zu bleiben, auch wenn es schwierig wird. Durch Deine Gelassenheit kannst Du souverän auf unvorhergesehene Ereignisse reagieren und flexibel mit Veränderungen umgehen, ohne dabei den Fokus auf Dein Ziel zu verlieren.

Optimismus, Selbstvertrauen und Entschlossenheit fördern die Gelassenheit. Um noch mehr Gelassenheit zu entwickeln, kann es außerdem hilfreich sein, regelmäßige Entspannungsübungen oder Meditation zu praktizieren. Diese können Dir helfen, Deinen Geist zu beruhigen und Dich auf das Wesentliche zu konzentrieren. Auch eine gesunde Work-Life-Balance, Bewegung und ausreichend Schlaf können Dir helfen, Gelassenheit zu entwickeln und Stress abzubauen.

Eine gelassene Einstellung wird viel dazu beitragen, dass Du als Person souverän und professionell auftreten kannst, auch in stressigen Situationen.

Fazit

Wie Du gerade gemerkt hast, stehen diese 4 Erfolgskomponenten Deines Fundaments nicht einzeln da, sondern bedingen & beeinflussen sich gegenseitig. Und was besonders wichtig ist, sie sind im Ergebnis viel mehr als die Summe ihrer Teile.

Wenn Du also grundsätzlich optimistisch bist, hast Du mehr Vertrauen in die eigene Leistung bzw. dass diese gut werden wird. Dadurch kannst Du entschlossener auftreten und somit Dein Publikum besser und effektiver überzeugen. Und falls mal etwas nicht wie geplant läuft, hilft Dir die Gelassenheit, selbstbewusst und entschlossen trotzdem Dein Ziel zu verfolgen.

Am Ende wirst Du dadurch viele erfolgreiche Erlebnisse sammeln, die wiederum Deinen Optimismus fördern und Dein Selbstvertrauen stärken. So geht die positive Erfolgsspirale immer nach oben und kann auch mit kleinen Rückschlägen problemlos umgehen! Und schon haben wir die Grundlage für den Erfolg - ein bombenfestes Fundament - gelegt.

Klingt doch alles gar nicht so schwierig, oder? Ist es auch nicht, wenn wir gemeinsam daran arbeiten.

Um all das zu erreichen, brauchst Du nun im nächsten Schritt aber eine weitere "heit", nämlich Offenheit. Offenheit, um das Reden & Präsentieren vor Menschen neu zu denken.

Und damit beginnen wir gleich jetzt!

UMDENKEN bei Rede & Präsentation

> *„Die reinste Form des Wahnsinns ist es,*
> *alles beim Alten zu lassen und zu hoffen,*
> *dass sich etwas ändert."*
> Albert Einstein

Wie oft hast Du Dich schon dabei erwischt, in den immer gleichen Gedankenmustern festzustecken, wenn es um Präsentationen und Reden geht? Diese gewohnten Denkweisen, die Dir sagen, wie etwas "normalerweise" gemacht wird, können zu einer Falle werden und Dich davon abhalten, Dein volles Potenzial zu entfalten.

Daher ist es Zeit für ein **UMDENKEN**. Aber keine Angst, das bedeutet nicht, dass Du alles über Bord werfen und von Grund auf neu anfangen musst. Vielmehr geht es darum, sich von den gängigen Gedanken und Glaubenssätzen zu lösen, die Dich in bestimmten Bahnen halten, und Raum für neue Ideen zu schaffen. Hier ein paar Beispiele.

Stell Dir vor, Du betrittst einen Raum, um eine Präsentation zu halten. Die alten Stimmen im Kopf flüstern: "Du musst ernsthaft und formell sein." Doch was wäre, wenn Du diesen Gedanken herausforderst? Statt Dich hinter einer Fassade zu verstecken, könntest Du Dich darauf konzentrieren, authentisch und nahbar zu sein. Indem Du Dich öffnest und eine persönliche Verbindung mit Deinem Publikum herstellst, erzeugst Du eine viel tiefere Wirkung.

Es geht nicht darum, alles auf den Kopf zu stellen, sondern darum, die Grundlagen zu überdenken. Vielleicht hast Du immer gedacht, dass Perfektion das Ziel ist. Aber was, wenn Du Dich stattdessen auf den Wert Deiner Botschaft konzentrierst? Fehler und Unvollkommenheiten können Authentizität vermitteln und eine echte menschliche Note hinzufügen.

Ein weiterer lähmender Gedanke ist die Angst vor dem Versagen. Du glaubst, dass Du alle Erwartungen erfüllen musst? Nein, das musst Du nicht und Du kannst es auch nicht. Denn „allen Menschen recht getan, ist eine Kunst, die niemand kann". Somit ist hier also eine weitere Chance zum Umdenken: Betrachte Fehler als Gelegenheit zum Wachsen. Wenn Du Dich von der Vorstellung befreist, dass ein Misserfolg das Ende bedeutet, öffnest Du Dich für Experimente und Innovationen.

Das Umdenken, von dem ich hier spreche, ist, wie das Öffnen eines Fensters, das frische Luft hereinlässt. Du musst nicht alles hinter Dir lassen. Du kannst Deine bewährten Methoden weiterführen und gleichzeitig neue Denkweisen zulassen. Indem Du Dich von den alten, einschränkenden Gedanken befreist, schaffst Du Raum für Kreativität, Wachstum und eine wirkungsvolle Verbindung mit Deinem Publikum.

Darum denk an den einleitenden Spruch von Albert Einstein und sei offen für Neues. Öffne Deine Gedanken für das Potenzial des Umdenkens. Lass neue Ideen herein und erlebe, wie sie Deine Präsentationen und Reden auf ein neues Niveau heben können.

6 Schritte zum bombenfesten Fundament - "So haut Dich nichts mehr um"

Die 4 Komponenten Optimismus, Selbstvertrauen, Entschlossenheit & Gelassenheit bilden die Bausteine Deines bombenfesten OSEG-Fundaments. Die folgenden 6 Schritte tragen nun dazu bei, diese Bausteine für Dich zusammen zu erarbeiten und zu einem festen Fundament zusammenzusetzen!

Schritt 1: Mach DEIN Ding!

„Du kommst nicht nach oben, wenn Du Dich an
Spielregeln hältst, sondern wenn Du sie machst!"
David Tatuljan

Lass uns mit einer kleinen Aufgabe beginnen. Nimm Dir einen Moment Zeit, um **alle Regeln aufzuschreiben, die Dir zum Thema Präsentation und Rede einfallen**. Das können Tipps aus dem Internet, Ratschläge von Experten, Kollegen & Freunden oder sogar die vermeintlichen "goldenen Regeln" sein, die Du bisher gehört hast. Schreib sie auf, so wie sie Dir in den Sinn kommen.

Du hast jetzt also eine mehr oder weniger lange Liste von Regeln vor Dir. Wenn Du bei Google die Suchanfrage „Regeln Präsentation" eingibst, erscheinen mehr als 12.000.000 Suchergebnisse. Von „10 goldenen Regeln der Präsentation" über „5 wichtige Dinge, die Du bei Deiner Präsentation unbedingt beachten musst" bis hin zu „Vortrag halten: 48 Tipps für Einstieg, Präsentation, Interaktion" reichen die gut gemeinten Tipps. Manche sind möglicherweise sinnvoll, manche werden Dich verwirren, andere sind kompletter Unsinn und einige davon widersprechen sich sogar. Aber, welche davon, sollst Du nun anwenden und welche nicht?

Um diese Frage zu beantworten, müsste man alle 12.000.000 Ergebnisse durchgehen und die darin enthaltenen Tipps auf Ihre Alltagstauglichkeit prüfen. Das kann und wird niemand machen. Es ist aber auch gar nicht nötig. Denn es stellt sich in diesem Zusammenhang eine ganz andere und viel entscheidendere Frage. Nämlich...

Wer definiert eigentlich, wie Deine Rede oder Präsentation richtig ablaufen soll?

Gibt es eine zentrale Präsentationsexpertenstelle, die definiert, wie Präsentationen richtig oder falsch sind? Und gilt nur das? Oder gibt es einen anderen Ansatz?

Oh ja, den gibt es! Denn es gibt nur eine Person, die definiert, wie Deine Rede ablaufen soll. Und das bist DU. Ja, Du hast richtig gelesen. **NUR DU** hast das Recht zu definieren, wie Deine Präsentation sein sollte. Die Regeln für Deine Rede sollten nicht von anderen diktiert werden. Das heißt nicht, dass Du Dich inhaltlich völlig unabhängig von den Bedürfnissen Deiner Zielgruppe bewegen sollst. Ganz im Gegenteil. (Wie Du die Präsentation inhaltlich am besten planst, behandeln wir im Teil 2). Aber es heißt, dass **Du Deine eigenen Regeln für das Wie festlegst**. Und zwar so, wie es für Dich und Deine Persönlichkeit am besten passt.

Es gibt also nicht den einen "richtigen" Weg für alle. Deine Persönlichkeit, Dein Stil und Deine Botschaft sind einzigartig – und das sollte sich in Deiner Präsentation widerspiegeln. Denn es geht nicht nur darum, Informationen zu übermitteln, sondern um die Kunst,

Deine Botschaft authentisch und wirkungsvoll zu präsentieren. Und authentisch kannst Du nur sein, wenn Du DU sein kannst. Und nicht, wenn Du eine Rolle spielst.

Wie fühlt sich das jetzt für Dich an, wenn Du Deine eigenen Regeln bestimmen kannst? Fühlst sich das befreiend an oder fühlst Du Dich jetzt verloren? Für manche kann es sich wunderbar anfühlen, alles selbst bestimmen zu können. Sie fühlen und leben die Freiheit, kreativ die eigenen Regeln gestalten zu können. Andere können sich damit aber „verloren" fühlen, da ihnen die nötige „Anleitung" fehlt. Wenn Du zu dieser Gattung gehörst, keine Sorge. Du bist nicht allein und ich zeige Dir in den nächsten Kapiteln, wie Du Dir Deine ganz eigenen Regeln für Deine Präsentation baust.

Wir werden den Fokus darauflegen, wie Du Deine Botschaft am besten vermitteln kannst. Du bist nicht an starre Richtlinien gebunden, sondern kannst Deine Kreativität und Persönlichkeit entfalten. Diese Freiheit wird sich auf Deine Präsentation oder Rede auswirken – sie wird lebendiger, authentischer und damit viel wirkungsvoller sein.

Die Bühne gehört Dir, gestalte sie nach Deinen eigenen Regeln und lasse Deine einzigartige Botschaft erstrahlen.

Schritt 2: Nicht perfekt - aber einzigartig

> *„Perfekte Pläne gibt es nicht,*
> *weil Perfektion nicht universell ist,*
> *sondern für jeden etwas anderes bedeutet."*
> *Michael Sinnhuber*

Beginnen wir mit einer Frage, die so simpel erscheint und dennoch so viel in Bewegung setzen kann: Was ist eigentlich die Definition von "perfekt"? In unserer Suche nach Perfektion scheinen wir oft einem unerreichbaren Ideal hinterherzujagen. Doch warum verspüren wir diesen Drang, perfekt zu sein? Und noch wichtiger – ist Perfektion wirklich notwendig oder überhaupt möglich?

Die Wahrheit ist, dass wir von Natur aus danach streben, uns zu verbessern und unser Bestes zu geben. Das ist auch gut so! Aber in dieser Jagd nach Perfektion vergessen wir leicht, dass Perfektion selbst KEINE klare Definition hat. Es ist eine Illusion, die wir uns selbst auferlegen. Wir nennen diese Illusion „Perfektionismus". Das klingt nach außen hin sehr professionell und soll eine ernsthafte und motivierte Einstellung zur Verbesserung symbolisieren.

Aber ist das wirklich so? Klar, das Streben nach Perfektion klingt nach einem noblen Ziel, aber wir sollten auch darüber nachdenken, wie sehr dieser Perfektionismus uns tatsächlich hemmen kann. Perfektionismus kann wie ein Meister der Täuschung sein – er verspricht das Beste, verlangt aber oft einen viel höheren Preis. Der Grund dafür liegt oft in der Angst, nicht gut genug zu sein. Diese Furcht kann so überwältigend sein, dass sie uns davon abhält, überhaupt anzufangen oder uns zu zeigen, wie wir wirklich sind. Aber es heißt nicht umsonst „**Done is better than perfect!**", richtig?

Stell Dir vor, Du versuchst verzweifelt, jede Einzelheit Deiner Präsentation bis ins letzte Detail zu polieren. Du verbringst Stunden, Tage, Nächte damit, Worte zu wählen und Folien zu gestalten. Aber selbst nach so viel Energie und Arbeit bist Du Dir nicht sicher, ob Deine Präsentation genug sein wird. Du hinterfragst Deine Inhalte, Deine Story und Dein Design. Du bist niemals richtig zufrieden, weil es sich nicht perfekt anfühlt. Was hast Du also von einem Perfektionismus, der sich niemals gut anfühlt? Am Ende des Tages stellt sich daher die Frage, ob das wirklich notwendig war. Wäre es nicht besser gewesen, nur die Hälfte der Zeit in die Folien zu investieren und die andere Hälfte mit einer guten Vorbereitung oder anderen produktiven Dingen zu verbringen? Hat dieser Perfektionismus Dich vorangetrieben oder hat er Dich gebremst? Oder hat Dir der Perfektionismus gar noch mehr Druck auferlegt, anstatt Dir - durch vermeintlich „perfekte Vorbereitung" - Druck zu nehmen? Kommt Dir das bekannt vor?

Die Wahrheit ist, **Perfektionismus ist eine Bürde**! Er führt dazu, dass wir uns im Kreis drehen, uns verzetteln und unsere eigentlichen Ziele aus den Augen verlieren. Die Angst, nicht perfekt zu sein, hält uns davon ab, unser Potenzial auszuschöpfen und unser Licht strahlen zu lassen.

Aber nicht nur das! Die Suche nach Perfektion lenkt uns oft von dem ab, was wirklich zählt – nämlich unsere **Einzigartigkeit**. Denn unsere Einzigartigkeit ist es, was uns wirklich von anderen unterscheidet! Indem wir uns von der Angst lösen, nicht gut genug zu sein, öffnen wir uns für die Möglichkeit, authentisch und einzigartig zu sein. Deine Botschaft, Dein Stil und Deine Art zu präsentieren sind einzigartig – und das macht DICH besonders.

Also denk daran, dass Perfektionismus zwar wie ein idealer Maßstab klingt, aber Dich in Wirklichkeit nur daran hindert, Deine wahre Kraft zu zeigen. Befreie Dich von der Last der Perfektion und erlaube Dir, Deine Einzigartigkeit zu entfalten. Denn in Deiner Einzigartigkeit liegt eine Kraft, die viel größer ist als jede vermeintliche Perfektion.

> *„In allem erkennen wir die Einzigartigkeit, nur*
> *nicht in uns selbst."*
> Stephan Schaup

Deine Einzigartigkeit ist nämlich einer der magischen Schlüssel zu einer besseren Präsentation. Wir sind alle als individuelle Wesen geboren, mit eigenen Erfahrungen, Gedanken und Talenten. Das macht uns einzigartig, das macht Dich einzigartig. Deine Botschaft ist genauso einzigartig wie Du selbst. Auch wenn Du ein Thema behandelst, dass vor Dir schon tausende Menschen vorgetragen haben, dann sind Dein Zugang, Dein Stil, Deine Hintergrund-Geschichte, Deine Erfahrungen und Deine Botschaft dennoch einzigartig.

Statt also einer undefinierten Vorstellung von Perfektion nachzujagen, solltest Du Dich darauf konzentrieren, wie Du diese Einzigartigkeit zum Ausdruck bringen kannst. Aber wie machst Du das konkret, wirst Du Dich jetzt fragen?

Die Antwort darauf beginnt wieder mit einer Frage. Warum verbergen wir oft unsere Einzigartigkeit? Warum passen wir uns (durch das Einhalten von oft unsinnigen Regeln) an, um in der

Masse nicht aufzufallen? Und das, obwohl wir doch eigentlich zu genau jenen aufschauen, die „etwas wagen" oder „sich nix scheißen", wie wir im Dialekt sagen.

Eine Ursache könnte darin liegen, dass wir in unserer Kindheit und Schulzeit gelernt haben, uns an Normen anzupassen, um dazuzugehören. Wir wurden ermutigt, „normal" zu sein und nicht aufzufallen. Aber Normalität ist relativ und subjektiv. Was wirklich zählt, bist Du und wie Du Deine Botschaft authentisch vermitteln möchtest. Während Du Deine Einzigartigkeit verbirgst, bewunderst Du jene, die den Mut haben, ihre Einzigartigkeit auszuleben. Sie ragen aus der Masse heraus und vermitteln inspirierende Botschaften. Und genau das willst Du doch auch, oder? Darum ist es jetzt Zeit, Deine Einzigartigkeit zu erkennen und schätzen zu lernen!

Wie kannst Du also Deine Einzigartigkeit wirklich leben? Hier sind einige Vorschläge, die Dir dabei helfen sollen, sie zu finden und auszuleben:

- **Stelle Dir die Frage: "Was ist das Schlimmste, das passieren kann?"** Die Angst vor Ablehnung hält uns oft zurück. Doch wenn Du Dich fragst, was im schlimmsten Fall passieren könnte, wirst Du merken, dass die meisten Ängste unbegründet sind oder nicht so schlimme Konsequenzen mit sich bringen, wie Du am Beginn glaubst. Das hilft Dir dabei, den Druck zu minimieren und mit mehr Lockerheit an Deine Aufgabe heranzugehen.

- **Lerne aus Fehlern:** Niemand ist perfekt, und Fehler gehören zum Leben dazu. Daher versuche immer, Fehler als Gelegenheit zum Wachsen und Lernen zu sehen. Indem Du Dir erlaubst, Fehler zu machen, setzt Du Dich nicht nur weniger unter Druck, sondern zeigst auch Deine Menschlichkeit. Diese Menschlichkeit ist es wiederum, mit der Du eine Verbindung zum Publikum bekommst. Denn das Publikum profitiert viel mehr davon, aus Deinen Fehlern & Erfahrungen zu lernen als die Geschichten eines unerreichbaren Superstars zu hören.

- **Erlaube Dir, verletzlich zu sein:** Das klingt jetzt vielleicht eigenartig, da uns doch immer eingetrichtert wird, dass man stark sein muss, um professionell & souverän zu wirken. Aber, wie schon erwähnt, musst Du nicht perfekt sein. Und das gilt auch für die Geschichten & Erfahrungen, die Du in Deine Rede und Präsentation einbaust. Auch dort musst Du Dich nicht als perfekt und stark darstellen, wenn es nicht so ist. Ganz im Gegenteil! Zeige Deine Schwächen und Unsicherheiten und wie Du erfolgreich damit umgehst. Dadurch wirkst Du authentisch & menschlich und inspirierst gleichzeitig Dein Publikum. Und genau das ist es, was Dir hilft, eine besonders starke Verbindung zum Publikum aufzubauen.

- **Feiere Deine Unterschiede:** Denke darüber nach, was Dich von anderen unterscheidet, und betone diese Unterschiede in Deiner Präsentation. Zeige, wie Deine Persönlichkeit & Deine Erfahrungen Deine Botschaft einzigartig machen.

- **Entwickle Deinen eigenen Stil:** Deine Einzigartigkeit zeigt sich nicht nur in Deiner Persönlichkeit, sondern auch in Deiner Art zu präsentieren. Wenn Du die oben genannten Punkte beherzigst, dann entwickelst Du ganz automatisch Deinen eigenen Stil. Deine Präsentation wird dadurch unverwechselbar.

- **Anders zu sein ist Deine Superkraft:** In einer Welt, die oft nach Konformität verlangt, ist es eine kraftvolle Entscheidung, Deine Einzigartigkeit zu umarmen. Indem Du Dir selbst erlaubst, authentisch zu sein, gibst Du anderen die Erlaubnis, es Dir gleichzutun. Denk daran, dass Deine Einzigartigkeit Deine größte Stärke ist und Deine Botschaft umso wirkungsvoller macht.

Also, sei mutig und zeige Deine Einzigartigkeit. Du wirst feststellen, dass Deine Präsentationen und Reden nicht nur wirkungsvoller werden, sondern auch eine echte Verbindung zu Deinem Publikum herstellen. Menschen suchen nach Authentizität und Originalität.

Wenn Du Deine Einzigartigkeit in Deiner Präsentation zum Ausdruck bringst, wirst Du die Aufmerksamkeit und Resonanz bekommen, die Du verdienst.

Perfektion ist eine Illusion, aber Deine Einzigartigkeit ist real und kraftvoll.

Schritt 3: Nicht verstellen

> *„Wenn man das Gefühl hat, im falschen Film zu*
> *sein, sollte man das Drehbuch ändern und*
> *die Schauspieler neu besetzen."*
> *Markus Keimel*

Film? Drehbuch? Schauspieler? Was hat denn das mit einer Rede zu tun, wirst Du Dich jetzt vielleicht fragen. Sehr viel! Denn die Planung einer guten Rede oder Präsentation gleicht dem Drehbuch eines guten Films, wenn auch nicht im selben Detailgrad. Und für jeden Film braucht man auch Schauspieler, die gewisse Rollen übernehmen.

In Deinem Film bzw. Deiner Präsentation spielst Du die wichtigste Rolle, die Hauptrolle. Du spielst Dich selbst, zu mindestens theoretisch. Denn in der Praxis spielst Du doch oft eine andere, eine fremde Rolle, nicht wahr?

Hast Du Dich auch schon einmal dabei ertappt, dass Du Dich verstellst, sobald Du vor einer oder mehreren Personen das Wort erhebst? Du verstellst Deine Stimme, passt Deine Körperhaltung und Deine Gesten an, überlegst auf einmal, was Du mit Deinen Händen machen solltest, und wählst Deine Worte sorgfältig. Wir ALLE kennen das. Das Gefühl und die Idee, dass wir in bestimmten Situationen eine bestimmte Fassade aufsetzen müssen.

Aber macht das wirklich Sinn, dass Du eine fremde Rolle spielst, obwohl Du doch einfach nur Dich selbst verkörpern solltest? Oder anders gefragt, wer kann Dich besser verkörpern als Du selbst? NIEMAND!

Ist es also sinnvoll, eine Rolle zu spielen, wenn Du Deine Botschaft präsentierst?

Nein, außer Du bist ein professioneller Schauspieler. Für alle anderen gilt die Wahrheit, dass dieses „Verstellen" Dir mehr schadet, als es nutzt. Wenn Du eine Rolle spielst, verlierst Du Deine Einzigartigkeit und Authentizität. Deine wahre Persönlichkeit wird verborgen und das Publikum spürt diese Diskrepanz.

Und, Du bürdest Dir selbst einen zusätzlichen Druck auf. Denn Du musst nicht nur Deine Botschaft vermitteln, sondern auch diese Rolle aufrechterhalten. Das führt zu gesteigertem Druck, der in Nervosität & Unsicherheit und einem Mangel an echter Verbindung zu Deinem Publikum mündet.

Aber es gibt eine bessere Möglichkeit. Ich nenne es das Konzept des "Nicht Verstellens".

Das bedeutet, bei jeder Gelegenheit Du selbst zu sein, ohne eine Maske aufzusetzen bzw. ohne Dich zu verstellen. Egal, ob Du vor einer kleinen Gruppe von Menschen oder vor einer riesigen Menschenmenge sprichst – Du kannst Deine wahre Persönlichkeit zeigen. Du kannst einfach Du selbst sein.

Stell Dir vor, Du redest vor Deinem Auftritt ganz locker mit Deinen Freunden. Locker und ungezwungen. Du denkst nicht darüber nach, welche Gesten Du machst und hältst Deine Hände ganz natürlich - ohne darüber nachzudenken. Und dann gehst Du auf die Bühne und bist GENAUSO wie vorher, ganz ohne Dich zu verstellen. Du bist immer in derselben Rolle - nämlich in Dir selbst!

„Lerne zu werden, der du bist!"
Pindar

Klingt ganz einfach - ist es im Prinzip auch. Alles, was Du dazu brauchst, ist den Mut aufzubringen, 1. Dein Ding zu machen und 2. voller Stolz nicht perfekt, aber einzigartig zu sein. Dann fällt das 3. - nämlich sich nicht zu verstellen - viel leichter.

Und das wiederum bringt gleich mehrere Vorteile mit sich. Erstens ermöglicht es Dir, den Druck abzulegen, eine Rolle spielen zu müssen. Du musst keine einzige Zeile auswendig lernen oder eine Fassade aufrechterhalten. Du kannst Dich auf das konzentrieren, was Du am besten kannst – Deine Botschaft authentisch und ehrlich zu vermitteln.

Zweitens baust Du eine stärkere Verbindung zu Deinem Publikum auf. Menschen erkennen Integrität und Echtheit. Wenn Du Du selbst bist, wirst Du als vertrauenswürdig wahrgenommen, was Deine Botschaft viel stärker macht.

Wie kannst Du das umsetzen? Beginne damit, Dir bewusst zu machen, wenn Du in die Rolle einer Fassade schlüpfst. Frage Dich, warum Du das tust. Dann erinnere Dich daran, dass Deine wahre Einzigartigkeit Deine größte Stärke ist. Übe das Präsentieren in einer Weise, die Deiner natürlichen Art entspricht.

Das Konzept des "Nicht Verstellens" ermöglicht es Dir, bei jeder Gelegenheit Deine Einzigartigkeit zu zeigen. Es befreit Dich von Druck & Nervosität und beschert Dir eine tiefere Verbindung zu Deinem Publikum. Vertraue darauf, dass Du so wie Du bist, genug bist. Sei authentisch, sei Du selbst, und spüre, wie Deine Präsentationen eine völlig neue Wirkung bekommen.

> *„Es ist besser, für den gehasst zu werden,*
> *der man ist, als für die Person geliebt zu werden,*
> *die man nicht ist."*
> *Kurt Cobain*

Schritt 4: SO bist Du authentisch

> *„Authentisch zu sein, kann man nicht lernen. Man*
> *ist es einfach, wenn man seinem natürlich vorhande-*
> *nen Selbst nichts mehr hinzufügt."*
> *Frauke Kasüske*

Wir alle haben diesen Satz schon gehört: "Sei authentisch." Doch Authentizität ist kein Schalter, den Du einfach umlegen kannst. Es ist keine Ein- oder Ausschaltfunktion, die Du nach Belieben aktivieren kannst. Authentisch sein ist viel mehr als nur eine Floskel – es ist DER Weg zu mehr Glaubwürdigkeit in Deiner Präsentation oder Rede.

Warum ist Authentizität so entscheidend?

Weil Menschen sich nach „echten" Menschen sehnen und nur diesen wirklich vertrauen. Ohne Vertrauen, keine Handlung. Denn sobald für Dein Publikum nur der kleinste Zweifel besteht, dass das, was sie sehen, nicht echt ist, dann hast Du verloren. Ich bin mir sicher, Du hast das selbst schon erlebt. Wenn etwas oder jemand „aufgesetzt" wirkt, traust Du dem Braten nicht. Und genau so geht es auch Deinem Publikum. Deine Authentizität bildet somit die Brücke zur Verbindung mit Deinen Zuhörern. Wenn Du vor Deinem Publikum stehst und Dich so zeigst, wie Du wirklich bist, öffnest Du die Tür für eine tiefere emotionale Verbindung.

Aber wie erreichst Du diese Authentizität?

Es beginnt mit den Ideen bzw. Schritten, die wir bereits besprochen haben. Diese 3 Grundsätze sind die Bausteine, die Dich automatisch authentisch machen.

- Schritt 1: Mach Dein Ding und erstelle Deine eigenen Regeln

- Schritt 2: Sei nicht perfekt, aber einzigartig und

- Schritt 3: Verstelle Dich nicht

Indem Du Deine eigenen Regeln für Deine Präsentation aufstellst, bist Du näher an Deiner wahren Natur. Das nimmt Dir Druck und befreit Dich von externen Zwängen. Du zeigst Deine Einzigartigkeit und strahlst in Deiner Echtheit. Das schafft Vertrauen beim Publikum, da es spürt, dass Du hinter dem stehst, was Du sagst.

Die Idee, dass Perfektion nicht das Ziel ist, bringt Dich näher an Dich selbst. Du kannst aufhören, Dich in ein vorgefertigtes Bild zu zwängen. Stattdessen kannst Du Dich darauf konzentrieren, Deine Botschaft auf Deine eigene, individuelle Weise zu präsentieren.

Und das Konzept des "Nicht Verstellens" erlaubt Dir, Deine wahre Persönlichkeit zu zeigen. Mit allen positiven und vermeintlich negativen Seiten. Du setzt keine Maske auf, sondern zeigst Dich, wie Du bist. Dazu gehört es auch, manchmal Deine Verletzlichkeit zu zeigen. Das macht Dich menschlich. Dadurch erschaffst Du eine echte Verbindung zu Deinem Publikum und schaffst eine Atmosphäre des Vertrauens.

Aber zeigt das nicht eine Art von Schwäche? Nein, ganz im Gegenteil. Seine Verletzlichkeit zu zeigen, ist eine wahre Stärke. Und nichts wird Dein Publikum mehr mitnehmen als eine Geschichte, in der Du von Deinen Herausforderungen, Problemen, Fehlschlägen usw. (offen) erzählst und Ihnen gleichzeitig aufzeigst, wie Du diese erfolgreich überwunden hast. So wirst Du zur Inspiration für andere Menschen, die ähnliche Herausforderungen haben oder kennen.

„Beim Krieger geht's nicht um Perfektion. Oder
Sieg. Oder Unbesiegbarkeit. Es geht um absolute Ver-
letzbarkeit. Das ist die einzig wahre Courage."
Peaceful Warrior

Wenn Du all diese Grundsätze beherzigst und verinnerlichst, dann wirst Du automatisch authentisch sein! Du wirst nicht mehr versuchen müssen, Authentizität auf Knopfdruck zu erzeugen. Stattdessen wirst Du vor Deinem Publikum stehen und Dich sicher fühlen. Sicher, weil Du weißt, dass Du Du selbst bist und genau DAS vollkommen in Ordnung ist.

Also erlaube Dir, authentisch zu sein, indem Du Deine eigenen Regeln setzt, Deine Einzigartigkeit betonst, Dich nicht verstellst und den Perfektionismus loslässt.

Die Kombination dieser Ideen wird Dich in die Lage versetzen, vor jedem Publikum befreit und ohne Druck aufzutreten.

Schritt 5: Emotionen statt rationalen Fakten

*„Kommunikation ist die Kunst, auf das Herz zu
zielen, um den Kopf zu treffen."*
Vance Packard

Auf unseren ersten 4 Schritten zum bombenfesten Fundament
haben wir darüber gesprochen, wie Du Deine eigenen Regeln auf-
stellen kannst, wie Perfektion durch Einzigartigkeit ersetzt wird und
wie Du Deine wahre Persönlichkeit - ohne Dich zu verstellen - zeigen kannst. Jetzt kommen wir zu einem weiteren wichtigen Teil des
Umdenkens, dem Schritt 5 zu Deinem starken und einzigartigen
OSEG-Fundament.

Die meisten Vortragenden glauben irrtümlicherweise, dass man
das Publikum am besten überzeugt, indem man ihm eine Flut von
Fakten und Informationen präsentiert. Je mehr Argumente & Fakten, desto besser. So lautet der vielsagende Fehlglaube. Das führt
meist dazu, dass Präsentationen wie überladene Gepäckwagen wirken – schwerfällig, überfordernd und wenig einprägsam. Und das
schadet mehr als es hilft.

Denn wenn Du das Publikum mit zu viel - noch so guter - Information überfrachtest, kann es sich nicht nur nicht alles, sondern am
Ende gar nichts mehr merken. Und ein Publikum, dass sich nichts
merkt bzw. sich an nichts erinnert, wird auch keine Entscheidungen
zu Deinen Gunsten treffen.

**Aber wenn rationale Fakten nicht funktionieren, was dann
bzw. was kannst Du tun, um das Publikum zu überzeugen?**

Das große Umdenken heißt in diesem Fall, sich von der Vorstellung zu verabschieden, dass der Kopf König ist. Stattdessen müssen
wir auf das Herz zielen, um den Kopf zu treffen. Das bedeutet, Emotionen sind der Schlüssel, den wir bisher unterschätzt haben. Ein
Beispiel, dass Du sicher kennst, wird Dir das bestätigen.

Stell Dir vor, Du stehst vor einer Entscheidung. Du hast eine Fülle
von Zahlen & Fakten vor Dir, die für oder gegen etwas sprechen.
Aber dann ist da dieses Bauchgefühl, diese Emotion, die sich in Dir

regt. Kennst Du das Gefühl, dass alle Informationen für etwas sprechen, Dein Bauchgefühl aber trotzdem dagegen ist? Das ist der Einfluss der Emotionen! Sie sprechen zu unserer Intuition und aktivieren unser Bauchgefühl auf eine Weise, wie es rationale Argumente oft nicht können.

Emotionen sind ein mächtiger Motor

Emotionen sind also nicht nur irgendein Aspekt unseres Lebens - sie sind ein mächtiger Motor, der unser Verhalten und unsere Entscheidungen antreibt. Wissenschaftler haben herausgefunden, dass Emotionen in unserem Gehirn, genauer gesagt in unserem limbischen System, verwurzelt sind. Hier, in unserem emotionalen Zentrum, entfalten sie ihre unglaubliche Wirkung.

Denn die emotionale Ebene der Kommunikation ist ein weiterer Schlüssel zur Vertiefung Deiner Verbindung mit anderen Menschen. Emotionen erlauben es Deinem Publikum, sich in Deine Geschichte und Deine Botschaft hineinzuversetzen und sie auf einer viel persönlicheren Ebene zu erleben. Sie wecken Empathie & Mitgefühl und machen Deine Präsentation unvergesslich.

Emotionen sind der Schlüssel, der die Tür zum Verständnis und zu Vertrauen & Akzeptanz öffnet. Geschichten, persönliche Erfahrungen und lebhafte Beispiele haben die unglaubliche Kraft, Herzen zu berühren und Gedanken zu beeinflussen.

Und wenn ich hier von Emotionen spreche, dann meine ich Emotionen & Gefühle auf beiden Seiten. Einerseits die Gefühle, die Du selbst bei Deiner Rede oder Präsentation zeigst. Die Dich authentisch machen und dem Publikum zeigen, dass das, was Du sagst, echt ist und von Dir wahrlich verkörpert wird. Und andererseits die Emotionen, die Du mit Deiner Ausstrahlung, Deinen Geschichten, Erlebnissen und Erfahrungen in anderen auslöst. Denn darin liegt die größte Kraft!

Auch wenn nicht genau geklärt ist, von wem dieses Zitat wirklich stammt, so trägt es doch eine große Wahrheit in sich, die Du wahrscheinlich selbst schon erlebt hast. Die Emotionen, die wir in gewissen Situationen unseres Lebens fühlen, behalten wir viel länger und intensiver in Erinnerung als jegliche Daten & Fakten, die uns präsentiert werden.

ABER: Bei all der Euphorie über die Macht der Emotionen soll das nicht bedeuten, dass wir rationale Fakten komplett vernachlässigen sollen/können. Eine ausgewogene Mischung, die Emotionen und Fakten geschickt kombiniert, ist es, was besonders kraftvoll wirkt. Diese optimale Kombination ist die Königsdisziplin. Wie Du diese Königsdisziplin in optimaler Weise für Deine Botschaft und Dein Thema meisterst, das lernst Du im Teil 2 dieses Buches.

Zum aktuellen Zeitpunkt steht erst einmal das Umdenken im Vordergrund. Also lass uns Rede & Präsentation gemeinsam neu denken. Fakten sind wichtig, aber nicht alles. Emotionen hingegen sind nicht nur ein "nettes Extra" in Deinen Vorträgen. Sie sind der Samen, der Deine Botschaften in Herzen und Köpfe pflanzt. Und ja, das ist auch wissenschaftlich gestützt. Die Erkenntnisse aus der Neurowissenschaft und Psychologie bestätigen, dass Emotionen eine tiefgreifende Wirkung auf unsere Entscheidungen haben. Und das ist ja schließlich das, was Du willst. Die Entscheidungen Deines Publikums durch Deine Botschaft zu beeinflussen. Richtig?

Du wirst erstaunt sein, wie tief Deine Ideen in die Herzen und Köpfe Deines Publikums eindringen können, wenn Du Emotionen richtig einsetzt.

Schritt 6: Verkörpere Deine Botschaft

„Er sprach mit dem Herzen in der Hand."
Gabriel García Márquez

Stell Dir folgende Situation vor. Ziemlich sicher hast Du sie schon einmal selbst erlebt. Du sitzt im Publikum und musst damit kämpfen, nicht jeden Moment einzuschlafen. Fade Inhalte, überladene Folien, eine monotone Stimme und ein Vortragender, der sich wie festgenagelt hinter seinem Sprecherpult versteckt. Keine Energie, keine Begeisterung und Du hoffst nur, dass es bald vorbei ist. Und das ist es dann auch. Denn auf einmal betritt eine Person die Bühne, die schon vom ersten Moment eine Leidenschaft ausstrahlt, die Dich „mitnimmt". Du setzt Dich in Deinem Stuhl auf und auf einmal ist Deine Aufmerksamkeit wieder da. Du fühlst Dich wie in einen Bann gezogen, weil sich die Person auf der Bühne so richtig in den Vortrag „rein lebt", interessante & emotionale Geschichten erzählt und Du das Gefühl hast, voll im Thema zu sein. Und vor allem, auch etwas Nützliches für Dich mitzunehmen!

Wenn ich Dich danach fragen würde, bei wem Du eher ein Produkt oder eine Dienstleistung kaufen würdest bzw. wem du eher glauben würdest, dann wird Deine Antwort eindeutig ausfallen. Du bist gerade Zeuge eines spannenden Phänomens geworden, nämlich dem „**Verkörpern der Botschaft**", wo Du gemerkt hast, wie der Vortragende seine Message so richtig „gelebt hat".

Im letzten Kapitel hast Du gesehen & gespürt, wie und warum Emotionen eine Schlüsselrolle im Aufbau Deines Fundaments spielen. Sie haben die Macht, Dein Publikum zu bewegen, tiefere Verbindungen zu schaffen und Deine Botschaften unvergesslich zu machen. Wenn Du Dich also traust - optimistisch, selbstbewusst und entschlossen - Deinen Emotionen & Deiner Begeisterung freien Lauf zu lassen und es „so richtig zu leben", dann wird Deine authentische Ausstrahlung Herzen UND Köpfe gewinnen.

Daher gehen wir jetzt noch einen Schritt weiter und widmen uns dem „sich Trauen es zu leben". Während wir uns im Schritt 5 mit der allgemeinen Wirkung von Emotionen auf Dein Publikum beschäftigt haben, so handelt der 6. Schritt nun davon, **wie Du DEINE Emotionen, Deine Gefühle und Deine Begeisterung zu einem starken Mittel des Ausdrucks Deiner Botschaft machen kannst.** Oder anders gesagt, wie Du Dich so richtig in Dein Thema reinlebst.

In der Kunst der Rhetorik gibt es dazu einen mächtigen Ansatz, der über bloße Worte hinausgeht – das sogenannte "**Verkörpern Deiner Botschaft**". Soll heißen, Du sprichst nicht nur emotionslos irgendwelche Worte, sondern Deine gesamte Präsenz, Deine Körpersprache und Deine Energie verstärken und unterstreichen Deine Botschaft. Dieser Ansatz, wissenschaftlich als "**Embodiment**" bezeichnet, verleiht Deinen Reden und Präsentationen eine Tiefe und Wirkung, die das Publikum fesseln wird.

Embodiment und seine positiven Effekte

Embodiment bezieht sich auf die Idee, dass unsere körperlichen Empfindungen und Erfahrungen eine wichtige Rolle in unserem Denken und Verstehen spielen. In Bezug auf Reden und Präsentationen bedeutet dies, dass die Art und Weise, wie wir unseren Körper verwenden, um Botschaften zu vermitteln, einen starken Einfluss auf die Art und Weise haben, wie unser Publikum diese Botschaften aufnimmt.

Was bringt Embodiment bzw. das Verkörpern Deiner Botschaft nun konkret? Hier zeige ich Dir 4 direkte Auswirkungen bzw. positive Effekte, die das Ergebnis Deines Vortrags um Lichtjahre nach vorn bringen werden:

- **Verbesserte Verbindung:** Du kannst eine tiefere Verbindung zu Deinem Publikum herstellen, indem Du Deinem natürlichen Körperausdruck Raum gibst. Deine spontane Körpersprache, Gesten und Mimik tragen dazu bei, dass Dein Publikum wirklich bei Dir ist und Dir aufmerksam folgt.

- **Erhöhte Aufmerksamkeit:** Aufmerksamkeit ist das wertvolle Gut, das Dir das Publikum am Anfang Deines Vortrags schenkt. Wir werden uns im Teil 2 intensiv damit beschäftigen. Hier nur so viel. Wenn Du dieses wertvolle Gut nicht ehrst, wird Dich Deine Zuhörerschaft mit „geistiger Abwesenheit" strafen und Du hast verloren. Eine lebendige Präsentation, die Deinen Körper einbezieht, sorgt dafür, dass das Interesse und die Aufmerksamkeit Deines Publikums aufrechterhalten bleiben. Das hilft Dir, Langeweile zu vermeiden und das Engagement zu steigern.

- **Authentizität und Glaubwürdigkeit:** Eine authentische Körpersprache vermittelt Vertrauen und Glaubwürdigkeit. Wenn Dein Körper im Einklang mit Deinen Worten agiert, wirst Du überzeugender.

- **Betonung von Schlüsselpunkten:** Mit Embodiment kannst Du wichtige Punkte in Deiner Präsentation betonen. Das unterstützt Deine Botschaft und stellt sicher, dass sie klar und nachdrücklich vermittelt wird.

Soweit zu einigen positiven Effekten. Aber was steckt dahinter?

Sind Leidenschaft & Begeisterung effektiver als trockene Fakten?

> *„Das wahre Geheimnis des Erfolgs*
> *ist die Begeisterung."*
> *Walter Percy Chrysler*

Leidenschaft und Begeisterung sind in einem Vortrag oft deutlich effektiver als trockene Fakten. Fakten & Argumente sind zwar wichtig, können aber allein meist wenig ausrichten. Das Geheimnis liegt darin, dass Menschen nicht nur auf intellektueller Ebene Informationen aufnehmen. Sie reagieren vor allem sehr stark auf emotionale und körperliche Signale. Und zwar viel mehr, als sie selbst zugeben bzw. bewusst wahrnehmen. Im Zweifelsfall entscheidet oft der Bauch (also die Emotionen) und nicht das Hirn. Das mag man mögen oder nicht, aber es ist zutiefst menschlich. Und dessen musst Dir auf jeden Fall bewusst sein.

Wenn Du Deine Message verkörperst, überträgst Du nicht nur Informationen, sondern Du zeigst, dass Du wirklich hinter dem stehst, was Du sagst. Das schafft Vertrauen und Glaubwürdigkeit. Deine Begeisterung zieht das Publikum in die Präsentation hinein, hält ihre Aufmerksamkeit und kann inspirieren und motivieren. Es ist eine kraftvolle Art, Deine Botschaft zu vermitteln und sicherzustellen, dass diese im Gedächtnis bleibt.

Das heißt aber nicht, dass Fakten unwichtig sind. Sie sind immer noch entscheidend, um eine solide Grundlage für Deine Präsentation zu schaffen. Die Kunst besteht darin, Fakten mit Esprit & Leidenschaft zu präsentieren, um die Botschaft kraftvoll & überzeugend zu vermitteln.

Stell dir vor, Du stehst vor Deinem Publikum und präsentierst eine innovative Idee. Anstatt nur über die Fakten & Argumente zu sprechen, lebst Du die Idee in Deinem Verhalten und Deiner Ausstrahlung. Deine Augen leuchten, Deine Stimme ist voller Begeisterung und Deine Körpersprache unterstützt Deine Botschaft. Das Publikum spürt förmlich Deine Leidenschaft und wird viel eher dazu geneigt sein, Dir zuzuhören und sich von Deiner Vision mitreißen zu lassen.

Wie kannst Du Deine Botschaft kraftvoll verkörpern?

> *„Wer selbstbewusst ist, kann es sich auch leisten,*
> *seine Gefühle zu zeigen."*
> *Unbekannt*

Es beginnt mit den ersten 5 Schritten, die wir zum Aufbau und zur Festigung Deines OSEG-Fundaments bisher gegangen sind. Wenn Du Dich auf diese besinnst, dann hast Du ausreichend Optimismus, Selbstvertrauen und Entschlossenheit aufgebaut, um jetzt im wahrsten Sinne des Wortes, die „Sau rauszulassen".

Wenn Du Gefühle & Emotionen zeigst und Dich nicht verstellst, dann spricht Deine Botschaft durch Dich. Dann verkörperst Du automatisch und authentisch Deine Message. Bevor Deine Botschaft aber emotional durch Dich sprechen kann, musst Du diese Emotionen erst einmal in Dir wecken. Denn wenn es in Dir brennt, dann - und nur dann - kannst Du auch in anderen die Flamme der Begeisterung entzünden.

Dazu brauchst Du vor allem eine tiefe Verbindung zu Deinem Thema. Setze Dich intensiv mit Deinem Inhalt auseinander und finde heraus, warum Dich das Thema persönlich so begeistert. Verinnerliche die Kernbotschaft und die Vorteile. Beschreibe diese detailliert, mit Beispielen und Geschichten hinterlegt. Schwärme in vielen Details und in tausend Farben darüber und visualisiere die positive Zukunft, indem Du ein lebendiges Bild in den Köpfen der Zuhörerschaft zeichnest. Dadurch steigerst Du Dich im wahrsten Sinne des Wortes in das Thema rein.

Bei Themen, die Dir von Natur aus am Herzen liegen, wird Dir das wahrscheinlich relativ leicht fallen. Was aber, wenn Du über ein Thema sprichst, dass in Dir selbst keine Leidenschaft entfacht? Oder noch schlimmer, dass Dich überhaupt nicht interessiert?

Kein Problem, denn das gerade geschilderte Szenario funktioniert auch ohne Deine grundlegende persönliche Begeisterung und für JEDES Thema. Du musst nur herausfinden, warum andere Begeisterung für das Thema verspüren sollten. Frage Dich, warum das Thema anderen helfen könnte und wie Du mit Deinem Vortrag erreichen kannst, dass das Publikum etwas Nützliches mitnimmt.

Der Trick lautet: „Fokussiere Dich auf Nutzen & Bedeutung!" In jedem Thema, egal wie uninteressant es für Dich erscheinen mag, liegt eine gewisse Herausforderung oder ein Problem für einen gewissen Personenkreis. Konzentriere Dich auf diese

Herausforderung und versuche eine oder mehrere Lösungen anzubieten, also einen Nutzen zu stiften. Diese Herausforderung-Nutzen-Kombination ist es, die Deinem Publikum die Bedeutung des Themas für das eigene Leben klarmacht. Und wer weiß, vielleicht entdeckst Du sogar eine Bedeutung für Dich, die Dir bisher nicht bewusst war. Deine Lösungsansätze und darin liegende Nutzen sind es aber, die Deiner Zuhörerschaft am Ende des Tages ein positives Ergebnis bringen werden. Und wenn Du dem Publikum etwas gibst, das es „für sich mitnehmen" kann, dann wirst Du mit Deinem Vortrag erfolgreich sein.

Wenn Du prinzipiell eine Person bist, die gerne anderen Menschen hilft, dann kann Deine Begeisterung somit darin liegen, aus dem Thema das herauszusuchen, was anderen helfen kann. Wenn Du das schaffst, dann wird das positive Feedback Dein Antrieb sein, dasselbe auch bei anderen - für Dich uninteressanten - Themen zu machen.

Wenn das nicht Dein Ding ist, dann hast Du immer noch die Möglichkeit, das Ganze auf einer weniger emphatischen Ebene - aus rein wirtschaftlichen oder beruflichen Gründen - genau gleichzumachen. Versetze Dich dazu in die Zielgruppe, um die Herausforderung zu verstehen. Dadurch findest Du die Bedeutung. Und zwar die direkte Bedeutung für Dein Publikum und auch die indirekte Bedeutung für eine größere Menge von Personen. Denn kein Thema steht allein für sich da. Jedes Thema hat immer Verbindungen zu einem größeren Ganzen. Wenn Du die Herausforderungen und Verbindungen erkannt hast, dann suche nach Lösungsmöglichkeiten. Im beruflichen Bereich können das insbesondere Deine Produkte und Dienstleistungen sein. Stelle die Lösungen positiv für die Zielgruppe dar, zeige, wie sie die Herausforderungen mildern und betone auch deren großen Nutzen für das große Ganze. So schaffst Du es, auch bei sehr trockenen Themen einen Mehrwert für Dein Publikum zu erzielen.

Langer Rede, kurzer Sinn. Wenn Du Deine eigene Begeisterung weckst, wirst Du automatisch überzeugender & authentischer. Indem Du Dich in Dein Thema richtig hineinlebst und Deine Botschaft verkörperst, wirst Du nicht nur Informationen vermitteln, sondern eine transformative Erfahrung schaffen. Deine Präsentationen werden lebendig, fesselnd, erfolgreich und gewinnbringend werden.

Lass also Deine Botschaft durch Dich sprechen und erlebe, wie sich Dein Publikum mitreißen lässt.

Zusammenfassung TEIL 1

Hiermit haben wir den 1. Teil beim Bau Deines ganz persönlichen HAUS DES REDENS absolviert. Die starke Basis ist als Überzeugung gelegt. Jetzt geht es in Deinem täglichen Tun darum, Dich immer wieder darauf zu besinnen und die einzelnen Bestandteile durch ständiges Üben und Wiederholen zu stärken. Das Fundament ist bereits stark, aber es wird immer weiter verfestigt, je mehr Du daran arbeitest. Solange, bis es tatsächlich bombenfest ist!

„Wer hohe Türme bauen will, muss lange beim
Fundament verweilen."
Anton Bruckner

Bevor wir nun aber auf dieses Fundament Dein HAUS DES REDENS errichten, hier noch einmal eine kurze Zusammenfassung der wesentlichen Eckpunkte von „TEIL 1 - Fundament - Deine Persönliche Einstellung".

Gemeinsam sind wir in diesen Teil 1 gestartet, um uns mit Deiner persönlichen Einstellung zu beschäftigen. Deine persönliche Einstellung spielt eine entscheidende Rolle beim Reden vor Menschen bzw. bei Deiner Präsentation. **Deine POSITIVE persönliche Einstellung** macht den Unterschied zwischen einem erfolgreichen Auftritt und einem gescheiterten Versuch aus. Deine positive Einstellung bildet das Fundament der HAUS DES REDENS METHODE.

Dieses Fundament besteht aus 4 Komponenten, die wir gemeinsam aufbauen und stärken wollen.

- **Optimismus**
- **Selbstvertrauen**
- **Entschlossenheit**
- **Gelassenheit**

Als Abkürzung aus diesen 4 Komponenten formen wir die Abkürzung OSEG, also das OSEG-Fundament!

Des Weiteren ist es wichtig, offen für neue Ideen und Ansätze zu sein. Daher habe ich den Begriff **Offenheit** als weitere Voraussetzung eingebracht. Diese Offenheit ist deshalb wichtig, weil Du Dich - zwecks Aufbau und Verfestigung der 4 Komponenten - von alten Regeln, Sichtweisen und Mythen trennen musst, um in Zukunft erfolgreich zu sein.

UMDENKEN ist angesagt!

Um erfolgreich sein zu können, müssen wir umdenken und andere Ansätze wählen. Denn mit denselben Ansätzen andere Ergebnisse zu erwarten, das wäre die „reinste Form des Wahnsinns" (Albert Einstein).

Das Umdenken bezieht sich in der HAUS DES REDEN METHODE auf 6 Schritte:

- **Mach Dein Ding bzw. Deine eigenen Regeln**
- **Ersetze Perfektionismus durch Einzigartigkeit**
- **Spiele keine Rolle und verstelle Dich nicht**
- **Denn SO bist Du authentisch**
- **Ziele auf das Herz, um den Kopf zu treffen - Emotionen statt rationalen Fakten**
- **Verkörpere Deine Botschaft**

Mit Hilfe dieser 6 Schritte baust Du nach und nach Optimismus, Selbstvertrauen, Entschlossenheit und Gelassenheit auf, sodass sich alles zu einem bombenfesten Fundament verfestigt! Wenn Du diese

Schritte verinnerlichst, dann kann Dich nichts mehr umhauen. Und auf dieser starken Basis bauen wir nun in den Teilen 2-4 Dein persönliches HAUS DES REDENS.

Du weißt jetzt, wie Du es schaffen kannst. Und ich weiß, dass auch Du es schaffen wirst. Denn wenn ich es geschafft habe, dann wirst auch Du es schaffen! Daran habe ich absolut keinen Zweifel.

Klar wird nicht alles von einem Moment auf den anderen perfekt laufen. Aber wie wir gesehen haben, muss es das auch nicht. Aber Du weißt jetzt, woraus Deine positive Einstellung, Dein Sieger-Mindset, bestehen. Nun geht es darum, dieses immer weiter zu stärken, indem Du Dir die wichtigsten Schritte immer wieder in Erinnerung rufst und diese trainierst, um sie zu Deiner neuen Selbstverständlichkeit werden zu lassen.

Und falls Dich in der ein oder anderen Situation einmal ein mulmiges Gefühl überkommen sollte, dann erinnere Dich an das Zitat von Dale Carnegie.

> *„Selbstvertrauen gewinnt man dadurch, dass man*
> *genau das tut, wovor man Angst hat, und auf diese*
> *Weise eine Reihe von erfolgreichen*
> *Erfahrungen sammelt.“*
> *Dale Carnegie*

Wenn Du bei Deinem Tun noch weiterführende Unterstützung brauchst, dann bin ich natürlich gerne für Dich da. Du kannst alle Deine Fragen in die öffentliche Facebook-Gruppe unter https://www.facebook.com/groups/321redenistdeins posten. Wenn Du lieber direkt mit mir in Kontakt treten möchtest, dann kannst Du mich gerne unter hello@mcprezi.com anschreiben oder unter https://www.mcprezi.academy/termin-buchen gleich einen Termin für ein kostenloses Orientierungs- & Strategie-Gespräch buchen.

Aber das nur nebenbei. Denn jetzt geht es ja erst richtig los. Wir planen und bauen jetzt Dein HAUS DES REDENS!

TEIL 2 – PLANUNG & BAU – INHALT & STORY

*„Drei Dinge zählen in einer Rede: Wer etwas sagt,
wie er es sagt und was er sagt – und zwar genau in
dieser Reihenfolge.“*
John Morley

Die persönliche Einstellung - Dein positives Mindset - steht bereits als stabiles Fundament. Die Punkte 1 und 2 aus diesem Zitat haben wir also im Teil 1 der HAUS DES REDENS METHODE gemeinsam aufgebaut und gestärkt.

Wir können daher mit Optimismus, Selbstvertrauen und Entschlossenheit an die Planung und den Bau Deines Hauses herangehen. Planung und Bau eines Hauses sind eine große Herausforderung. Übersetzt auf Rede & Präsentation lautet die große Herausforderung, die hohe Kunst der Überzeugung zu meistern.

Denn darum geht es letztendlich ja immer, das Publikum von Deinem Inhalt und Deiner Botschaft zu überzeugen. Und mit meiner Schritt-für-Schritt-Anleitung in der HAUS DES REDENS METHODE wirst Du diese Kunst der Überzeugung schon bald beherrschen!

*„Wer so spricht, dass er verstanden wird, spricht
immer gut.“*
Molière

Wenn Inhalte nicht ankommen, liegt es (fast) IMMER an der falschen Art, wie diese kommuniziert bzw. erklärt werden. Am konkreten Beispiel der ABC Solutions GmbH (fiktiver Name für ein reales Unternehmen) wirst Du das in diesem Kapitel sehr gut sehen. In diesem Fall sind es ein falscher Fokus, eine falsche Struktur der Inhalte sowie viel zu viele Fakten ohne Erkenntnis der Problemstellung, die das Hauptproblem darstellen.

*„We came to call this an explanation problem,
which is when the biggest barrier to adoption is not*

Damit Du dieses „Erklärungsproblem" in Zukunft vermeiden kannst, werden wir uns in diesem Teil sehr viel damit beschäftigen, wie Du Deine Inhalte erfolgreich planst und strukturierst. Aber bevor wir uns der Lösung des „Explanation Problems" widmen, möchte ich Dir die Grundsätze der „Kunst der Überzeugung" näherbringen, da diese den Grundstein für Planung & Bau Deines HAUS DES REDENS bilden.

Die Kunst der Überzeugung

*„Es gibt kein Gebiet, worüber der rednerisch Gebil-
dete vor der Menge nicht überzeugender sprechen
könnte als irgendein Fachmann."*
Platon

Du kennst es wahrscheinlich aus eigener Erfahrung. 95 % aller Präsentationen sind einfach nur extrem langweilig. Sie verfliegen im Raum, wie ein hauchdünner Rauch, der sich schnell verzieht.

Doch warum ist das so? Warum scheitern die meisten Vortragenden daran, ihre Botschaften so zu präsentieren, dass sie im Gedächtnis bleiben und somit begeistern & überzeugen?

Die meisten Menschen wissen, WAS sie sagen wollen. Aber die Allermeisten scheitern an der Frage, WIE sie den eigenen Inhalt so aufbauen und strukturieren können, damit er für das Publikum

- interessant ist,

- im Laufe des Vortrags interessant bleibt und

- am Ende zu einer Handlung veranlasst.

Der Grund liegt oft darin, dass viele Vortragende glauben, sich in einer Materie gut auszukennen reicht, um einen guten Vortrag zu halten. Aber das stimmt (leider) nicht. Denn es geht nicht nur um das Übermitteln von Informationen, sondern darum, eine Verbindung herzustellen, Emotionen zu wecken und das Publikum zu bewegen. Und das funktioniert mit der alleinigen Wiedergabe einer Expertise nicht.

Ich stimme daher dem einleitenden Zitat vollinhaltlich zu. Ein Fachmann zu sein heißt nicht, gleichzeitig auch ein guter Redner zu sein. Und - Experte zu sein reicht auch allein nicht, um ein guter Redner zu werden. **Umgekehrt kann ein guter Redner - der die Kunst der Überzeugung beherrscht - jedes Publikum von seiner Botschaft überzeugen, auch wenn er kein Super-Experte auf dem Gebiet ist.**

Was genau versteht man unter der Kunst der Überzeugung?

Die Kunst der Überzeugung ist die Fähigkeit, Informationen, Ideen oder Botschaften so zu präsentieren, dass sie beim Publikum einen bleibenden Eindruck hinterlassen und zu einem gewünschten Ergebnis führen. **Innerhalb der HAUS DES REDENS METHODE bildet die Kunst der Überzeugung den Grundstein, den wir als Erstes auf das Fundament aufsetzen.** Sie geht über das reine Informieren hinaus und zielt darauf ab, eine emotionale Verbindung herzustellen, Interesse zu wecken und das Publikum zu motivieren, zu handeln oder sich in irgendeiner Weise zu engagieren.

In der Kunst der Überzeugung geht es darum, die **Bedürfnisse, Interessen und Perspektiven des Publikums zu verstehen** und diese gezielt in die Präsentation zu integrieren. Sie bezieht die Zuhörerschaft aktiv mit ein, um eine echte Verbindung herzustellen. Dies geschieht durch die Analyse der Herausforderungen, die Verwendung von überzeugenden Argumenten, klaren Botschaften, visuellen Hilfsmitteln, lebendigen Geschichten und einer ansprechenden Präsentationsweise.

Die Kunst der Überzeugung ist in vielen Bereichen des Lebens von entscheidender Bedeutung. Sei es im beruflichen Umfeld bei

Präsentationen & Verhandlungen, im persönlichen Leben bei Diskussionen oder in der öffentlichen Kommunikation bei Reden & Vorträgen. Sie ist ein wesentlicher Bestandteil der erfolgreichen zwischenmenschlichen Kommunikation und ermöglicht es, Menschen zu inspirieren, zu informieren und zu bewegen.

Das Rhetorische Dreieck

Das rhetorische Dreieck, eine Theorie, die auf Aristoteles zurückgeht, ist ein zentrales Konzept in der Kunst der Überzeugung und Rhetorik. Es besteht aus den drei Elementen „Ethos, Pathos und Logos". Jedes Element spielt eine wichtige Rolle in der Überzeugungskraft einer Rede. Obwohl das Konzept schon mehr als 2000 Jahre alt ist, gelten die Grundsätze auch heute noch. Und daher möchte ich hier auch kurz darauf eingehen.

Ethos bezieht sich auf die Glaubwürdigkeit und Autorität des Redners. Um Ethos in Deiner Rede zu etablieren, ist es wichtig, dass Du Deine Kompetenz und Vertrauenswürdigkeit zeigst. Dies kann durch die Darstellung Deiner Erfahrungen, Deines Wissens oder Deiner Verbindung zum Thema erreicht werden. Ein Redner, der Ethos wirksam einsetzt, wird vom Publikum als verlässliche und respektierte Quelle wahrgenommen. Viele Vortragende versuchen die Glaubwürdigkeit durch möglichst eindrucksvolle Zahlen in den Bereichen Umsatz, Mitarbeiteranzahl und/oder Anzahl der weltweiten Standorte zu erreichen. Wie wir im vorigen Teil 2 gesehen haben, funktioniert dies aber nicht und langweilt nur das Publikum.

Pathos bezieht sich auf die emotionale Verbindung zu Deinem Publikum. Dies erreichst Du, indem Du emotionale Geschichten erzählst, leidenschaftlich sprichst oder Bilder und Metaphern verwendest, die Gefühle wecken. Pathos ist entscheidend, um Dein

Publikum auf einer tieferen, emotionalen Ebene anzusprechen und eine persönliche Resonanz zu erzeugen.

Logos steht für die Logik und Vernunft in Deiner Argumentation. Um Logos in Deiner Rede effektiv zu nutzen, solltest Du klare, rationale Argumente und Beweise verwenden, wie z.B. Statistiken, Fakten, Zitate von Experten oder logische Schlussfolgerungen. Ein starkes Logos hilft Dir, Deine Argumente überzeugend und nachvollziehbar zu gestalten.

In einer wirkungsvollen Rede sollten alle drei Elemente des rhetorischen Dreiecks berücksichtigt und ausgewogen eingesetzt werden. Ethos baut Vertrauen und Glaubwürdigkeit auf, Pathos erzeugt eine emotionale Bindung, und Logos überzeugt durch rationale Argumentation. Der Schlüssel liegt darin, diese Elemente geschickt zu kombinieren, um Dein Publikum auf allen Ebenen zu erreichen und zu überzeugen.

Ist Dir etwas aufgefallen? Alle 3 Elemente spiegeln sich auch in meiner HAUS DES REDENS METHODE wider. Wenn auch in einer etwas anderen, moderneren Form. Dies verdeutlicht, dass die Grundlagen einer erfolgreichen Rede über die Zeit hinweg konstant geblieben sind.

ETHOS in der Haus des Redens Methode: Ethos repräsentiert die Glaubwürdigkeit und Vertrauenswürdigkeit des Redners. In der HAUS DES REDENS METHODE wird dies durch Authentizität und Expertise erreicht. Es geht darum, Dein Publikum zu überzeugen, dass Du nicht nur Wissen über Dein Thema hast, sondern auch ehrlich und aufrichtig in Deiner Präsentation bist. Deine Persönlichkeit und Deine Erfahrungen spielen hier eine wichtige Rolle.

PATHOS in der Haus des Redens Methode: Pathos bezieht sich auf die emotionale Verbindung mit dem Publikum. In der HAUS DES REDENS METHODE wird dies durch emotionales Engagement und das Erzählen von Geschichten erreicht. Es ist wichtig, das Publikum nicht nur mit Fakten zu informieren, sondern auch auf einer emotionalen Ebene anzusprechen. Dies kann durch das Teilen persönlicher Erfahrungen oder das Schaffen von emphatischen Momenten geschehen.

LOGOS in der Haus des Redens Methode: Logos steht für Logik und rationale Argumentation. In der HAUS DES REDENS METHODE wird dies durch klare, strukturierte Argumente und die Verwendung von überzeugenden Daten und Fakten erzielt. Eine logisch aufgebaute Rede hilft dem Publikum, den Argumenten zu folgen und die präsentierten Informationen zu verstehen.

Meine HAUS DES REDENS METHODE nimmt diese klassischen Elemente auf und passt sie an die heutigen Anforderungen an. Es geht darum, eine Balance zwischen diesen drei Elementen zu finden, um das Publikum umfassend zu erreichen und zu überzeugen. Dieser Exkurs in das jahrhundertealte Modell von Aristoteles zeigt, dass die effektive Übermittlung einer Botschaft immer noch denselben Grundprinzipien folgt. Sie sind zeitlose Werkzeuge in der Kunst der Rhetorik, die in jeder Ära und jedem Kontext ihre Relevanz behalten.

Auf Deinem Weg zum guten Redner werden wir jetzt gemeinsam tief in die Kunst der Überzeugung eintauchen und die Einzelteile genauer unter die Lupe nehmen. Wie schon in Teil 1 werden wir dazu alte Ansichten über Bord werfen und neue Denkweisen einführen. Denn auch bei Inhalt & Story bzw. der Kunst der Überzeugung ist Umdenken angesagt.

Umdenken - Wer ist wichtig?

*„Presentations are not about the presenter. They
are about the audience and what the audience needs."*
Simon Raybould

Freitag, 13.45 Uhr. Mein Telefon läutet und am anderen Ende ist ein Freund von mir, der bei einem großen Unternehmen (nennen wir es fiktiv ABC Solutions GmbH) im Bereich Forschung & Entwicklung arbeitet. Er erzählt mir, dass sein Unternehmen ein revolutionär neues Produkt entwickelt hat und dieses nun auf den Markt bringen will. Das Produkt hat einen einzigartigen Vorteil gegenüber allen Konkurrenzprodukten, allerdings auch einen viel höheren Preis, was es zu einem erklärungsbedürftigen Produkt macht. Um zu beweisen, dass das Produkt wirkt, wurden daher 15 (!) klinische Studien durchgeführt. Alle 15 Studien bestätigen die Wirksamkeit. Rein faktisch gesehen, müsste die Präsentation also ein Selbstläufer sein. Bei den ersten Vorträgen haben seine Kollegen aber - trotz dieser grandiosen Voraussetzungen - immer wieder die Erfahrung gemacht, dass sie „das Publikum auf dem Weg" verlieren. Mit dem Ergebnis, dass am Ende der Präsentation die Zuhörerschaft - anstatt begeistert zu sein - nur darüber diskutiert, warum das Produkt so teuer und damit uninteressant sei.

Er bittet mich, mir die Präsentation anzusehen und herauszufinden, woran das liegen könnte. Denn an den rationalen Fakten kann es ja nicht liegen, wie er meint.

Ich stimme zu und mache mich gespannt über die Präsentation her. Auf den ersten Folien wird das Unternehmen vorgestellt. Firmengeschichte, Mitarbeiter- und Umsatzzahlen sowie Umsatzentwicklungen aus dem eigentlichen Unternehmen sowie aus dem darüber liegenden Konzern werden in Hülle und Fülle zum Besten gegeben. Es folgen Standorte, national und international, sowie Produktgruppen und vieles mehr. Ungefähr auf Folie 20 beginnt das eigentliche Thema mit der Einführung des Produktes. Es wird auf vielen Folien im kleinsten Detail aufgeführt, wie das Produkt beschaffen ist, aus welchen Inhaltsstoffen es besteht und wie es sich von herkömmlichen Produkten unterscheidet. Ungefähr auf Folie 40 kommt das erste Mal vor, was die eigentlichen Produktvorteile sind und was diese ausmacht. Anschließend werden die Kernfunktionen auf vielen Detailfolien ausführlich erklärt. Im Rest der Präsentation - auf ca. 70 Folien - werden detailliert die Ergebnisse der Studien dargelegt. Nach insgesamt ca. 140 Folien schließt die Präsentation mit den Worten „Danke für Ihre Aufmerksamkeit".

Auch wenn ich die genauen Inhalte bzw. das Design der Präsentation hier nicht zeigen kann, so kannst Du relativ gut erkennen, wie sich die Präsentation zusammensetzt. Was ich hier vor mir liegen habe, ist ein Klassiker der heutigen Unternehmenswelt. Präsentationen wie diese habe ich hundertfach, nein tausendfach, gesehen. Sie sind der Beleg dafür, warum ich schon mehrere Male in diesem Buch davon gesprochen habe, dass 95 % aller Präsentationen todlangweilig sind. Aber andererseits bieten sie wunderbare Beispiele, die man analysieren und anhand derer man die Kunst der Überzeugung beispielhaft erklären und vertiefen kann. Und daher wird uns das Beispiel der ABC Solutions GmbH durch den gesamten Teil 2 begleiten.

Beginnen wir mit dem Thema dieses Abschnitts, nämlich **Umdenken in Bezug auf Inhalt, Struktur & Story**. Wenn wir uns die Inhalte der Präsentation ansehen, dann fällt eines ganz klar auf. In der gesamten Präsentation wird **NUR vom Unternehmen und dem Produkt gesprochen**. Zuerst wird das Unternehmen im kleinsten Detail dargestellt. Dann das Produkt in all seinen Einzelteilen und zu guter Letzt werden die klinischen Studien detailreich publiziert. All das hat einen (gut gemeinten) Grund. Das Unternehmen will mit den Zahlen, Daten, Fakten das Vertrauen eines seriösen Partners erwecken. Die detailreiche Darstellung der „Produktfeatures" soll zeigen, wie großartig und durchdacht das Produkt ist. Und die klinischen Studien sollen beweisen, dass die angekündigten Produktvorteile auch ihre Wirkung zeigen. Überzeugung & Kaufbereitschaft des Kunden sollten darauf ganz logisch folgen.

Die Grundproblematik ist aber, dass **GENAU DAS nicht funktioniert**! Warum? Weil der Kunde und das Publikum nicht involviert sind. Sie haben nicht das Gefühl, dass es um sie und ihre Bedürfnisse oder Herausforderungen geht. Sie haben vielmehr das Gefühl, dass sie von Zahlen, Daten und Fakten „erschlagen" werden, was zuerst in fehlender Aufmerksamkeit und schließlich in Ablehnung des Produktes mündet.

Die ABC Solutions GmbH hat also DEN einen Fehler gemacht, den so viele Millionen Vortragende und Verkäufer jeden Tag auf der ganzen Welt machen. Sie konzentrieren sich einzig und allein darauf, was SIE an Informationen transportieren wollen, was SIE verkaufen wollen und was SIE diesbezüglich für wichtig empfinden.

Und meistens - wie auch in diesem Fall - von alledem auch noch viel zu viel.

Sie haben dabei aber ignoriert, was viel wichtiger ist. Nämlich, was **FÜR DEN KUNDEN bzw. das Publikum wichtig und von Interesse ist**. Denn Präsentationen und Reden werden IMMER für das Publikum gehalten und nicht zur Selbstbeweihräucherung des Vortragenden. Daher ist es logisch, dass auch die Interessen des Publikums im Mittelpunkt stehen müssen!

„In der Kunst der Überzeugung geht es darum, die Bedürfnisse, Interessen und Perspektiven des Publikums zu verstehen und diese gezielt in die Präsentation zu integrieren" haben wir im vorigen Abschnitt gehört. Und genau das ist auch das **Umdenken**, das wir in puncto Inhalt vornehmen müssen.

„Sell the problem you solve, not the product."
Oder auch…
„Sell the solution, not the product."
Autoren unbekannt

Dieses Umdenken bedeutet für Dich, den Fokus weg von Dir, Deinem Produkt oder Deiner Dienstleitung hin zu Deinem Publikum und dessen Problemen zu verschieben. Es ist die bewusste Entscheidung, die Perspektive zu ändern und zu erkennen, dass es nicht um Dich geht, sondern vor allem darum, wie Deine Zuhörerschaft von Dir, Deinem Produkt oder Deiner Idee profitieren kann. Eine 180 Grad Wende sozusagen.

Das oben stehende Zitat „Verkaufe das Problem, das Du löst, nicht das Produkt" schlägt genau in diese Kerbe. Damit Du die Lösung verkaufen kannst, musst du das Problem des Kunden (er)kennen. Wenn Du dieses Problem in den Mittelpunkt stellst, stellst Du das Publikum in den Mittelpunkt. Du zeigst, dass Du deren Herausforderungen kennst und Dich darum kümmerst. Das wiederum schafft Vertrauen. So stellst Du eine Verbindung her und sorgst dafür, dass Dir die Menschen zuhören. Dann - und nur dann - wenn

Dir die Menschen zu hören, kann und wird Deine Botschaft relevant und nützlich sein!

Die Umsetzung dieses Umdenkens ist dabei sehr einfach und kann sofort passieren. Dreh Dich gedanklich einfach um und vollziehe einen 180 Grad Schwenk schon zu Beginn. Anstatt das Publikum 10 Minuten lang mit Informationen über das Unternehmen zu langweilen, beginne mit dem Problem und zeige dann, wie Dein Produkt das Problem löst. Im obigen Beispiel ist die Lösung des Problems, in Form der wesentlichen Produktvorteile ab Folie 40 „versteckt". Versteckt deshalb, weil Du, bis Du in der Präsentation dahin kommst, das Publikum schon zu Tode gelangweilt und somit verloren hast.

Wenn Du allerdings gleich zu Beginn das Problem ansprichst, verdienst Du Dir die Aufmerksamkeit des Publikums und schaffst weit mehr Vertrauen, als es die besten Zahlen, Daten und Fakten über Dein Unternehmen jemals tun könnten. Je mehr Deine Idee zur Lösung der Herausforderung beitragen kann, desto mehr werden die Zuhörer Deine Lösung „kaufen".

Selber Inhalt, anderer Fokus, könnte man vereinfacht sagen. Vor allem aber ein ganz anderes Ergebnis. Und das ist es schließlich, was zählt. Für die ABC Solutions GmbH hat es funktioniert und es wird auch bei Dir funktionieren - egal, welches Thema Du vorträgst!

WIIFM

„Wer keine Probleme löst, darf sich nicht wundern,
dass sich keiner für das Angebot interessiert."
Peter Sawtschenko

Wieso ich mir da so sicher bin? Ganz einfach. Weil wir alle - in der Tiefe unseres Herzens - Egoisten sind und (zu mindestens beim Besuch von Vorträgen) immer an unseren Vorteil denken. Denke einfach kurz an Deine eigene Situation. Warum gehst Du zu einem

Vortrag? Warum besuchst Du Konferenzen oder hörst Dir Podcasts zu Sachthemen aller Art an? Geht es dabei nur darum, die Zeit totzuschlagen oder möchtest Du für Dich etwas mitnehmen?

Natürlich möchtest Du etwas für Dich mitnehmen. Alles andere wäre reine Zeitverschwendung! Und weil das für uns alle gilt, gibt es dazu eine berühmte Abkürzung, die genau das ausdrückt - **WIIFM - What's In It For Me?**

In Deiner Rede ist die WIIFM-Frage der Schlüssel zum Herzen Deiner Zuhörer. Bevor Du beginnst, Deine Botschaft zu vermitteln, müssen Deine Zuhörer verstehen, welchen Nutzen sie aus Deinem Vortrag ziehen können. WIIFM = „What's in it for me?" Das ist die Frage, die sich alle Menschen im Publikum stellen. Als Redner und Präsentator ist es Deine Aufgabe, diese Frage zu beantworten.

Wie schon angesprochen kannst Du das erreichen, indem Du die Herausforderung des Publikums in den Mittelpunkt stellst und dann Deine Lösung präsentierst. Aber nicht immer gibt es für jedes Problem direkt eine Lösung. Daher kann es für Deine Zuhörerschaft auch interessant sein, aus Deiner Geschichte und Deinen Erfahrungen zu lernen. Aus den Fehlern, die Du gemacht hast und aus Deinen Niederlagen. Wie hast Du es geschafft, die Herausforderungen trotzdem zu überwinden? DAS sind die Learnings, aus denen Deine Zuhörer viele Inspirationen ziehen und für das eigene Leben profitieren können.

Wenn Du Empathie zeigst und „aus den Schuhen des Publikums" kommunizierst, dann wirst Du immer wertvolle Informationen bereitstellen, die anderen Menschen helfen können. Informationen, die automatisch die WIIFM-Frage Deines Publikums beantworten.

Am Beispiel der ABC Solutions GmbH liegt die Antwort auf die WIIFM-Frage schon allein darin, dass das Unternehmen - in der neuen Version - das Problem ganz zu Beginn anspricht und sich somit um die Kundenbedürfnisse kümmert. Die Wirksamkeit des Produkts zeigt eine nützliche Lösung auf und gibt dem Kunden einen klaren Mehrwert, der SEIN Problem wirkungsvoll verringert und somit zu mehr Erfolg führt. WIIFM beantwortet - Produkt verkauft!

Aufmerksamkeit

„We don't pay attention to boring things."
Brain rule #6 von John Medina

Um das Thema Aufmerksamkeit ranken sich die wildesten Mythen. Aber eigentlich ist alles genauso einfach, wie es das Eingangszitat hier sagt. „Wir schenken faden Dingen keine Aufmerksamkeit". Heißt also, wenn Dir das Publikum nicht zuhört bzw. Du es im Laufe der Präsentation „verlierst", dann bist Du bzw. Deine Inhalte einfach nicht spannend genug! Wenn Du - in einer Welt der permanenten Ablenkung - fad bist, hast Du verloren! Klingt hart, ist aber so.

Kritiker mögen jetzt einwenden, dass es heutzutage nicht mehr so einfach ist wie früher, die Aufmerksamkeit des Publikums zu bekommen und zu behalten, weil die Aufmerksamkeitsspannen der Menschen immer kürzer werden. Manche gehen sogar so weit zu behaupten, dass wir Menschen mittlerweile eine kürzere Aufmerksamkeitsspanne als ein Goldfisch haben. Dieser Vergleich - den es in vielen Artikeln im Internet zu lesen gibt - geht auf eine Microsoft-Studie aus dem Jahr 2015 zurück. Dort wurde festgestellt, dass die durchschnittliche Aufmerksamkeitsspanne von 12 Sekunden (im Jahr 2000) auf 8 Sekunden im Jahr 2015 gesunken sei. Und das sei um 1 Sekunde weniger als die eines Goldfisches, der angeblich 9 Sekunden die Aufmerksamkeit halten kann.

Abgesehen davon, dass es für eine Präsentation keine Rolle spielt, wie lange die Aufmerksamkeitsspanne eines Goldfischs ist und diese auch kaum erforscht ist, spielt es auch keine Rolle, ob die erforschte Spanne bei Menschen 12 oder 8 Sekunden beträgt. Denn Deine Rede oder Präsentation dauert immer länger als diese Spannen und daher muss es eine Lösung geben, über die gesamte Zeit die Konzentration des Publikums auf Deine Inhalte zu halten.

Und die gibt es auch! Denn wie wäre es sonst möglich, dass wir einen Film im Kino oder stundenlang Serien auf Netflix schauen können? Wenn Du dieses Bild schon einmal gesehen hast, dann weißt Du, was ich meine.

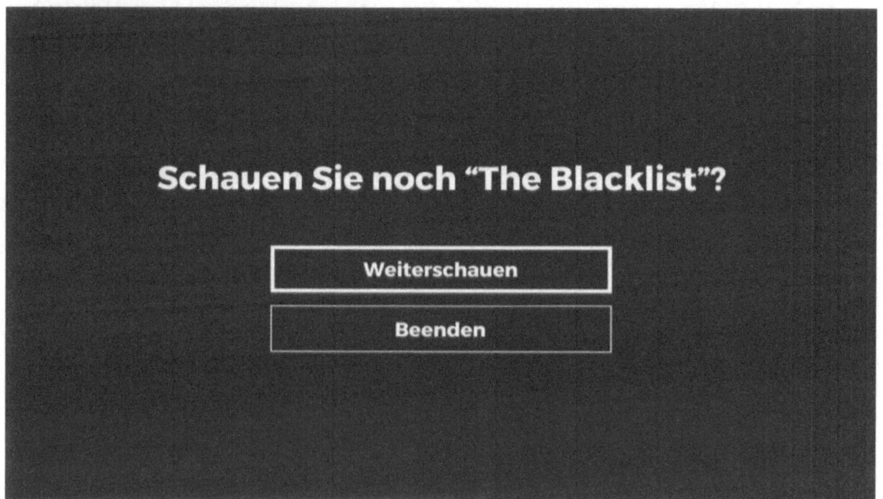

Dieses Bild zeigt Netflix nach eigenen Angaben immer dann, wenn Du 3 Folgen einer Serie - ohne Betätigung der Fernbedienung - nonstop konsumiert hast. Also je nach Serie nach 120 bis 180 Minuten, in denen Du keine Pause gemacht hast. Wäre Dir fad gewesen, dann hättest Du der Serie wohl kaum so lange Deine Aufmerksamkeit geschenkt.

Ja, die Zeiten haben sich geändert. Und ja, es ist heute schwieriger als früher, Aufmerksamkeit zu bekommen und zu halten. Aber - und das ist die gute Nachricht an dieser Stelle - die Aufmerksamkeit des Publikums zu bekommen und zu halten ist kein Hexenwerk und funktioniert auch im 21. Jahrhundert noch immer. Wenn auch etwas anders als noch vor 30 Jahren.

Die Aufmerksamkeit Deines Publikums zu gewinnen bedeutet, dass Du deren volle Konzentration auf Dich ziehst, sobald Du beginnst zu sprechen. Niemals wird die Aufmerksamkeit in Deinem Vortrag größer sein als ganz zu Beginn. Sie ist ein Geschenk des

Publikums an Dich. Wenn Du dieses Geschenk am Anfang nicht annimmst, ist es weg! Und wie das bei Geschenken so ist. Wenn man sie einmal verwehrt bzw. nicht angenommen hat, bekommt man sie normalerweise kein zweites Mal angeboten. Übersetzt auf Deine Rede heißt das, wenn die Leute einmal das Handy als Ablenkung gezückt haben, dann ist die Wahrscheinlichkeit, dass sie es deinetwegen und Deinen Inhalten wieder wegstecken, sehr gering. Und wenn Du sie verloren hast, bist Du bzw. ist Deine Botschaft verloren.

Das einleitende Zitat in diesem Kapitel stammt von John Medina bzw. ist es der Untertitel zur „Brain rule #6 - Attention (Aufmerksamkeit) aus seinem Buch „Brain rules" (https://amzn.to/3PuFlmo). Darin beschreibt er in 12 Kapiteln ausführlich, wie unser Gehirn funktioniert.

Die 4 wichtigsten Aussagen zum Thema Aufmerksamkeit lauten wie folgt:

- **Emotionen erregen unsere Aufmerksamkeit:** Emotionale Reize haben die bemerkenswerte Fähigkeit, unsere Aufmerksamkeit zu fesseln. Das Gehirn reagiert besonders stark auf emotionale Reize, da sie tiefe neuronale Verbindungen aktivieren. Dies bedeutet, dass Inhalte, die mit Emotionen verbunden sind, eher im Gedächtnis bleiben und leichter erinnert werden. Diese Ansichten von John Medina bekräftigen, was ich schon im vorigen Kapitel zum Thema „Emotionen statt rationalen Fakten" aufgezeigt habe. Wie Du konkrete emotionale Reize in Deine Inhalte einbauen kannst, das erfährst Du noch in diesem Teil 2 unter „Planung - Struktur & Story".

- **Bedeutung (Kontext) vor Details:** Unser Gehirn bevorzugt es, Informationen in einem sinnvollen Kontext zu verarbeiten, anstatt sich auf isolierte Details zu konzentrieren. Wenn wir verstehen, wie ein bestimmter Sachverhalt in einen größeren Zusammenhang passt, können wir ihn besser verstehen und behalten. Daher ist es wichtig, Informationen so zu präsentieren, dass ihre Bedeutung klar wird. Wenn Du also mit dem Kontext beginnst und dann zu den Details kommst, dann muss das Gehirn „nur" die Details in den richtigen Kontext einsortieren. Wenn Du allerdings mit Details beginnst und das Publikum noch gar nicht versteht, wohin diese Details gehören, dann kämpft das Gehirn einen Zweikampf zwischen Erfassung der Details und der Suche nach dem Kontext, wo diese hineinpassen könnten. Das führt zu Überforderung und letztlich zum Verlust der Aufmerksamkeit. „Ich sehe den Wald vor lauter Bäumen nicht" könnte ein Zuhörer dann sagen, weil Du zu viel über einzelne Bäume (Details) gesprochen hast, aber nicht erwähnt hast, in welchem Wald (Kontext) Du Dich eigentlich befindest. „Content is King - Context is Kingdom" lautet ein anderer Spruch aus dem Content-Marketing. Soll heißen, dass guter Inhalt allein nicht ausreicht, um eine effektive Kommunikation zu gewährleisten. Der Kontext, in dem dieser Inhalt präsentiert wird, ist ebenso wichtig. Er sorgt dafür, dass die Botschaft angemessen vermittelt und verstanden wird. Am Beispiel der ABC Solutions GmbH haben wir diesen falschen Zugang live erlebt. Dort wurde lange über Details gesprochen, aber der Kontext - also das Problem, für das dieses Produkt eine Lösung bietet - wurde erst viel zu spät erwähnt. Und da war die Aufmerksamkeit des Publikums dann leider schon weg.

- **Das Gehirn kann NICHT „multitasken":** Ja, Du hast richtig gelesen. Multitasking ist ein Mythos! Denn, obwohl wir oft denken, dass wir mehrere Aufgaben gleichzeitig erledigen können, ist das Gehirn tatsächlich nicht in der Lage, echtes Multitasking zu betreiben. Stattdessen wechselt es zwischen den Aufgaben hin und her, was zu einem Verlust an Effizienz führt. Es ist daher sehr viel effektiver, sich auf eine Aufgabe zu konzentrieren und diese abzuschließen, bevor man zur nächsten übergeht. Bezogen auf Deinen Vortrag heißt das beispielsweise, dass es nicht möglich ist, dass Dir das Publikum zuhört und gleichzeitig am Handy Nachrichten schreibt. Wenn Du die Zuhörer einmal an das Handy verloren hast, dann bist Du verloren.

- **Das Gehirn braucht Pausen:** Unser Gehirn benötigt Pausen, um Informationen zu verarbeiten und zu "verdauen". Wenn Du dem Publikum also zu viel Input in kurzer Zeit aufzwingst, überforderst Du das kognitive System. Ähnlich wie unser Magen, der zu viel auf einmal nicht verdauen kann, kann das Gehirn Informationen nicht effektiv verarbeiten, wenn es überlastet ist. Daher solltest Du Deine Inhalte begrenzen, in möglichst „kleine Häppchen" aufteilen und dazwischen immer wieder Denkpausen einfügen, damit das Publikum Dir bis zum Ende folgen kann. Unter diesem Gesichtspunkt wird auch der allgemeine Grundsatz „Weniger ist mehr" auf einmal viel verständlicher.

Diese vier Prinzipien zeigen Dir eindrücklich, welche Aspekte Du bezüglich der Aufmerksamkeit Deines Publikums berücksichtigen musst, um effektives Verstehen, Lernen und Verarbeiten zu unterstützen. Wenn Du die Funktionsweise des menschlichen Gehirns verstehst, verstehst Du, wie Dein Publikum tickt. Dadurch kannst Du Deine Inhalte bewusst besser planen, um die Aufmerksamkeit des Publikums gezielt zu steuern.

„Eine gute Rede soll das Thema erschöpfen,
nicht die Zuhörer."
Winston Churchill

Meine HAUS DES REDENS METHODE wird Dir in der Folge konkrete Lösungen für die aufmerksamkeitswirksame Planung Deiner Inhalte aufzeigen. Das Zauberwort dazu heißt „Spannungsbogen". Wie du diesen Bogen aufbaust und von Anfang bis Ende unter Spannung hältst, das werden wir speziell im Kapitel „Aufbau & Struktur" behandeln, und zwar inklusive konkreten Techniken, die Du sofort anwenden kannst.

Weniger ist mehr

„Das wertvollste aller Talente besteht darin, niemals zwei Wörter zu benutzen, wenn eins ausreicht."
Thomas Jefferson

Wie wir gerade gehört haben, hat das Gehirn nur bestimmte Kapazitäten, um Daten aufzunehmen. Daher müssen wir unsere Inhalte sehr weise wählen, wenn wir unser Publikum nicht ermüden und die Aufmerksamkeit hochhalten wollen!

Um dies zu erreichen, hilft Dir der **Grundsatz „WENIGER IST MEHR"**, der bei ALLEN Reden, Vorträgen & Präsentationen auf allen Ebenen - **Zeit, Inhalt und Grafik** - gilt.

- **Zeit:** Wenn Du für eine Präsentation 30 Minuten Zeit hast und die Botschaft in 20 Minuten rüberbringen kannst, dann tue das. Das Publikum wird es Dir danken und hat somit noch 10 Minuten Zeit, um das Thema mit Fragen an Dich zu vertiefen und noch mehr für sich mitzunehmen. UND - überziehe NIEMALS Deine vorgegebene Zeit bei einer Präsentation. Das ist eine absolute Todsünde!

- **Inhalt:** Inhaltlich gesehen bedeutet "Weniger ist mehr", sich auf das Wesentliche zu konzentrieren. Es geht darum, die Botschaft zu destillieren, die wirklich zählt, und unnötigen Ballast zu eliminieren. Denn je klarer und prägnanter Deine Botschaft ist, desto stärker wird sie im Gedächtnis bleiben. Ein überladener Vortrag mit zu vielen Informationen kann leicht überwältigend wirken und dazu führen, dass die Kernbotschaft verloren geht. Es heißt ja nicht umsonst „Bring's auf DEN Punkt".

- **Grafik:** Nicht nur inhaltlich, auch visuell gilt dieser Grundsatz. Eine schlichte, übersichtliche Präsentation mit klaren, aussagekräftigen Bildern hat eine viel größere Wirkung, als überladen gestaltete Folien und Textwüsten. Dein Publikum sollte nicht von überflüssigen Elementen abgelenkt werden, sondern sich auf das Wesentliche konzentrieren können.

Denn wie wir gerade gehört haben, kann das Gehirn nicht multitasken. Wenn die Zuhörerschaft also von den komplexen Folien abgelenkt ist, wird es nicht mehr Deinen Worten folgen können.

In der Kunst der Überzeugung ist "Weniger ist mehr" Dein Leitstern, der Dich daran erinnert, dass **Einfachheit und Klarheit die kraftvollsten Werkzeuge** sind, um Deine Botschaft aufmerksamkeitswirksam zu vermitteln. Es ist die Reduktion auf das Wesentliche, die eine Präsentation von gut zu großartig macht und einen bleibenden Eindruck hinterlässt.

Einfachheit und Klarheit bilden das Herzstück des Grundsatzes "Weniger ist mehr" in Präsentationen.

Einfachheit ermöglicht es Dir, die Botschaft auf ihren Kern zu reduzieren. Sie entfernt unnötigen Ballast und stellt sicher, dass Deine Kernbotschaft klar und deutlich herauskommt.

Klarheit dient dazu, die Botschaft verständlich und leicht nachvollziehbar zu machen. Sie eliminiert potenzielle Missverständnisse und stellt sicher, dass Du Deine Informationen genauso vermittelst, wie Du sie gemeint hast.

Allerdings sind Einfachheit und Klarheit oft schwer zu erreichen.

Warum? Weil es eine gewisse Fähigkeit erfordert, die wesentlichen Punkte zu erkennen und prägnant zu formulieren. Es erfordert Mut, sich von unnötigen Informationen zu trennen, die die Botschaft verwässern könnten. Es erfordert auch ein tiefes Verständnis Deines Publikums, um sicherzustellen, dass Deine Präsentation für sie verständlich ist.

Überdies neigen wir manchmal dazu, Komplexität mit Tiefe zu verwechseln. Wir denken, dass eine komplexe Präsentation automatisch aussagekräftiger ist. Doch oft ist das Gegenteil der Fall. Wie schon im Punkt „What's in it for me" beschrieben, interessiert das Publikum meist nicht, wie toll wir sind bzw. was wir alles gemacht haben, sondern vielmehr, WIE es davon profitieren kann. Und je einfacher wir etwas erklären können, desto mehr Menschen werden davon profitieren. Eine einfache, klare Botschaft hat somit die Kraft, viel tiefer zu gehen und nachhaltiger zu wirken.

In der Praxis bedeutet das, dass Du Dich bewusst darauf konzentrieren musst, Deine Botschaft auf den Punkt zu bringen. Es bedeutet, unnötigen Ballast zu entfernen und sicherzustellen, dass jede Information, die Du präsentierst, einen klaren Zweck hat. Wenn Du Einfachheit und Klarheit als Deine Leitprinzipien betrachtest, dann werden Deine Präsentationen kraftvoller und hinterlassen einen bleibenden Eindruck.

Bleibt noch die Frage, wie Du Einfachheit und Klarheit in Deiner Präsentation umsetzen kannst?

Wie kommst Du zu einem Weniger, wenn Du schon viel Inhalt hast? Oder wie schaffst Du es, das wenige Wichtige vom vielen Unwichtigen zu trennen bzw. nur das Wichtigste in Deine überzeugende Rede einzubauen?

Für beide Fragen bekommst Du noch hier in Teil 2 konkrete Antworten. Du wirst lernen, wie Du Deine Kernaussage findest und wie man Präsentationen & Reden komplett neu plant und dazu nur die Inhalte verwendet, die tatsächlich einen Mehrwert für das Publikum bzw. für den Transport Deiner Kernaussage bieten.

Kurz und knapp lässt sich die **Kunst der Überzeugung** also auf die 4 Kernpunkte zusammenfassen:

- **Umdenken**: Bei einer Präsentation geht es nicht um den Vortragenden, sondern um das Publikum und was das Publikum braucht.

- **WIIFM**: Das Umdenken ist deswegen so wichtig, weil wir uns alle bei jedem Vortrag fragen, „was ist für mich drin"? Wenn für Dein Publikum nichts drin ist, was es für sich mitnehmen kann, dann wird es Dir keine Aufmerksamkeit schenken und Deine Botschaft wird nicht erfolgreich sein.

- **Aufmerksamkeit**: Daraus folgt - ohne Aufmerksamkeit, kein Verständnis. Ohne Verständnis, keine Handlung. Die Aufmerksamkeit bekommst Du am Anfang geschenkt, das Halten der Aufmerksamkeit musst Du Dir aber verdienen. Das wird Dir dann gelingen, wenn Du den Menschen eindrucksvoll zeigst, warum Deine Inhalte für sie sinnvoll und wichtig sind.

- **Weniger ist mehr**: Und je klarer und einfacher Du dies tust, desto einfacher wird es Deinem Publikum fallen, Dir aufmerksam zu folgen. Oder anders ausgedrückt. Je einfacher Du es Deinem Publikum machst, die Frage „was ist für mich drin" zu beantworten, desto eher werden Dir die Leute ihre Aufmerksamkeit schenken und Dich mit Erfolg belohnen.

Du siehst also, die 4 Punkte stehen nicht einzeln da, sondern bedingen sich gegenseitig. Noch einmal verkürzt könnte man also sagen: **Verstehe das Problem und mache es dem Publikum so einfach wie möglich zu verstehen, warum Du bzw. Deine Lösung ihnen hilft.**

Wenn Du DAS beherzigst, dann wirst Du in JEDER LEBENSLAGE bessere Ergebnisse durch bessere Kommunikation erzielen.

P.S. Mit diesen 4 Grundsätzen im Hinterkopf kannst Du auch jede Deiner bisherigen Präsentationen hinterfragen und wirst sofort sehen, warum Deine Präsentation entweder erfolgreich oder ein Reinfall war. Und in Zukunft kannst Du Deine fertigen Präsentationen & Reden damit einer Endkontrolle unterziehen.

Planung - Ziel & Kernaussage

> *„Um eine gute Stegreifrede zu halten,*
> *brauche ich drei Tage Vorbereitungszeit."*
> *Mark Twain*

Nachdem Du die Grundpfeiler der Kunst der Überzeugung kennengelernt hast, gehen wir jetzt in die konkrete Umsetzung für

Deine Inhalte. Die inhaltliche Vorbereitung & Planung legt die Grundlage für Deine überzeugende Rede oder Präsentation.

Dies passiert in 2 wesentlichen Schritten, nämlich

- Der Definition von **Ziel & Kernaussage** und

- Der Planung von **Struktur & Story**

Wenn Du diese Schritte mit allen dazugehörigen Unterschritten befolgst, dann bist Du TOP vorbereitet und hast somit nach dem Schritt 1 - Persönliche Einstellung den 2. Schritt zur erfolgreichen Rede gemeistert. Jeder erfolgreiche Schritt bringt mehr Sicherheit und Selbstvertrauen und bringt Dich somit näher ans Ziel.

Apropos Ziel, was ist eigentlich das Ziel Deiner Präsentation?

Was ist Dein Ziel?

„If you don't know what you want to achieve in your presentation, your audience never will."
Harvey Diamond

Bevor Du überhaupt beginnst, Deine Präsentation auszuarbeiten, musst Du Dir über eines im Klaren sein: **Was ist Dein Ziel?**

Das mag Dir vielleicht banal oder gar selbstverständlich erscheinen, aber tatsächlich wissen viele Vortragende nicht genau, was sie mit der Präsentation konkret erreichen wollen. Von der Art Deines Zieles hängt aber die gesamte weitere Planung ab. Daher ist es wichtig, im ersten Schritt Dein konkretes Ziel festzulegen.

Es gibt mehrere Arten von Zielen, die Du Dir bei einer Rede bzw. Präsentation setzen kannst:

- **Überzeugen:** Du möchtest das Publikum von einer bestimmten Idee, einem Standpunkt oder einem Produkt bzw. einer Dienstleistung überzeugen. Diese Zielart ist die häufigste im Geschäftsleben, wenn es um den Verkauf von Ideen (Pitch-Präsentation), Produkten oder Dienstleistungen geht. Aber auch im politischen Bereich ist diese Zielart vorherrschend, wenn es darum geht, das Wahlvolk von der eigenen Meinung und Weltanschauung zu überzeugen. Das Ziel der Überzeugung ist in diesem Fall die Grundlage für ein konkretes Endziel, nämlich dem Auslösen einer unmittelbaren **Handlung, von der DU direkt profitierst**. Dies kann der Verkauf eines Produktes oder einer Dienstleistung sein, eine Investition durch einen Geldgeber (in Dein Start-up) oder im Falle der Wahl das Setzen des Kreuzes bei „Deiner" Partei.

- **Inspirieren/Motivieren:** Du möchtest Emotionen wecken und das Publikum dazu anregen, zu handeln oder ihre Einstellungen zu ändern. Auch in diesem Fall willst Du das Publikum von Deinen Ansichten überzeugen, verfolgst aber kein persönliches, sondern eher ein höheres Ziel. Denn vom Ergebnis der dadurch ausgelösten **Handlung profitierst Du nur indirekt** (oder gar nicht). Wenn Du z.B. dazu inspirieren willst, dass mehr Leute öffentliche Verkehrsmittel anstatt des eigenen Autos benutzen, dann profitierst Du davon indirekt durch eine sauberere Umwelt. Wenn Du Dein Publikum zu mehr Sport motivieren willst, dann profitierst Du vordergründig gar nicht. Indirekt kannst Du dadurch profitieren, dass die gesamte Gesellschaft gesünder wird und daher - durch weniger Krankheitsfälle - Deine Beiträge zur Krankenkasse sinken. Anders sieht es aus, wenn Du ein Fitness-Center besitzt. Dann würde Dein Vortrag wieder mehr in das Ziel „Überzeugen" fallen, da Du einen direkten Verkauf einer Mitgliedschaft - und somit ein persönliches Ziel - verfolgst.

Informieren: Dein Ziel ist es, Wissen zu vermitteln und das Verständnis Deines Publikums zu erweitern. Dies ist meist bei Vorträgen im Bildungswesen der Fall. Vor allem im öffentlichen Bildungssektor (Schulen, Universitäten) reicht die Information meist völlig aus. Aufgrund der Tatsache, dass die Zuhörerschaft in einem Abhängigkeitsverhältnis zum Vortragenden steht (Prüfung muss abgelegt werden, egal wie inspirierend und überzeugend der Vortrag war), sind Überzeugen und Inspirieren nicht unbedingt notwendig. Sie sind ein „Nice to have", aber kein „Must". Ganz grundsätzlich profitiert beim „Informieren" die Zuhörerschaft von Deinem Know-how und Deinen Erfahrungen. Du profitierst aber nicht davon, was diese mit dem Erlernten in Zukunft machen.

- **Unterhalten:** Deine Absicht ist es, das Publikum zu amüsieren oder zu begeistern. Dies passiert meist eher im privaten Umfeld, z.B. bei Reden zu Geburtstagen, Hochzeiten oder ähnlichen Anlässen. Im beruflichen Umfeld sind es Reden zu Firmen-Feierlichkeiten wie Jubiläen, Weihnachtsfeiern und ähnlichem, wo Unterhaltung Dein Ziel ist. Eine unmittelbare Handlung des Publikums aufgrund der Rede ist hier nicht geplant. Abgesehen von einem tosenden Applaus! ;-)

Ein klares Ziel ist also der erste inhaltliche Stein beim Bau Deines HAUS DES REDENS. Wie genau setzt Du nun aber diesen ersten Stein bei Deinem konkreten Thema?

- **Zielgruppen-Fokus:** Du definierst Dein Ziel zwar für Dich. ABER, in der Kunst der Überzeugung haben wir gelernt, dass es in einer erfolgreichen Präsentation immer um den Nutzen der Zielgruppe geht. Nur, wenn die Frage „What's in it for me (WIIFM)" mit einem Mehrwert für das Publikum positiv beantwortet wird, kannst Du Dein Ziel erreichen. Bedenke daher immer, was das Ziel für Dein Publikum bedeutet. Welchen Mehrwert erhalten sie?

- **Klarheit:** Definiere Dein Ziel so präzise wie möglich. Formuliere es in **einem** klaren Satz.

Hier ein paar Beispiele, wie eine gute Zielformulierung aussehen kann, die sowohl Zielgruppen-Fokus als auch Klarheit enthält:

- **ABC Solutions GmbH:** Das Ziel des Unternehmens könnte man so formulieren: „Wir wollen möglichst viele unserer Bestandskunden (Neukunden) von der Einzigartigkeit unseres neuen Produktes überzeugen und unsere Innovationskraft zeigen, um eine sichere neue Umsatzquelle zu schaffen." Kurz gesagt, das Unternehmen will möglichst viele Produkte verkaufen. Das Ziel „möglichst viel zu verkaufen" ist ein persönliches Ziel, beinhaltet aber keinen Mehrwert für den Kunden. Wie in der Umsetzung klar zu sehen war, ist der Kundennutzen zwar vorhanden, er wurde aber in der Planung viel zu wenig mitbedacht oder gar in den Vordergrund gestellt. Der Fokus lag auf der „einzigartigen Qualität des Produktes". Man setzte also voraus, dass diese Einzigartigkeit automatisch überzeugen wird, weil die Vorteile klar auf der Hand liegen. Das hat ganz offensichtlich aber nicht funktioniert. In einem der vorigen Kapitel haben wir das Zitat „Sell the problem you solve (the solution), not the product" kennengelernt und nach diesem sollten wir immer handeln. Wenn das Unternehmen also die Problemlösung und somit den Kundennutzen als Top-Priorität setzt, dann lautet das Ziel „Wir wollen dem Publikum zeigen, dass unser Produkt deren größte Herausforderung auf eine völlig neue und nachhaltige Weise löst, die es ihnen ermöglicht, mehr Ertrag bei weniger Aufwand zu erzielen." Das dahinterliegende Ziel bleibt natürlich, Umsatz zu generieren und als innovatives Unternehmen wahr genommen zu werden. Wenn man sich aber auf den Kundennutzen fokussiert, dann werden diese beiden Aspekte tatsächlich als logisches Ergebnis folgen.

- **Beispielthema „Nachhaltige Mobilität"**: Nehmen wir an, Du möchtest eine Präsentation über nachhaltige Mobilität halten. Dein Ziel könnte sein, das Bewusstsein für die Umweltauswirkungen herkömmlicher Verkehrsmittel zu schärfen und die Vorteile von nachhaltigen Alternativen hervorzuheben. "Ich möchte mein Publikum für die Vorteile nachhaltiger Mobilität sensibilisieren und sie ermutigen, umweltfreundliche Verkehrsmittel zu nutzen" könnte somit die Zielsetzung konkret lauten. Der Mehrwert für das Publikum liegt darin, dass sie ihren CO_2-Fußabdruck verbessern und zu einem nachhaltigeren Lebensstil beitragen. Dadurch

werden sie von der Gesellschaft als verantwortungsvolle
Menschen wahrgenommen.

- **Pitch-Präsentation vor Investoren:** Angenommen, Du
  möchtest eine Präsentation für potenzielle Investoren halten,
  um sie von der Attraktivität Deines Start-up-Unternehmens
  zu überzeugen. Dein Ziel wird es sein, sie dazu zu bewegen,
  in Dein Unternehmen zu investieren und somit das benötigte
  Kapital bereitzustellen. "Ich möchte die Investoren von der
  vielversprechenden Zukunftsperspektive meines Start-ups
  überzeugen und sie dazu bewegen, in mein Unternehmen zu
  investieren." Der Mehrwert für Investoren liegt ausschließlich in der Rendite der Investition. Das WIIFM des Investors
  ist also „was kann ich mit meiner Investition in Dein Unternehmen verdienen"? Diese Frage musst Du klar und eindrucksvoll beantworten, um erfolgreich zu sein.

Wie Du an den Beispielen sehen kannst, ist die Zielformulierung
also kein Hexenwerk, sondern folgt einer klaren Logik, die wir bereits in der „Kunst der Überzeugung" kennengelernt haben. Nämlich den Fokus auf die Zielgruppe und deren Bedürfnisse. Die Zielformulierung legt eine sehr wichtige Grundlage für die weitere Planung bzw. den Bau Deines HAUS DES REDENS. Je besser und klarer Du Dein Ziel formulierst, desto besser ist Dein Fokus auf das Wesentliche und desto leichter werden Dir die nächsten Schritte fallen.

Wie lautet Deine Kernaussage?

> *„Die Botschaft hör' ich wohl,*
> *allein mir fehlt der Glaube."*
> *Johann Wolfgang von Goethe*

Die Kernaussage oder Kernbotschaft ist der zentrale Gedanke
oder die Hauptbotschaft, die Du Deinem Publikum vermitteln
möchtest. Während das Ziel formuliert, „WAS" Du erreichen willst,
so stellt die Kernaussage das „WIE" dar. Also den Weg zum Ziel. Sie
ist die Essenz, die im Gedächtnis Deines Publikums bleiben soll.

Die Kernaussage dient dazu, den Weg zum Ziel klar und prägnant zu vermitteln. „Bring es auf den Punkt" heißt eine oft gehörte Forderung, die Du sicher schon oft gehört oder noch öfter selbst im Kopf hattest, wenn Du einem Vortrag gelauscht hast. Und genau darum geht es - das Allerwichtigste auf den einen Kernpunkt zu bringen.

Einfach formuliert heißt das. Stell Dir vor, Dein Publikum könnte sich nur eine einzige Sache aus Deinem Vortrag merken. Was wäre das? DAS ist die Kernaussage.

„Was? Nur eine Sache? Aber ich habe doch so viele wichtige Dinge zu sagen." lautet hier ein vielfach gehörter Einwand aus meiner Erfahrung. JA, nur eine Sache! Und ich erkläre Dir auch warum.

Bei meinen Präsentations- & Rhetorik-Workshops gibt es am Anfang immer eine kleine Vorstellungsrunde. Das Ziel dieser Vorstellung ist einerseits, die Person und deren Hintergrund kennenzulernen, aber auch einzelne Erfahrungen und Erlebnisse im Bereich Rede & Präsentation zu hören. Eine - vermeintlich belanglose, aber für mich sehr wichtige - Frage dabei lautet: „Kannst Du Dich an eine gute Präsentation erinnern, die Du selbst gesehen hast? Wenn ja, von wem war diese und was waren die Inhalte?" Was glaubst Du, wie viel Prozent auf diese Frage eine Antwort geben? Denk kurz nach, bevor ich Dir hier die Antwort aus meinen Seminaren hinschreibe. 70, 80 oder 90 %? Was glaubst Du? Die Antwort ist, es sind im Schnitt **Trommelwirbel** rund 10 (!) % der Teilnehmer, die sich überhaupt an eine gute Präsentation oder Rede erinnern können. Und von diesen wissen dann nur rund die Hälfte noch den Namen des Vortragenden und dessen Inhalte. Die Zahlen aus meiner Erfahrung spiegeln übrigens auch die Aussage von Beginn des Buches wider. Nämlich, dass 95 % aller Präsentationen einfach nur fad sind. Fad heißt keine Aufmerksamkeit, heißt keine Erinnerung!

Was sagt uns dieses ernüchternde Ergebnis?

Die Leute merken sich so gut wie NICHTS! Außer, man präsentiert es ihnen in einer gut geplanten und überzeugenden Art und Weise. Bezogen auf die Kernaussage sollte damit eines klar sein. Wenn sich das Publikum wenig bis nichts merkt, dann können wir es nicht mit zu viel Information überfrachten. Daher NUR eine Kernaussage. Die aber dafür auf den Punkt gebracht und mit dem Potenzial ausgestattet, auch gemerkt zu werden.

Was soll das Publikum unbedingt mitnehmen - die „Sackerl-Analogie"

Um es noch klarer und verständlicher zu machen, stell Dir folgendes vor. Du kennst sicher die Info- bzw. Goodie-Taschen (in Österreich „Sackerl" genannt), die es bei vielen Messen und Veranstaltungen gibt. Das sind meist Papier- oder Stoffsackerl, in die die Aussteller ihre wichtigsten Info-Materialien und Geschenke packen. Stell Dir vor, Du kannst nur ein Goodie, also **eine Aussage in diese Tasche packen, welche würde es sein**? Genau das ist Deine Kernaussage.

Vom Ziel zur Kernaussage

Wie schon beim Ziel muss auch bei der Kernaussage der Kundennutzen im Vordergrund stehen, ansonsten wird die Kernaussage verpuffen wie eine Rauchschwade. Auch die Kernaussage sollte, wie das Ziel als ein Satz formuliert werden. Bei Problemstellungen ist die Kernaussage diejenige, die die Lösung für das Problem in einfachen Worten darstellt. Oft ist es aber nicht sofort so ersichtlich. Dann gehe in folgenden Schritten vor:

- **Ziel:** Lies Dir Dein Ziel noch einmal durch

- **Relevante Inhalte:** Liste alle relevanten Inhalte als Schlagworte auf, die zu Deiner Zielerreichung beitragen können. Gehe dabei von der Problemstellung aus und gehe von dort aus Richtung Lösung.

- **Suche nach DER wichtigsten Botschaft:** Wenn Du Dir alle relevanten Informationen im Überblick anschaust, welche sticht hervor? Wenn eine hervorsticht, ohne die Deine Botschaft nicht überleben kann, dann hast Du die Kernaussage gefunden. Falls die Aussage nicht von Beginn an offensichtlich ist, dann gehe den umgekehrten Weg. Streiche die Aussage, die Dir am unwichtigsten erscheint. Wiederhole das so lange, bis nur mehr eine Aussage übrigbleibt!

- **Formuliere Deine Kernaussage:** Wenn Du die wichtigste Botschaft gefunden hast, dann formuliere diese in einem möglichst einfachen Satz. Der Kundennutzen muss darin klar enthalten sein.

Nachdem wir schon beim Ziel 3 Beispiele formuliert haben, hier die möglichen Kernaussagen zu diesen Beispielen:

- **ABC Solutions GmbH:** „Unser Produkt senkt die Sterblichkeit in der Vieh-Zucht um 30 % und führt somit zu besserem Tierwohl und mehr Output bei gleichem Futtermittel-Einsatz." Diese Aussage enthält ganz konkrete Vorteile und zeigt dem Kunden, welche seiner Herausforderungen gelöst wird.

- **Nachhaltige Mobilität:** "Mit umweltfreundlichen Verkehrsmitteln schonst Du nicht nur die Umwelt, sondern sparst auch bares Geld an Treibstoffkosten." Diese Kernaussage wäre sinnvoll, wenn die Zielgruppe voraussichtlich auf finanzielle Vorteile reagieren wird. Wenn man aber davon ausgeht, dass das Publikum eher auf einen guten Beitrag zum Gesamtwohl aus ist, dann könnte die Kernaussage z.B. lauten: „Indem Du nachhaltige Mobilität wählst, setzt Du ein Zeichen für eine nachhaltigere und lebenswerte Zukunft für kommende Generationen." Und wenn es mehr um die persönliche Zukunft geht, dann könnte man die Kernaussage auch so formulieren: "Die Wahl nachhaltiger Mobilitätsoptionen fördert Deine eigene Gesundheit und Fitness durch aktive Fortbewegung."

- **Startup-Pitch**: "Durch Ihre Investition in unser Start-up werden Sie nicht nur von den zukünftigen Gewinnen profitieren, sondern auch einen entscheidenden Beitrag zur Gestaltung der Zukunft von [Branche XY] leisten."

Ein weiteres sehr eindrucksvolles Beispiel kennt fast jeder von uns, den „Erste-Hilfe-Kurs". Früher oder später im Leben muss jeder von uns einmal einen Erste-Hilfe-Kurs absolvieren, um im Ernstfall gerüstet zu sein. Je nach Umfang lernt man in einem oder mehreren Tagen sehr viele nützliche Dinge, um Erste Hilfe leisten zu können. Von stabiler Seitenlage über Herzmassage und Mund-zu-Mund-Beatmung reichen die vielfältigen Übungen und Erkenntnisse. Aber wenn man diese Dinge nicht regelmäßig übt, dann besteht die Gefahr, dass die richtige Anwendung - oft Jahre später - nicht mehr abrufbar ist. Aber selbst wenn wir im Ernstfall alle Inhalte eines mehrtägigen Kurses vergessen haben, so sollte uns eine Kernaussage immer noch in Erinnerung sein. Und die heißt? **HILF! Egal, wie! Beim Roten Kreuz wird das kurz zusammengefasst als die „3 H". Hinschauen - Hingehen - Helfen!**

Warum also nur eine Kernaussage? Weil klare Botschaften hängen bleiben. Fokussiere Dich auf das Wesentliche, und Du wirst gehört.

Wie viele Aussagen maximal?

Wenn es nur eine Kernaussage in einer Präsentation geben soll, dann solltest Du maximal **zwei bis drei unterstützende Botschaften** unterbringen.

Die Begründung liefere ich Dir in Form meiner sogenannten „**Golfball-Analogie**", die ich mit Teilnehmern in meinen Workshops mache, um dies zu veranschaulichen. Stell Dir vor, Du stehst mir gegenüber auf der Bühne. Ich halte einen Golfball in der Hand. Der Golfball repräsentiert eine Botschaft. Wenn ich Dir einen Ball zuwerfe, kannst Du ihn leicht fangen, weil Du Dich gut auf diese eine Botschaft konzentrieren kannst. Genauso ist es mit der Kernaussage in einer Präsentation. Doch jetzt stelle Dir vor, ich würde zwei oder drei Bälle gleichzeitig werfen. Du könntest wahrscheinlich auch diese fangen, wenn Du Dich anstrengst. Das entspricht den zwei bis drei unterstützenden Botschaften, die neben der Kernaussage platziert werden können.

Aber was wäre, wenn ich auf einmal zehn Bälle gleichzeitig werfen würde? Es wäre nahezu unmöglich alle 10 fangen zu können. Ganz im Gegenteil. In den allermeisten Fällen können meine Probanden nicht einmal einen Ball fangen, weil sie in der Masse von heranfliegenden Bällen nicht mehr wissen, auf welchen sie sich konzentrieren sollen, um diesen zu fangen. Das Gleiche passiert, wenn Du zu viele Botschaften in einer Präsentation unterbringst. Die Zuhörer können sich nicht mehr auf die entscheidende Botschaft konzentrieren, da sie von der Informationsflut überwältigt werden.

Daher ist es ratsam, sich auf zwei bis drei gut gewählte, unterstützende Botschaften zu beschränken, um sicherzustellen, dass die Kernbotschaft effektiv übermittelt wird und im Gedächtnis bleibt. Dies ermöglicht eine klare, fokussierte und leicht verständliche Präsentation. Weniger ist also auch hier mehr!

Planung - Struktur & Story

> *„Ich habe meine Rede wie einen Minirock entworfen: lang genug, um das Wesentliche abzudecken und kurz genug, um interessant zu sein."*
> *Danny Kaye*

Mit der Kunst der Überzeugung haben wir den Grundstein auf das Fundament gesetzt. Danach haben wir als erste Schritte der Planung das Ziel definiert und die Kernaussage festgelegt.

Im nächsten Schritt geht es jetzt darum, das Haus im Detail zu planen und schließlich zu bauen. Dazu gießen wir Ziel, Kernaussage und Inhalte in eine gute Struktur. Mit Hilfe einer großartigen Story bauen wir einen inspirierenden Spannungsbogen auf und garnieren diesen mit unterstützenden Anekdoten.

Am Ende des Abschnitts lernst Du 2 großartige Techniken der HAUS DES REDENS METHODE kennen, die Dir eine schnelle Umsetzung ermöglichen und die Du immer & immer wieder anwenden kannst, egal um welches Thema es sich handelt.

AIDA

"Die Klarheit einer Botschaft kommt von der Klarheit des Denkens."
Marquis de Vauvenargues

Die Klarheit des Denkens nennen wir Struktur. Deine Ideen & Inhalte müssen in einer übersichtlichen Struktur geordnet und dargestellt werden, damit Deine Botschaft vom Publikum verstanden und gemerkt werden kann. Ein Modell, das uns dabei hilft, nennt sich AIDA.

Mit AIDA ist in diesem Fall nicht die berühmte Oper von Giuseppe Verdi, sondern ein Modell aus dem Marketing, genauer gesagt aus der Werbeforschung, gemeint. Es wurde zwar schon im Jahre 1898 vom amerikanischen Werbemann Elmo Lewis entwickelt, hat aber bis heute nichts an Gültigkeit verloren. **AIDA ist eine Abkürzung für Attention, Interest, Desire, Action** und steht für die vier Phasen, die ein Kunde durchläuft, wenn er mit einem Produkt, einer Dienstleistung oder einer Idee in Kontakt kommt.

Der Grund, warum ich das AIDA-Modell hier erwähne, ist, dass es auch in der Welt der Reden und Präsentationen hervorragend anwendbar ist. Es bietet eine strukturierte Herangehensweise, um die Aufmerksamkeit und das Interesse Deines Publikums zu gewinnen und es letztendlich zu überzeugen. Der Fokus auf die Aufmerksamkeit am Beginn dieses Modells bestätigt einmal mehr deren Wichtigkeit!

- **Attention (Aufmerksamkeit):** Wie wir schon bei der Kunst der Überzeugung (Grundstein der HAUS DES REDENS METHODE) gesehen haben, ist es in einer Rede entscheidend, zu Beginn die Aufmerksamkeit des Publikums zu gewinnen. Das kann beispielsweise durch eine interessante Anekdote, eine provokante Frage oder ein visuelles Element geschehen. Die Aufmerksamkeit ist das Eingangstor in Dein HAUS DES REDENS. Konkrete Werkzeuge für einen aufsehenerregenden Einstieg bekommst Du im Kapitel „Starker Start".

- **Interest (Interesse):** Sobald Du die Aufmerksamkeit hast, ist es wichtig, das Interesse Deines Publikums zu wecken. Du solltest deutlich machen, warum das, was Du präsentierst, für sie relevant und spannend ist. Das kann durch die Lösung von Herausforderungen, das Aufzeigen von Vorteilen oder spannende Fakten geschehen.

- **Desire (Wunsch):** In dieser Phase geht es darum, einen Wunsch oder ein Verlangen in Deinem Publikum zu wecken. Du könntest beispielsweise verdeutlichen, wie sich die vorgestellte Lösung positiv auf ihr Leben oder ihre Arbeit auswirken kann. Zeige auf, welche konkreten Vorteile sie durch das Umsetzen Deiner Ideen oder die Verwendung Deines Produktes erhalten. Hier kommt wieder der Kundennutzen bzw. „What's in it for me" zum Vorschein.

- **Action (Handlung):** Am Ende Deiner Präsentation ist es wichtig, klare Handlungsaufforderungen (Call to Action) zu geben. Du könntest beispielsweise dazu aufrufen, eine bestimmte Maßnahme umzusetzen, sich für weitere Informationen anzumelden oder den Kauf Deines Produkts (Deiner Dienstleistung) anbieten.

In der HAUS DES REDENS METHODE bzw. in der Analogie des Hausbaus hilft Dir eine gute Struktur dabei, festzulegen, welche Räume Du planst, wie & wo diese angeordnet sind und wie viel Platz Du den einzelnen Räumen zur Verfügung stellst. **Die Struktur bildet das Gerüst Deines Hauses (Deiner Rede) und legt gleichzeitig einen roten Faden fest, um sich gut merkbar und sicher - aber dennoch flexibel - innerhalb der Struktur bewegen zu können.**

Das AIDA-Modell ist ein einfaches, aber sehr wirkungsvolles Werkzeug, das es Dir ermöglicht, Deine Inhalte und Gedanken in eine klare Struktur zu bringen. Es hilft Dir, die Präsentation zielgerichtet und überzeugend zu gestalten, um die gewünschte Handlung zu erzielen.

Storytelling

> *„Wenn du jemanden überzeugen möchtest, erzähle eine Geschichte. Wenn du willst, dass sie handeln, erzähle eine gute Geschichte."*
> *Roy H. Williams*

Der Grundstein ist gelegt, die Grobplanung in Form der Struktur ist abgeschlossen, jetzt geht es darum, diese mit Leben zu füllen! Mit Hilfe des AIDA-Modells haben wir zwar ein starkes Gerüst gebaut, dieses ist jedoch allein noch relativ leblos. Es ist wie ein solides Grundgerüst eines Gebäudes, das aber erst durch das **richtige Material und die kreative Gestaltung zum Leben erweckt wird.**

Unser Material für diese Ausgestaltung sind **Geschichten**, das Werkzeug unserer Wahl heißt „**Storytelling**". Storytelling ist die Magie, die unserer Struktur Leben einhaucht, die trockene Fakten mit Emotionen verbindet und Deine Botschaften in etwas verwandelt, das vom Publikum nicht nur verstanden, sondern auch gefühlt wird. Storytelling ist der Schlüssel, der aus einer strukturierten Präsentation eine fesselnde und inspirierende Erfahrung macht.

Aber keine Angst! Auch wenn der moderne Marketingbegriff vielleicht ein wenig einschüchternd wirkt. **Geschichten erzählen ist keine Raketenwissenschaft.** Wir alle sind Geschichtenerzähler und tun es ganz automatisch jeden Tag. Und JEDER hat eine Geschichte zu erzählen.

Storytelling: Eine uralte Kunst, neu interpretiert

Storytelling ist keine neuartige Erfindung der modernen Kommunikation, sondern eine uralte Kunst, die schon seit Anbeginn der

Menschheit existiert. Schon in den Höhlenmalereien der Steinzeitmenschen finden wir die ersten Formen von Geschichten. Durch diese Bilder und das Erzählen von Geschichten am Lagerfeuer versuchten sie, ihre Erfahrungen, Mythen und Botschaften festzuhalten und an die kommenden Generationen weiterzugeben.

Auch in den antiken Kulturen spielten Geschichten eine entscheidende Rolle. Homer's "Ilias" und "Odyssee" sind klassische Beispiele für epische Erzählungen, die nicht nur unterhielten, sondern auch moralische und historische Lehren vermittelten. Selbst in den heiligen Schriften vieler Religionen finden sich Geschichten, die grundlegende Werte und Prinzipien verdeutlichen.

Die Renaissance des Storytellings: Moderne Kommunikation und Marketing

In der heutigen Zeit erleben wir eine Renaissance des Storytellings, insbesondere im Bereich des Marketings und der Kommunikation. Doch wie kam es zu diesem Wiederaufleben des Geschichtenerzählens? Mit dem Aufkommen der digitalen Ära und der stetig wachsenden Informationsflut, der wir täglich ausgesetzt sind, sehnen sich Menschen nach authentischen und bedeutsamen Verbindungen. Geschichten bieten eine einzigartige Möglichkeit, Informationen auf eine menschliche und emotionale Weise zu vermitteln, die bei reinen Fakten oft fehlt.

Auch im Bereich von Präsentationen und Reden feiert das Storytelling genau darum eine Renaissance. Der Trend ist eng mit dem Bedürfnis des Publikums nach authentischer und menschlicher Kommunikation in einer digitalisierten Welt verbunden. Und nichts ist menschlicher als eine gute Geschichte.

Präsentationen und Reden, die ausschließlich auf Fakten und Daten setzen, wirken meist kühl und distanziert. Durch das Einbinden von Geschichten kannst Du eine persönliche Verbindung zu Deinem Publikum herstellen. Geschichten machen komplexe Themen verständlich, schaffen Empathie und hinterlassen einen bleibenden Eindruck.

Moderne Technologien ermöglichen es uns heutzutage, Geschichten in vielfältigen Formaten zu teilen - sei es durch multimediale Präsentationen, Videos, Livestreams oder Online-Meetings. Diese Vielfalt an Medien eröffnet neue Möglichkeiten, um Geschichten in ihrer ganzen Tiefe und Lebendigkeit zu präsentieren.

4 Elemente für überzeugendes Storytelling

Aber wie baut man nun eine spannende Geschichte, die Menschen inspiriert und mitreißt? Und die im besten Fall „alles ändert", wie es das Zitat verspricht.

Wie schon gesagt, ist Geschichten erzählen keine Raketenwissenschaft. Und in der HAUS DES REDENS METHODE gibt es auch dazu eine einfache, aber wirkungsvolle Lösung. Die 4 grundlegenden Elemente für effektives Storytelling lauten Struktur, Person, Konflikte und Lösung.

1. Struktur

Die Struktur einer Geschichte bezieht sich auf die Art und Weise, wie sie aufgebaut ist. Sie markiert den roten Faden, der sich durch das gesamte Thema zieht und es zusammenhält. Eine klare Struktur hilft dabei, die Handlung sinnvoll zu präsentieren. Sie umfasst üblicherweise einen Anfang, in dem die Charaktere und die Situation eingeführt werden, eine Mitte, in der der Konflikt oder die Herausforderung präsentiert wird, und ein Ende, in dem der Konflikt gelöst wird. Diese Struktur klingt zu einfach, um wahr zu sein, aber tatsächlich funktionieren Geschichten seit tausenden Jahren genau nach dieser Struktur. Und auch das AIDA-Modell, mit dem wir unsere Grobplanung der Inhalte durchgeführt haben, funktioniert genauso. Wir können also bei der Struktur all unserer Geschichten mit derselben Methode vorgehen, wie bei der großen Grobplanung.

2. Person(en) bzw. Charaktere

Präsentationen und Reden handeln immer von gewissen Themen, oft sehr komplex, manchmal auch sehr abstrakt und in einigen Fällen sogar beides gleichzeitig. Getragen werden diese Themen aber immer von Personen, die mit dem jeweiligen Thema konfrontiert werden. Wir leben in den Geschichten von anderen Menschen und lassen uns davon inspirieren, wie diese Personen die Herausforderungen und Konflikte in ihrem Leben meistern. In Deiner Geschichte können somit sehr wohl komplexe oder abstrakte Themen behandelt werden, diese sollten aber immer von Personen & Charakteren „getragen" werden, damit das Publikum mitfühlen kann.

3. Konflikt bzw. Herausforderung

Der Konflikt ist das zentrale Element einer Geschichte. Er erzeugt Spannung und treibt die Handlung voran. Es kann sich um interne Konflikte innerhalb der Charaktere oder externe Hindernisse handeln, die überwunden werden müssen. Da wir alle täglich mit Herausforderungen des Lebens - sowohl privat als auch beruflich - konfrontiert sind, bringen uns Herausforderungen, die wir bei anderen sehen automatisch zum Mitdenken. Die Aufmerksamkeit des Publikums ist Dir also garantiert, weil alle wissen wollen, wie der Charakter der Geschichte, diese Hürde überwindet. Alle sehnen sich somit nach der Lösung des Konfliktes, der für jeden Einzelnen das WIIFM (What's in it for me) darstellt.

4. Lösung

Jede Geschichte braucht ein Ende. Aber wie soll dieses ausfallen? Am besten mit der Lösung des Konfliktes bzw. Auflösung der Herausforderung. Es ist die Quelle der Inspiration für das Publikum, dass sich danach sehnt, aus der Geschichte eigene Lehren mitzunehmen, die es wiederum im eigenen Leben umsetzen kann.

Klingt doch ganz einfach, oder? Fast schon zu einfach, könnte man meinen. Aber in Wahrheit sind es genau diese 4 Elemente, aus denen jede Geschichte, egal wie lang, egal wie komplex, besteht. Und genau diese einfache Struktur jeder Geschichte kannst Du Dir auch für Deine eigenen Geschichten zu Nutze machen. Und möglicherweise hast Du genau das auch schon vielfach beim Erzählen von Geschichten unbewusst getan. Falls nicht, dann ist jetzt der Zeitpunkt, um damit zu starten!

3 Arten von Geschichten

Es existieren diverse Methoden, um Geschichten in verschiedene Kategorien zu unterteilen. In der HAUS DES REDENS METHODE verwende ich die für mich einfachste Einteilung. Und zwar die anhand der Frage, über wen die Geschichte erzählt wird.

Wenn wir also die **Person bzw. den Charakter** (das 2. der 4 Elemente des guten Storytellings) **in den Mittelpunkt stellen**, dann ergeben sich 3 Arten von Geschichten, die Du in Deine Reden und Präsentationen einfließen lassen kannst.

1. Geschichten über persönliche Erfahrungen - Personal Story

Geschichten über persönliche Erfahrungen sind diejenigen, die am einfachsten zu finden sind. Denn Du musst nur in Deinem eigenen Leben & Erfahrungsschatz kramen, um diese zu finden. Andererseits wirken persönliche Geschichten am stärksten auf das Publikum. **Der Grund liegt darin, dass sich Menschen nach echten Erfahrungen von echten Menschen sehnen. Und nichts ist echter als der Mensch, der gerade von ihnen steht, nämlich DU!** Das macht Dich authentisch & sympathisch, was wiederum dazu führt, dass Du eine starke emotionale Verbindung zum Publikum aufbauen kannst. Die Aufmerksamkeit ist Dir auf jeden Fall gewiss!

„Was soll ich denn nur erzählen? Ich habe doch nichts Interessantes zu erzählen!"

Auch wenn ich gerade gesagt habe, dass persönliche Geschichten am einfachsten zu finden sind, so weiß ich andererseits aus meiner eigenen Erfahrung, dass die meisten Menschen glauben, sie hätten nichts zu erzählen. Zu mindestens nichts Interessantes.

Aber das stimmt nicht! Denn JEDER und ich meine absolut JEDER MENSCH hat in seinem Leben Dinge erlebt, die für andere Personen interessant und hilfreich sein können. Du musst „nur" Deine eigenen guten Geschichten erkennen. Es geht dabei nicht darum, eine außergewöhnliche oder gar einzigartige Leistung vollbracht zu haben. Oft sind es gerade die kleinen Dinge im Leben, die eine große Wirkung für Dich - und somit auch für andere Menschen - haben können.

Damit Du Deine Geschichten für Dich erkennen kannst, hier einige Hinweise, wonach Du in Deinen Erlebnissen suchen könntest.

- **Überwindung von Hindernissen:** Hast Du in Deinem Leben persönliche Herausforderungen oder Schwierigkeiten erfolgreich gemeistert? Dann erzähle Deine Geschichte. Das können berufliche, private oder auch gesundheitliche Probleme gewesen sein. Wenn Du für Dich einen Weg zur Überwindung des Hindernisses gefunden hast, dann kann das auch für andere hilfreich sein. Es soll vor allem dazu dienen, anderen Mut zu machen, auch in schwierigen Zeiten nicht aufzugeben.

- **Fehler und Niederlagen:** Fehler sind menschlich und wir alle machen immer wieder in unserem Leben Fehler. Aber Fehler sind der Quell aller Entwicklung. Denn nur aus unseren Fehlern können wir wirklich lernen. Und oft ist es auch so, dass wir manche Fehler selbst machen müssen, um daraus zu lernen. Wenn Du von Fehlern und Niederlagen aus Deinem Leben berichtest, öffnest Du Dich dem Publikum und machst Dich „angreifbar" und authentisch. Die Inspiration für das Publikum liegt wiederum darin, zu erfahren, was Du aus den Fehlern gelernt und wie Du Niederlagen überwunden hast.

- **Erfolgreiche Veränderung oder Transformation:** Hast Du eine Geschichte darüber, wie Du Dich selbst verändert hast, sei es beruflich, persönlich oder gesundheitlich, und dadurch zu einem besseren und erfolgreicheren Individuum geworden ist? Dies kann dazu dienen, anderen zu zeigen, dass positive Veränderungen möglich sind.

- **Lebensphilosophie oder Lebensweisheiten:** Eine Geschichte, die eine wichtige Lektion oder Erkenntnis aus Deinem Leben hervorhebt. Diese Weisheiten können auch aus Deinem näheren Umfeld wie z.B. Deiner Großmutter oder Deinem Großvater stammen. Der amerikanische Anwalt Bryan Stevenson gilt als der Mann, der die längsten Standing Ovations aller Zeit bei einem TED Talk erhielt. Er sagte einmal, er erzählt gerne Geschichten von seiner Großmutter und anderen Menschen aus seinem Umfeld, weil „jeder eine Großmutter" hat. Was er damit meint, ist, dass bei Geschichten über die Oma, jeder an die eigene Oma denkt und somit automatisch eine emotionale Verbindung entsteht. Der Gedanke an die eigene Großmutter führt zu Bildern im Kopf und diese sind für die Aufmerksamkeit und Merkbarkeit besonders wertvoll.

- **Besondere Begegnung:** Du hast einmal einen besonderen Menschen kennengelernt, der einen speziellen Eindruck bei Dir hinterlassen hat? Dann berichte darüber, wie es zum Aufeinandertreffen kam und was Du aus der Begegnung mitgenommen hast. Dein Erlebnis kann inhaltlich inspirieren, aber auch das Publikum dazu animieren, selbst mehr aus sich herauszugehen und Kontakte mit fremden Menschen zu suchen.

- **Erfolgsstory in einem spezifischen Bereich:** Deine Geschichte über Erfolge in einem bestimmten Bereich, sei es beruflich, sportlich oder in einem anderen Bereich kann dazu dienen, andere zu motivieren und zu zeigen, dass hartes Arbeiten und Engagement zu Erfolg führen können. Diese Art ähnelt dem ersten Beispiel, legt aber weniger Wert auf die Überwindung von Hindernissen, sondern mehr auf das Engagement und die harte Arbeit hinter dem Erfolg.

- **Beispiele von Mut und Entschlossenheit:** Geschichten, die Mut, Entschlossenheit und den Glauben an sich selbst hervorheben, können andere dazu inspirieren, ähnliche Eigenschaften zu entwickeln und ihre eigenen Ziele zu verfolgen.

- Usw.

Diese Liste erhebt keinen Anspruch auf Vollständigkeit. Sie soll Dir nur helfen, Deine eigenen guten Geschichten zu entdecken und den wahren Wert dahinter zu erkennen. Wie schon oben erwähnt, kann jede noch so kleine Erkenntnis für jemanden anderen hilfreich und inspirierend sein.

Worauf Du bei Deinen Geschichten aber unbedingt achten solltest, ist, dass die gewählte persönliche Geschichte authentisch ist und eine echte Verbindung zum Thema herstellt, über das Du sprichst. Und sie sollte eine klare Botschaft (Erkenntnis) haben, die das Publikum mitnehmen kann. Dann sind diese Geschichten unwiderstehlich!

2. Geschichten über andere Menschen - Case Studies & Success Storys

Meist ist es nicht möglich, immer nur Geschichten aus dem eigenen Leben zu erzählen. Vor allem, wenn man oft und über viele verschiedene Themen Reden und Präsentationen halten muss. Dann gibt es die Möglichkeit, Geschichten über andere Menschen bzw. deren Erfahrungen zu erzählen.

Am stärksten wirken dabei Geschichten von eigenen Kunden, sogenannte Case Studies oder Success Storys. Wenn Dein Publikum sieht und hört, wie andere Kunden mit Deinem Produkt oder Deiner Dienstleistung Erfolg hatten, dann wirkt das vertrauensbildend. Es steigert auch den Wunsch (Desire) danach, diesen Erfolg selbst zu erleben. Gleichzeitig senken Success Storys das gefühlte Risiko beim Publikum, mit dem Kauf einen Fehlgriff zu landen.

Das ist auch der Grund, warum im modernen Marketing-Testimonials und Empfehlungen von Kunden ein viel höheres Vertrauen bei der Zielgruppe genießen als die „normale" Werbung des Unternehmens.

In meinen eigenen Vorträgen und Workshops erzähle ich viel und gerne von meinen Kunden und deren Erfahrungen und Erfolgen. Da ich von der Einzelunternehmerin bis zum Großkonzern ein breites Spektrum an Kunden abdecke, ergibt sich daraus ein riesengroßer Geschichtenschatz.

Für dieses Kapitel passt aber am besten die Geschichte von Thomas. Und zwar deshalb, weil ich hier eine Geschichte von jemand Anderem erzähle. Bei Thomas ging es allerdings um die Herausforderung, seine eigene Lebensgeschichte gewinnbringend zu erzählen. Somit ergibt sich aus diesem Beispiel also ein Mix aus persönlicher Geschichte und Case Study.

Thomas ist ein Profi-Sportler in einer - bezogen auf Fernsehübertragungen - Randsportart in Österreich. Aber in dieser Sportart ist er einer der Besten weltweit. Auf der Suche nach Sponsoren, die sich grundsätzlich sehr schwierig für ihn gestaltete, bekam er eines Tages folgende Aussage zu hören. „Ob Du unser Logo auf Deinem Shirt trägst oder nicht, das macht für uns werbetechnisch nicht viel Unterschied. Denn im Fernsehen bist Du kaum bis gar nicht zu sehen. Du müsstest uns schon andere Mehrwerte bieten, damit wir über ein Sponsoring nachdenken könnten." Auf die Frage, was denn ein solcher Mehrwert sein könnte, sagte sein Gegenüber: „Na ja, Du bist Profi-Sportler. Da geht es viel um Motivation, um Durchhaltevermögen, um Umgang mit Rückschlägen und harter Arbeit zum Erreichen eines Ziels. Solche Dinge sind auch für unsere Kunden interessant. Wie wäre es, wenn Du bei 4-5 Veranstaltungen im Jahr einen Vortrag dazu halten würdest?" Thomas war komplett überrascht. Denn erstens hatte er daran nicht gedacht und zweitens hatte er noch nie einen Vortrag über sein Sportler-Dasein gehalten. Da er den

Sponsor aber sehr dringend brauchte, um im Kampf um eine Olympia-Teilnahme mitmischen zu können, sagt er zu. Über einen Freund kam er schließlich zu mir. Er wusste nicht, was er bei einem derartigen Vortrag erzählen sollte, was aus seinem Leben für andere Menschen interessant sein sollte, und vor allem auch nicht, wie er einen Vortrag planen sollte. Und er war im Reden vor Menschen völlig unerfahren und schon allein der Gedanke, vor einem großen Publikum sprechen zu müssen, versetzte ihn in Angst. Man könnte also sagen, er brauchte ALLES, was wir bisher hier in diesem Buch behandelt haben. Ein Buch zu lesen und daraus seine Lehren zu ziehen, kam aber für ihn nicht in Frage. Denn erstens war er es als Sportler gewohnt, mit Trainern zu arbeiten, die direkt an seinen Fähigkeiten feilten. Und zweitens drängte die Zeit, denn der erste Vortrag war weniger als 2 Wochen nach unserem ersten Treffen angesetzt. Wir mussten also schnell handeln.

Mit Hilfe meiner HAUS DES REDENS METHODE arbeiteten wir an allen seinen Bedürfnissen. Zuerst beschäftigten wir uns mit seiner bisherigen Geschichte und Karriere. Wie bereits erwähnt, sah Thomas anfangs absolut nichts Besonderes oder gar Inspirierendes in seinem Leben. Ich bat ihn daher, mir einfach „seine Geschichte" - also die Abfolge der einzelnen Schritte seines bisherigen Sportlerlebens - zu erzählen. Es stellte sich heraus, dass dieses übersät war von Rückschlägen durch Krankheiten und Verletzungen. Aber, und das war in diesem Zusammenhang besonders interessant, er fand immer einen Weg aus den diversen Krisen und kam meistens sogar stärker wieder zurück. Eine größere Quelle der Inspiration kann man sich für eine Geschichte nicht wünschen. Ich zeigte ihm, dass es genau DAS ist, was inspirierende Geschichten ausmacht. Denn Menschen himmeln zwar unnahbare Superstars an, aber emotional fühlen sie sich meist mehr mit den Stars verbunden, die menschliche Züge zeigen. Weil es menschlich ist, Krisen zu durchleben und aus diesen wieder herauszukommen. Ich wusste von Beginn an, dass seine Geschichte die volle Aufmerksamkeit des Publikums bekommen würde. Die große ganze Story sowie die kleinen Untergeschichten waren einfach perfekt, um diese vor Publikum im Wirtschaftsbereich vorzutragen. Aus eigener Erfahrung wusste ich, dass sich diese

Zielgruppe sehr nach inspirierenden Geschichten sowie Tipps &
Tricks zur Optimierung der Motivation sehnte. Wir arbeiteten also
die wichtigsten Erfolge, Tiefschläge und Meilensteine aus seinem
Leben heraus. Danach suchten wir nach den Lehren, die er aus den
jeweiligen Situationen gezogen hatte bzw. wie er sich immer wieder
motiviert hatte, weiterzuarbeiten. Dann planten wir diese so in den
Vortrag ein, dass das Publikum die vielen Erfahrungen & Gedanken
einfach und leicht verdaulich mitnehmen konnte. Nachdem wir die
Inhalte des Vortrags fertig geplant hatten, war Thomas begeistert,
was wir gemeinsam geschaffen hatten. Er war aber weiterhin nicht
wirklich überzeugt davon, dass seine Geschichte interessant für andere Menschen sein würde.

In weiteren Terminen arbeiteten wir gemeinsam an seinem
„Rede-Fundament", sodass er - gemessen an der kurzen Vorberei-
tungszeit - sehr gut vorbereitet in seinen ersten Vortrag gehen
konnte. Und dann passierte das, womit er niemals gerechnet hatte.
Bei seinem allerersten Vortrag vor ca. 100 Personen bekam er
Standing Ovations. Als Sportler war er Publikum und auch Applaus
gewohnt. Auf diesem - für ihn völlig neuen - Terrain war er davon
völlig überrascht. Aber umso begeisterter, dass er das geschafft
hatte. Nach diesem ersten Termin verfeinerten wir die Geschichte
und seine Redefähigkeiten noch weiter und ab dem 3. Termin
brauchte er meine Hilfe nicht mehr. Er hatte nicht nur seine Termine
grandios gemeistert, sondern auch ein **neues Produkt für seine Ver-
marktung erschaffen**, das ihm auch bei weiteren Sponsoren ein
überzeugendes und schwergewichtiges Argument für eine Investition in seine Person lieferte. Und das, obwohl er am Anfang glaubte,
NICHTS zu sagen zu haben!

"Eine gute Geschichte kann alles ändern." (Richard Russo) Kein
Zitat passt wohl besser zur Geschichte von Thomas als dieses. Am
Beginn der Einleitung habe ich Dir im Kapitel „Schweigen ist Silber,
Reden (zu können) ist Gold" gezeigt, wie und warum es auch finanzielle Vorteile bringen kann, überzeugend reden zu können. Thomas
hat genau das erreicht. Er hat es geschafft, mit seiner Geschichte und
seinen Rede-Fähigkeiten Geld zu verdienen und sein Leben zu

verändern. Und das wird ihm auch nach seiner aktiven Karriere eine Möglichkeit bieten, mit Vorträgen über sein Sportlerleben ein Einkommen zu erzielen.

Nicht schlecht für jemanden, der dachte, nichts zu erzählen zu haben, findest Du nicht auch?

3. Geschichten einer Marke - Origin Story

Die Origin Story einer Marke erzählt die Entstehungsgeschichte und die Werte hinter einem Unternehmen oder einer Organisation. Sie bietet einen Einblick in die Motivationen und Ziele, die zur Gründung geführt haben. Eine Origin Story schafft Vertrauen und Glaubwürdigkeit, da sie Transparenz und Authentizität demonstriert. Sie hilft dabei, eine emotionale Bindung zwischen der Marke und ihren Kunden herzustellen. Auch wenn wir hier von Marken und Unternehmen sprechen, so wird die Entstehungsgeschichte in den meisten Fällen von den Personen getragen, die das Unternehmen gegründet haben. Sie sind es, die für die Inspiration sorgen und deren Geschichten und Erkenntnisse dem Publikum einen Mehrwert bieten. Im Grund genommen sind sie also auch „Geschichten über andere Menschen".

Hier ein paar Beispiele von bekannten internationalen Marken. Die Beispiele zeigen nur ganz kurze Zusammenfassungen aus den jeweiligen Storys, um das Thema hier nicht zu überspannen. Je nach Verwendung können die eingesetzten Origin Storys noch um relevante Informationen ergänzt und erweitert werden.

- **Daimler:** Gottlieb Daimler und Carl Benz gelten als Pioniere der Automobilindustrie. Daimler baute 1886 das erste Motorrad mit Verbrennungsmotor, während Benz 1886 das erste Auto mit Verbrennungsmotor konstruierte. Beide entwickelten unabhängig voneinander wegweisende Technologien. Die beiden Unternehmen fusionierten später zur Daimler-Benz AG, dem Vorgänger der heutigen Daimler AG. Daimler ist bekannt für seine luxuriösen Automobile und Nutzfahrzeuge.

- **Porsche:** Ferdinand Porsche gründete 1931 sein eigenes Ingenieurbüro in Stuttgart. In den Anfangsjahren entwickelte das Unternehmen Automobile für andere Hersteller, bevor es 1948 den ersten eigenen Sportwagen, den Porsche 356, auf den Markt brachte. Porsche ist bekannt für seine leistungsstarken und ikonischen Sportwagen.

- **Puma:** Rudolf Dassler, der Bruder von Adolf Dassler (dem Gründer von Adidas), gründete 1948 das Sportartikelunternehmen Puma in Herzogenaurach, Deutschland. Ursprünglich war Puma ein Teil des gemeinsamen Familienunternehmens, aber nach einem Streit zwischen den Brüdern trennten sie ihre Geschäfte. Puma ist heute eine weltweit bekannte Sportmarke.

- **Adidas:** Adolf Dassler gründete 1949 das Sportartikelunternehmen Adidas in Herzogenaurach, Deutschland. Der Name Adidas leitet sich von seinem Spitznamen "Adi" und dem Anfangsbuchstaben seines Nachnamens ab. Adidas ist heute eine der weltweit führenden Sportmarken.

- **Hewlett-Packard (HP):** Im Jahr 1939 gründeten William Hewlett und David Packard das Unternehmen Hewlett-Packard in einer Garage in Palo Alto, Kalifornien. Ihr erstes Produkt war ein Audio-Oszillator, den sie an Walt Disney Studios verkauften. HP etablierte sich als Innovator im Bereich der Elektronik und wurde zu einem führenden Technologieunternehmen. Die meisten Menschen kennen das Unternehmen heutzutage für deren Drucker- und PC-Sparte.

- **Apple:** Die Gründungsgeschichte von Apple begann 1976 in der Garage von Steve Jobs und Steve Wozniak. Ihr Ziel war es, personalisierte Computer für den Massenmarkt zu entwickeln. Die Marke steht für Innovation, Einfachheit und Design. Die Entwicklung zum heutigen Tech-Konzern beruht großteils auf der enormen Innovationskraft von Steve Jobs, der schon immer den Kundennutzen vor alles andere stellte.

- **Nike:** Nike wurde 1964 von Phil Knight und Bill Bowerman gegründet. Die Idee entstand aus der gemeinsamen Leidenschaft für das Laufen. Der Name "Nike" stammt von der griechischen Siegesgöttin und symbolisiert den Siegeswillen und den Erfolgswunsch.

- **Coca-Cola:** Die Ursprünge von Coca-Cola reichen bis 1886 zurück, als John S. Pemberton das Getränk in Atlanta, Georgia, entwickelte. Die Marke hat sich seitdem zu einem Symbol der Erfrischung und des Gemeinschaftsgefühls entwickelt.

- **Google:** Larry Page und Sergey Brin gründeten Google 1998 als Forschungsprojekt an der Stanford University. Die Idee war, eine Suchmaschine zu entwickeln, die die besten Ergebnisse liefert. Heute steht Google für schnelle, präzise und umfassende Informationssuche und hat sich aus diesem Grundprodukt zu einem Internet-Konzern entwickelt.

- **Amazon:** Jeff Bezos gründete Amazon 1994 als Online-Buchhandlung. Die Vision war es, das größte E-Commerce-Unternehmen der Welt zu schaffen, das Kunden ein breites Sortiment und bequeme Einkaufsmöglichkeiten bietet. Heute kann man so gut wie jedes Produkt bei Amazon online kaufen.

- **Disney:** Walt Disney gründete das Unternehmen 1923 mit seinem Bruder Roy Disney. Die erste große Erfolgsgeschichte war die Erschaffung von Micky Maus. Disney steht für Fantasie, Kreativität und zeitlose Unterhaltung.

- **Starbucks:** 1971 eröffneten Jerry Baldwin, Gordon Bowker und Zev Siegl den ersten Starbucks in Seattle. Die Idee war, frisch gerösteten Kaffee anzubieten. 1982 übernahm Howard Schultz den Bereich Einzelhandel und erkannte das enorme Potenzial, von dem die Gründer allerdings nichts wissen wollten. 1987 kaufte Schultz das Unternehmen samt Marke für 3,8 Millionen US-Dollar und begann zu expandieren. Heute zählt Starbucks weltweit mehr als 29.000 Filialen und steht für gemütliche Café-Atmosphäre und hochwertigen Kaffee.

- **Microsoft:** Bill Gates und Paul Allen gründeten Microsoft 1975 mit dem Ziel, Personal Computer zu revolutionieren. Ihr Betriebssystem Windows wurde zum Standard für PCs weltweit.

Diese Geschichten verdeutlichen die vielfältigen Ursprünge und die Entwicklungen einiger der bekanntesten Unternehmen der Welt. Alle werden von den Personen getragen, die aus verschiedensten Beweggründen zu Gründern wurden. Wenn wir noch tiefer in die einzelnen Geschichten eintauchen, dann zeigt sich, dass all diese von vielfältigen Herausforderungen geprägt sind. Die Überwindung dieser Herausforderungen wiederum enthält endlose Inspirationen für das Publikum, damit auch dieses „etwas mitnehmen kann".

Die Story Bank: Dein persönlicher Schatz an Geschichten

Geschichten sind mächtige Werkzeuge, um Dein Publikum zu fesseln, Emotionen zu wecken und Deine Botschaft überzeugend zu vermitteln. Wie interessant und wirksam sie sein können, hast Du nun schon anhand einiger Beispiele gesehen. Oft ist es aber so, dass einem die besten Geschichten genau dann nicht einfallen, wenn man sie braucht. Daher empfehle ich Dir, Dir Deine ganz persönliche **„Story Bank"** anzulegen.

Eine Story Bank ist eine Bibliothek von Geschichten, die Du im Laufe der Zeit ansammelst. Diese Geschichten können aus Deinem eigenen Leben stammen, aus dem Leben anderer oder aus Büchern, Filmen und anderen Quellen. Die Idee hinter einer Story Bank ist es, einen Vorrat an Geschichten zu haben, die Du je nach Bedarf und Thema in Deinen Präsentationen & Reden einsetzen kannst. Unterstehend habe ich für Dich ein paar wertvolle Tipps gesammelt, wie Du Deine eigene Story Bank aufbauen, verwalten und pflegen kannst.

Wie legst Du Deine eigene Story Bank an?

- **Sammeln**: Beginne damit, Geschichten zu sammeln. Das können persönliche Erlebnisse, Geschichten von Freunden oder Familie, Anekdoten aus Büchern, Filme oder inspirierende Reden sein. Notiere Dir alle Geschichten, die Dich bewegen oder eine wichtige Lektion enthalten. Die ersten Geschichten Deiner Story Bank kannst Du mit Hilfe eines einfachen Brainstormings sammeln. Wenn Du erst einmal damit begonnen hast Geschichten zu sammeln, dann wirst Du immer und überall auf neue Geschichten stoßen, die Du dann immer sofort notieren solltest. Nützliche Tools dazu habe ich Dir im nächsten Punkt zusammengestellt.

- **Kategorisieren**: Ordne Deine Geschichten nach Themen, wie zum Beispiel „Überwindung von Herausforderungen", „Lernen aus Fehlern", „Teamarbeit" oder „Kundenerfolge". Das hilft Dir, die richtige Geschichte schnell zu finden, wenn Du sie brauchst.

- **Dokumentieren**: Verwende ein Notizbuch, eine digitale Notiz-App oder ein spezielles Tool, um Deine Geschichten zu dokumentieren. Wichtig ist, dass Du sie so festhältst, dass Du sie leicht wiederfinden und verwenden kannst.

- **Verfeinern**: Überarbeite Deine Geschichten, um sie prägnant und wirkungsvoll zu machen. Achte darauf, dass jede Geschichte eine klare Botschaft hat und gut strukturiert ist.

Tools zur Verwaltung Deiner Story Bank

- **Evernote oder OneNote**: Diese Notiz-Apps sind ideal, um Geschichten zu sammeln, zu kategorisieren, zu beschlagworten und zu durchsuchen. Sie bieten die Möglichkeit, Texte, Bilder und sogar Audionotizen zu speichern - und das auf allen Plattformen von Desktop bis mobil. Außerdem kannst Du Deine Notizen leicht mit anderen Personen teilen. OneNote ist in den meisten Microsoft 365 Lizenzen kostenlos enthalten. Evernote (https://evernote.com/) kannst Du ebenfalls kostenlos herunterladen und nutzen.

- **Trello**: Mit Trello (https://trello.com/) kannst Du Deine Geschichten in Boards und Karten organisieren. Du kannst Kategorien erstellen und jede Geschichte als eigene Karte anlegen. Trello ist eigentlich eine Art Projektmanagement-Tool und eignet sich daher besonders, wenn Du viel mit anderen Personen im Team zusammenarbeitest.

- **Google Docs oder Microsoft Word**: Eine einfache Möglichkeit, Geschichten zu dokumentieren und zu bearbeiten sind die Standard-Textverarbeitungstools von Google und Microsoft. Du kannst auch hier Deine Dokumente nach Kategorien bzw. Kapiteln ordnen und durchsuchen. Professioneller für diesen Zweck sind aber die oben erwähnten Notiz-Apps.

- **Handschriftliches Notizbuch**: Wenn Du nicht gerne mit Apps und digitalen Tools arbeitest, dann kannst Du für Deine Story Bank natürlich auch einen herkömmlichen Notizblock oder ein Notizbuch verwenden. Dies hat allerdings den Nachteil, dass Deine Geschichten nicht durchsuchbar und auch schwerer zu ordnen sind. Außerdem besteht die Gefahr, dass Du Dein Notizbuch genau dann nicht dabeihast, wenn Dir großartige Anekdoten passieren. Dein Mobiltelefon hast Du dagegen immer dabei. Daher empfehle ich eher die digitalen Tools, um keine gute Geschichte zu vergessen.

Tipps zur Pflege Deiner Story Bank

- **Regelmäßiges Aktualisieren**: Füge regelmäßig neue Geschichten hinzu und überprüfe bestehende Geschichten, um sie aktuell zu halten.

- **Feedback einholen**: Teile Deine Geschichten mit Freunden oder Kollegen und hole Dir Feedback, um sie zu verbessern.

- **Praxis**: Nutze jede Gelegenheit, um Deine Geschichten in Präsentationen und Gesprächen einzubauen. So kannst Du sie testen und weiter verfeinern.

Mit einer gut gepflegten Story Bank bist du immer bereit, Deine Präsentationen mit passenden und fesselnden Geschichten zu bereichern. So fällt es Dir in Zukunft leichter, die Kraft der Geschichten zu nutzen, um Deine Botschaften lebendig und einprägsam zu machen!

MYTHOS: „Storytelling ist nur was ‚kreative Branchen'"

„Everyone's story matters."
Dave Issay

Ich denke, wir sind uns nun einig, dass Storys eine enorme Wirkung entfalten und im wahrsten Sinne des Wortes alles ändern können. Da ich in meiner beruflichen Praxis immer wieder damit konfrontiert bin, möchte ich am Ende dieses Storytelling Kapitels noch mit einem Mythos aufräumen, der sich in „ernsthaften Branchen" wie dem Gesundheitswesen, dem Rechtswesen (Anwälte, Notare usw.) bei Banken, Versicherungen u.ä. hartnäckig zu halten scheint.

MYTHOS: „Storytelling ist nur etwas für ‚kreative Branchen'. Wir sind eine ‚ernsthafte Branche mit trockenen Themen', bei uns funktioniert das nicht."

Dieser weitverbreitete Mythos besagt, dass Storytelling hauptsächlich in kreativen Branchen wie Kunst, Film, Kommunikation, Marketing sowie im B2C-Markt (Privatkunden-Markt) Anwendung findet und für ernste Themen bzw. im B2B-Bereich weniger geeignet ist. Dieser Mythos gründet sich auf einem Missverständnis bzw. dem Unwissen über die Vielseitigkeit und die tiefgreifende Wirkung von Geschichten.

Warum Storytelling auch für „ernste" Themen relevant ist

- **Emotionale Verbindung:** Auch bei ernsten und trockenen Themen ist eine emotionale Verbindung zum Publikum wichtig. Oder sogar noch wichtiger als bei mitreißenden Themen. Du kannst jedem Thema eine emotionale Note geben, indem Du einfach eine Person einbaust, die mit dem Thema konfrontiert ist. Wenn sich das Publikum in eine Person „hineindenken" kann, dann wird es möglich, auch die komplexesten Zusammenhänge durch das „Miterleben" verständlich zu machen.

- **Merkbarkeit:** Geschichten bleiben im Gedächtnis. Sie verankern Botschaften tiefer und nachhaltiger als bloße Fakten und Daten. Gerade bei ernsten Themen ist es essenziell, dass die Botschaft dauerhaft im Bewusstsein bleibt. Durch die emotionale Verbindung gelingt dies auch bei trockenen Themen.

- **Inspiration und Handlungsimpuls:** Geschichten haben die Kraft, Menschen zu inspirieren und zu Handlungen zu motivieren. Selbst bei ernsten Themen können Geschichten den Funken der Veränderung zünden. Und speziell da kann es besonders wichtig sein.

Zum besseren Verständnis dienen die folgenden konkreten Beispiele, die den Mythos widerlegen.

Wissenschaft & Gesundheit: Die Geschichte von Dr. John Snow und der Cholera-Epidemie

Während der Cholera-Epidemie, die London im Jahr 1854 heimsuchte, stand die Stadt vor einer beispiellosen Gesundheitskrise. Tausende Menschen waren von der gefährlichen Krankheit betroffen, und die Ursache war ein Rätsel. Inmitten dieser verzweifelten Situation trat Dr. John Snow auf den Plan. Er war überzeugt, dass die Verbreitung der Cholera eng mit der Wasserversorgung der Stadt verknüpft war. Um seine Theorie zu beweisen, begann er, akribisch Daten zu sammeln. Dr. Snow kartografierte die Fälle von Cholera und markierte die Standorte der Infizierten auf einer detaillierten Stadtkarte. Dabei fiel ihm auf, dass die meisten Erkrankungen in der Nähe einer bestimmten Wasserpumpe auftraten. Dieser entscheidende Durchbruch führte ihn zu der Erkenntnis, dass das verseuchte Wasser von dieser Pumpe die Quelle der Epidemie war. Entgegen der damaligen Vorstellung, dass die Cholera durch schlechte Luft übertragen wurde, stellte Dr. Snow klar, dass es sich um eine Wasserübertragung handelte. Er überzeugte die Behörden, die Pumpe außer Betrieb zu setzen, und beendete damit die Epidemie. Dr. Snows Meisterleistung der Datenauswertung und seine Fähigkeit, die richtige Geschichte aus den Zahlen zu lesen, markieren einen entscheidenden Wendepunkt in der Geschichte der Epidemiologie und legten den Grundstein für moderne Public-Health-Maßnahmen. Diese Geschichte zeigt eindrucksvoll, wie die systematische Sammlung und Analyse von Daten entscheidend sein kann, um komplexe Probleme zu lösen und Leben zu retten. Sie ist ein lebendiges Beispiel dafür, wie Datenauswertung eine entscheidende Rolle in der Bewältigung von Gesundheitskrisen spielen kann. Bei diesem Beispiel handelt es sich um eine gesundheitspolitische Maßnahme, die man auch ganz trocken und wissenschaftlich hätte darstellen können. Durch die Person Dr. Snow wird das Thema aber lebendig, leichter verständlich und besser nachvollziehbar, ohne an Ernsthaftigkeit zu verlieren.

Und wenn das noch nicht ausreicht, um den Mythos zu brechen, hier noch ein paar weitere Beispiele und Ideen für die Geschichten aus „ernsthaften Branchen".

Rechtsanwälte: Strafrechtsverteidigung und faire Gerichtsverfahren

Ein Anwalt erzählt von einem Fall, in dem ein unschuldig Angeklagter fälschlicherweise beschuldigt wurde. Durch akribische Recherche und hartnäckige Ermittlungen konnte die Unschuld des Angeklagten bewiesen werden. Diese Geschichte unterstreicht die Bedeutung eines fairen Rechtssystems und den Einsatz für Gerechtigkeit. Durch den Anwalt, der den gesamten Fall durchlebt, wird das Thema lebendig und zur spannenden Geschichte.

Banken und Versicherungen: Finanzielle Sicherheit und Risikomanagement

Eine Bank erzählt die Geschichte einer Familie, die durch eine unerwartete Krankheit in finanzielle Not gerät. Dank einer gut geplanten Kranken-Zusatzversicherung konnte die Familie die medizinischen Kosten stemmen und ihre Existenz sichern. Diese Geschichte verdeutlicht den Wert einer soliden finanziellen Planung und Absicherung. Das Leid der konkreten Familie führt dazu, dass sich das Publikum in die Situation hinein versetzen kann, weil dieser Fall jedem von uns passieren könnte. Ein einfacher Hinweis, dass es gut wäre, sich gegen mögliche Krankheitsfälle zu versichern, würde dieselbe Botschaft vermitteln. Allerdings mit viel weniger Emotion und somit viel weniger Impact.

Gesundheit: Aufklärung und Prävention von Krankheiten

Eine Gesundheitsorganisation erzählt die Geschichte von Maria, die durch Aufklärung und regelmäßige Vorsorgeuntersuchungen frühzeitig Brustkrebs erkennen konnte. Dank rechtzeitiger Behandlung konnte ihr Leben gerettet werden. Diese Geschichte verdeutlicht, wie Aufklärung und rechtzeitig Vorsorge Leben retten kann.

Entwicklungshilfe: Zugang zu sauberem Trinkwasser in Entwicklungsländern

Eine NGO erzählt die Geschichte von Fatima, einem Mädchen in einem afrikanischen Dorf. Durch den Bau eines Brunnens wurde nicht nur ihr Leben, sondern das gesamte Dorf nachhaltig verändert. Fatima ist nun nicht mehr gezwungen, stundenlang nach Wasser zu suchen, sondern kann zur Schule gehen und ihre Zukunft gestalten.

All diese Beispiele zeigen, dass Storytelling auch bei ernsten Themen äußerst effektiv sein kann. Durch eine gut gewählte Geschichte, die von einer „echten Person" handelt, wird das Thema greifbar. Die Botschaft bleibt im Gedächtnis und es entsteht auch in diesen Beispielen eine tiefe Verbindung zum Publikum.

Aufbau & Struktur

Es klingt einerseits logisch und andererseits fast schon zu einfach, wenn man eine Rede, Präsentation oder Geschichte in die 3 Teile Anfang, Mittelteil (Hauptteil) und Schluss einteilt. Aber wenn sich diese Erkenntnis seit mehr als 2000 Jahren gehalten hat, dann kann sie nicht so falsch sein.

Es war nämlich der griechische Philosoph & Dichter Aristoteles, der die Struktur einer Geschichte mit einem klaren Anfang, einem Mittelteil und einem Ende definierte. Er argumentierte, dass eine Geschichte einen Anfang benötigt, um die Charaktere, den Ort und die Ausgangssituation einzuführen. Der Mittelteil beinhaltet die Entwicklung der Handlung und den Konflikt, der die Charaktere vor Herausforderungen stellt. Schließlich führt der Schluss zur Lösung des Konflikts und zur Auflösung der Handlung.

Der Spannungsbogen zieht sich dabei über die gesamte Geschichte bzw. Rede. Die Übergänge zwischen den einzelnen Teilen sind meist fließend und müssen auch nicht definiert werden. Außerdem gibt es keine fixe Regel, wie lange die einzelnen Teile sein sollen. Du bist hier völlig frei in Deiner Gestaltung. Damit Du diese Freiheit nicht missbrauchst, um wieder zu lange oder zu ausführlich zu werden, behalte Dir einfach das einleitende Zitat und den Vorsatz „Weniger ist mehr" im Hinterkopf. Diese dienen Dir als gute Wegbegleiter.

Starker Start

Dass die Aufmerksamkeit des Publikums wichtig ist, hast Du in der HAUS DES REDENS METHODE nun schon ein paar Mal gehört. Niemals während eines Vortrags ist die Aufmerksamkeit des Publikums höher als zu Beginn. Daher ist es extrem wichtig, einen starken & interessanten Start hinzulegen und Spannung aufzubauen.

Die typische Vorstellung der Person(en) oder des Unternehmens mit endlosen Aufzählungen von Umsatz, Mitarbeiteranzahl und Niederlassungen ist alles, nur kein interessanter Start. Sie ist der sichere Weg in das rhetorische Verderben. Geschwafel wie dieses - ganz zu Beginn der Präsentation - ist aus meiner Erfahrung für ca. 90 % aller gescheiterten Präsentationen verantwortlich. Wenn dieses dann noch durch überfüllte Textfolien mit unendlichen Ansammlungen von Aufzählungszeichen (in Englisch „Bullet Points") garniert werden, dann ist die Katastrophe perfekt. Und trotzdem ist es **genau DAS, was die Allermeisten aller Vortragenden weltweit machen.** Sie verschenken die Aufmerksamkeit des Publikums am Anfang mit Belanglosigkeiten und „töten" den Rest davon mit langweiligen Bullet Points. Und danach wundern sie sich, warum das Publikum nicht auf ihr „großartiges Angebot" reagiert. Ein reales Beispiel davon haben wir von der ABC Solutions GmbH gesehen.

Aber was sind nun Wege, um einen guten und starken Start hinzulegen, der die Aufmerksamkeit des Publikums verdient?

Da es sich bei einer Rede - genau wie bei einer Geschichte - um ein geschlossenes Ganzes handelt, hilft die Idee „Start with the end in mind" (starte mit dem Ende im Hinterkopf). Wir starten also mit der Ausgangssituation des Themas, die optimalerweise auch schon die Herausforderung bzw. die Problemstellung (die wir am Ende lösen wollen) enthält. Das führt dazu, dass Dein Publikum von Anfang an dabei ist und Du die Zeit - wo die Aufmerksamkeit am höchsten ist - nützt, um alle mitzunehmen.

Im einleitenden Zitat schlägt Samuel Goldwyn vor, „mit einem Erdbeben zu beginnen". Und genau das wollen wir tun! Wie, das zeige ich Dir in den folgenden Beispielen, die Du sofort in Deiner nächsten Präsentation oder Rede umsetzen kannst. Du wirst überrascht sein, wie effektiv diese Werkzeuge sind.

- **Zitat**: Zitate von berühmten Persönlichkeiten wirken immer. Nicht umsonst posten Millionen von Menschen täglich Weisheiten der Menschheitsgeschichte in ihren Social Media Profilen. Und, wie Dir sicher schon aufgefallen ist, habe auch ich in fast jedem Unterthema dieses Buches ein Zitat als Einstieg verwendet. Die Kraft liegt darin, dass in einem kurzen Zitat sehr viel ausgesagt werden kann, ohne viel erklären zu müssen. Wichtig ist bei der Verwendung von Zitaten aber, dass sie zum Thema passen und dass Du die Person richtig zitierst. Vielfach passiert es, dass Zitate falschen Personen zugeschrieben oder durch oftmalige Verwendung im Internet abgewandelt werden. Daher recherchiere und prüfe Deine Zitate, bevor Du sie als Start festlegst. Falls Du die Person nicht kennst, dann recherchiere auch dazu, damit Du nur „seriöse" Zitate verwendest.

- **Frage**: Die meisten Menschen glauben, dass sie bei Vorträgen ununterbrochen berieselt werden, ohne selbst etwas beitragen zu müssen. Wenn Du den Vortrag mit einer Frage beginnst, überraschst Du und zwingst das Publikum, sich zu beteiligen bzw. mitzudenken. Und schon hast Du die Aufmerksamkeit. Fragen können über alle Themen gestellt werden und es gibt unzählige Varianten, in denen Du Fragen stellen kannst. Du kannst z.B. ein Datum nennen und die Frage anhängen „Wissen Sie, was an diesem Tag passiert ist?" Ich verwende etwa in einem meiner Vorträge die Frage. „Wissen Sie, was am 28. August 1963 passiert ist?" Viele raten dann alle möglichen Dinge. Meistens kommt als Antwort „da wurde Präsident Kennedy erschossen". Das war zwar auch 1963, aber erst im November. Und so hat man schon am Beginn ein Publikum, das mitdenkt und sogar mitdiskutiert. Wir haben also nicht nur einen guten Start, sondern auch gleich eine lockere Stimmung, was nebenbei auch Deine Nervosität mindern kann. In diesem Fall ist die Antwort Martin

Luther King und seine „I have a dream" Rede, die eine der bekanntesten Reden der Menschheitsgeschichte darstellt. Was ich hier mit einem Datum gezeigt habe, kannst Du aber auch mit Zahlen aller Art machen. „Wussten Sie, dass..." wäre eine mögliche Frage, um diese mit einer Zahl zu verknüpfen. Dann gibt es thematische Fragen oder aber auch Fragen, die direkt an die einzelne Person gerichtet sind. Wie z.B. „Erinnern Sie sich noch, als Sie zum letzten Mal..." Je nach Thema gibt es also unzählige Möglichkeiten mit einer Frage aufmerksamkeitswirksam zu starten.

- **Feststellung**: Ähnlich wie eine Frage kann auch eine Feststellung wirken. Vor allem im Zusammenhang mit Zahlen. „Jeden Tag [schockierende Tatsache einfügen]..." - „Wussten Sie, dass..." sind nur 2 Beispiele für solche Feststellungen. Oder Du schreibst einfach nur eine Zahl auf ein Flipchart bzw. fügst sie groß auf der ersten Folie Deiner Präsentation ein. Dies ist sogar zweifach aufmerksamkeitswirksam. Erstens wird sich das Publikum fragen, was es mit der Zahl auf sich hat = Aufmerksamkeit durch Mitdenken. Es wird also gespannt auf die Auflösung warten. Und zweitens... in den meisten Fällen wirst Du das Publikum mit Deiner Antwort überraschen und schon hast Du durch die darin liegende Erkenntnis und die dazugehörigen Emotionen die Aufmerksamkeit geweckt. Auch Feststellungen können praktisch bei jedem Thema eingesetzt werden und bieten somit nahezu unendliche Möglichkeiten.

- **Bild**: Du kennst sicher den Spruch „Ein Bild sagt mehr als tausend Worte". Dieser Spruch gilt in Präsentationen mehr denn je. Nicht nur am Beginn, sondern auch bei der Visualisierung aller Inhalte. Ein starkes Bild am Beginn der Präsentation kann dazu führen, dass das Publikum gleich am Start beginnt, mitzudenken. Beim reinen Anblick entsteht die Frage in den Köpfen: „Was will er/sie uns jetzt damit sagen?" Und schon hat man die Aufmerksamkeit der Menschen. Du beginnst dann Deine Worte mit der Beantwortung dieser Frage und schon bist Du mitten im Thema. Bilder wirken deshalb so stark, weil sie Emotionen auslösen können, die viel tiefer gehen, als es Worte jemals schaffen würden. Wenn Du beispielsweise über Umweltschutz und die Verschmutzung der Weltmeere referierst, dann sagt ein Bild mit einem toten Fisch tausendmal mehr aus als die kühle Feststellung, dass Meeresverschmutzung zu Fischsterben führen kann. Ein weiterer Vorteil ist, dass Bilder bei fast allen Themen funktionieren. So habe ich beispielsweise einen Vortrag mit dem Titel „Langweilst Du noch oder begeisterst Du schon" mit dem Bild einer Vogelspinne begonnen. Wenn Du Dich jetzt fragst, was eine Vogelspinne mit dem Thema Langeweile bei Präsentationen zu tun hat, dann habe ich Deine Aufmerksamkeit schon gewonnen. Und genau das war das Ziel. Die Auflösung der Frage erfolgt im Anschluss. In diesem Fall liegt die Antwort darin, dass ich die Präsentation verbal mit der Frage beginne, was denn die größten Ängste der Menschen sind. Die Angst vor Spinnen liegt auf Platz 3. Welche anderen Ängste werden dann wohl auf Platz 1 und 2 liegen. Und Bingo... auf Platz 1 liegt die „Angst vor Menschen zu sprechen". Und schon sind wir mitten im Thema.

- **Geschichte**: Geschichten sind Bilder im Kopf. Sie malen lebendige Szenarien, die die Aufmerksamkeit fesseln. Sie verankern sich tief im Gedächtnis, weit mehr als bloße Fakten und Zahlen es je könnten. Eine Rede mit einer Geschichte zu beginnen ist wie das Zünden eines Funkens. Er weckt Neugier, schafft eine emotionale Verbindung und verleiht der Botschaft eine lebendige Dimension. Eine Geschichte setzt den Kontext für die kommenden Informationen und ermöglicht es Dir, selbst komplexe Botschaften auf subtile Weise zu vermitteln. Persönliche Geschichten zeigen außerdem Authentizität und schaffen Vertrauen. Grundsätzlich funktionieren Geschichten & Anekdoten ähnlich wie das Zeigen von Bildern. Sie können aber oft noch intensiver wirken als gezeigte Bilder, weil durch die Geschichte die Bilder individuell im Kopf der einzelnen Personen entstehen. Beispiele für den Start von Geschichten oder Anekdoten könnten z.B. folgendermaßen lauten: „Ich werde nie vergessen,…" - „Stellen Sie sich vor…." - „Als ich noch…." - „Letztes Jahr/Monat…" - „Wie viele von Ihnen sicher wissen, …." uvm.

- **Aktivität**: Mitdenken und mitfühlen ist gut, aber mitmachen ist manchmal noch besser. „Bevor wir beginnen, möchte ich Sie bitten, sich alle von den Plätzen zu erheben und…." Wenn Du das Publikum zum Mitmachen animierst, dann ist Dir die Aufmerksamkeit gewiss. Mitmach-Übungen können sehr effektiv sein, sollten aber nicht übertrieben werden oder ins Peinliche abgleiten. Richtig eingesetzt können Sie aber sehr effektiv sein. Wenn Du das Risiko nicht eingehen willst, dass vielleicht viele Deiner Zuhörer nicht mitmachen, dann halte Dich an die ersten 5 Vorschläge zum Start einer guten Präsentation.

Probiere es gleich bei der nächsten Gelegenheit aus. Du wirst sehen, wenn Du eine dieser 6 Möglichkeiten (die Dir jeweils unendlich viele Variationen bieten) wählst, ist Dir die Aufmerksamkeit Deiner Zuhörerschaft gewiss und Du hast das Publikum buchstäblich „am Haken". Wenn Dir das gelungen ist, dann kannst Du Dich an die nächste Aufgabe machen. Nämlich die Aufmerksamkeit über die gesamte Dauer der Präsentation aufrechtzuerhalten. Oder anders ausgedrückt, das Publikum nicht mehr vom Haken zu lassen.

Fesselnder Hauptteil

Die Aufmerksamkeit ist da und das Interesse wurde geweckt. Die ersten 2 Punkte des AIDA-Modells haben wir also schon mit dem starken Start abgehakt. Jetzt wollen wir das Interesse so weit steigern, dass daraus der Wunsch in den Menschen entsteht, auch Teil dieses Erlebnisses zu werden bzw. ebenfalls in den Genuss der Vorteile Deines Produktes/Dienstleistung zu kommen.

Im Mittelteil Deiner Rede, Präsentation oder Geschichte liegt der Kern des Geschehens. Hier entfaltet sich die Handlung und der Konflikt wird weiter vorangetrieben, während die Charaktere mit

Herausforderungen konfrontiert werden. So wird die Spannung weiter aufgebaut und diese Spannung bedarf dann natürlich auch einer Entspannung. Und zwar durch Deine Lösung.

Hier kommen nun also **Deine Inhalte, Ideen, Produkte oder Dienstleistungen ins Spiel.** Nachdem wir uns bisher viel über den Aufbau der Spannung, die Herausforderungen der Zielgruppe, das WIIFM usw. Gedanken gemacht haben, so kannst Du in diesem Bereich nun endlich zeigen & präsentieren, was Du zu bieten hast. Um die Aufmerksamkeit in dieser entscheidenden Phase hochzuhalten, hier noch ein paar Tipps zur konkreten Umsetzung:

- **Auswahl der relevanten Inhalte:** Der Mittelteil ist zwar der Hauptteil Deines Vortrages, trotzdem sollte er nicht endlos dauern und schon gar nicht langweilen. Daher darfst Du nur die relevantesten Inhaltsbereiche in Deine Planung mit aufnehmen. Wie Du konkret von der Idee zu Deinen relevantesten Inhalten kommst, das zeige ich Dir gleich unter dieser Übersicht in den 2 Unterkapiteln namens „Planungsschritte…“.

- **Menge der Detail-Inhalte:** Um bei den Inhaltsbereichen nicht zu weit in die Tiefe zu gehen und somit nicht zu ausschweifend zu werden, denke auch hier immer an das „Weniger ist mehr“ Prinzip. Nimm nur die Inhalte in Deine Präsentation auf, die Deine Geschichte inhaltlich weiterbringen und die Deine Botschaft unbedingt braucht, um im Gedächtnis zu bleiben. Erinnere Dich an die „Golfball-Analogie“. Zu viele Details verwirren die Leute mehr, als sie helfen.

- **Gliederung der Inhalte:** Unterteile Deine Inhalte in mehrere Abschnitte bzw. gliedere sie in Themenbereiche. Wenn Du den Inhalt in kleine, leicht verdauliche Happen aufteilst, sorgst Du dafür, dass die Aufmerksamkeit erhalten bleibt. Denn, wie wir im Kapitel über die „Aufmerksamkeit“ gehört haben, braucht das Gehirn zwischendurch Pausen, um das Gehörte zu verarbeiten. Die Übergänge von einem Themenbereich zum nächsten schaffen hierbei den Raum für diese

„Denkpausen", damit die Gehirne der Zuhörer aktiv bleiben können und nicht überfordert werden. Gleichzeitig zwingst Du Dich dazu, das „Weniger ist mehr" Prinzip auf die einzelnen Abschnitte anzuwenden, da sonst die Gesamtdauer zu lange werden würde. Und schließlich erhält die logische & dramaturgische Aneinanderreihung der Abschnitte die allgemeine Struktur und bildet somit den roten Faden durch den Mittelteil.

- **Abwechslung:** In diesem Abschnitt habe ich bisher nur das Wort „Inhalte" verwendet. Das soll aber nicht heißen, dass Du hier nur Fakten monoton erzählst. Auch im Mittelteil kannst Du die - schon beim starken Start eingeführten - Stilmittel verwenden. Ergänze Deine Daten & Fakten mit Geschichten von Dir oder Deinen Kunden. Verwende starke und emotionale Bilder oder Metaphern und beziehe das Publikum mit ein, indem Du Fragen stellst. Diese Abwechslung verhindert monotone Vorträge und hält die Aufmerksamkeit hoch.

Wenn Du all diese Einzelteile richtig zusammensetzt, dann wirst Du sehen, dass das Publikum Dir bis zum Ende an den Lippen kleben wird. Apropos Ende. Abschließend solltest Du im Mittelteil einen kurzen Bezug zum Anfang herstellen sowie eine Brücke zum Ende schlagen. So hilfst Du den Leuten dabei, den roten Faden des Themas bzw. der Geschichte zu erkennen und den Gesamtzusammenhang besser zu verstehen.

Krönendes Ende

„In jedem Ende liegt ein neuer Anfang."
Miguel de Unamuno

Ich hatte in meiner gesamten Studienzeit zwar nur ein einziges Rhetorik-Seminar, aber daraus ist mir ein Satz ganz speziell in Erinnerung geblieben. Und zwar sagte unser damaliger Vortragender in

Bezug auf das Ende einer Präsentation, man soll „enden und nicht verenden"!

Genauso wie der Beginn der Rede ein buchstäbliches „Erdbeben" sein soll, so soll auch das Ende eine Krönung der Geschichte sein. **„Danke für Ihre Aufmerksamkeit" ist ganz sicher kein krönender Abschluss.** Egal, wie gut die Inhalte vorher waren.

In den letzten Minuten Deiner Präsentation ist es entscheidend, einen bleibenden Eindruck zu hinterlassen. Hierbei spielen mehrere Elemente eine entscheidende Rolle:

- **Der Kreis schließt sich am Schluss:** Beim Start haben wir den Spruch „Start with the end in mind" (Starte mit dem Ende im Hinterkopf) eingeführt. Jetzt, wo wir am Schluss angekommen sind, sollten wir daher wieder den Start aufgreifen und somit den Kreis schließen. Verknüpfe hierzu geschickt die Anfangspunkte Deiner Präsentation mit dem Ende. So festigst Du auch den roten Faden Deiner Geschichte. Wenn das Publikum erkennt, wie sich die Puzzlestücke zu einem stimmigen Bild zusammenfügen, dann hast Du gewonnen! Durch die Tatsache, dass Du von Anfang an das Ende im Kopf hattest, hast Du somit eine Präsentation oder Geschichte geschaffen, die kraftvoll beginnt, interessant & spannend weitergeht und mit einem starken, wirkungsvollen Abschluss endet.

- **Vorher-Nachher:** Eine erkennbare Entwicklung von der Startsituation zur Endsituation aufzuzeigen ist der Schlüssel, um die Veränderung oder den Fortschritt zu verdeutlichen, den Deine Lösung bewirkt (hat). Der Vorher-Nachher-Vergleich unterstützt Dich bei dem Vorhaben, Deine Botschaft in kurzen Worten ganz klar rüberzubringen.

- **Fazit:** Biete ein lebendiges Fazit, das den Zuhörern in Erinnerung bleibt. Kläre dazu die „Moral der Geschichte" als Zusammenfassung und mache sie für die Zielgruppe greifbar und relevant. Deine Präsentation sollte eine klare Botschaft vermitteln, die im Herzen Deiner Zuhörer verankert bleibt.

- **Call to Action:** Anstatt sich ganz zum Schluss für die Aufmerksamkeit zu bedanken, schließe lieber mit einem konkreten Handlungsaufruf. Gib klare Anweisungen, wie Deine Zuhörer das Gelernte in die Praxis umsetzen können. Ob es sich um einen Appell zur Zusammenarbeit, zur Umsetzung neuer Ideen oder zur Anwendung des Gelernten handelt – sorge dafür, dass Deine Zuhörer motiviert und handlungsbereit sind. Wenn Du es schaffst, das Publikum zu einer Handlung zu bewegen, dann bedeutet das Ende Deiner Präsentation den Beginn einer neuen Überzeugung oder Handlung für das Publikum. Und damit wäre auch das einleitende Zitat dieses Kapitels bestätigt, wonach in jedem Ende ein neuer Anfang liegt.

> *"Der Weg, damit anzufangen, ist, mit dem Reden*
> *aufzuhören und mit dem Tun zu beginnen."*
> *Walt Disney*

Mit einem beeindruckenden Schluss schließt Du nicht nur Deine Präsentation ab, sondern hinterlässt einen bleibenden Eindruck, der im Herzen Deiner Zuhörer verankert bleibt. Nutze diesen entscheidenden Moment, um Deine Botschaft zu verstärken und Dein Publikum zu motivieren. Denn am Ende ist es nicht nur das, was Du sagst, sondern das, was im Herzen Deines Publikums bleibt, das den wahren Wert Deiner Präsentation ausmacht.

> *„Ich habe die Erfahrung gemacht, dass Menschen*
> *vergessen, was du gesagt und was du getan hast. Sie*
> *vergessen aber nie, wie sie sich bei dir gefühlt haben. “*
> *Maya Angelou*

Planungsschritte für Planung einer neuen Präsentation

Der Grund, warum viele Präsentationen inhaltlich fad und optisch völlig überfrachtet sind, liegt in der Problematik, dass die allermeisten Menschen sofort das Präsentationsprogramm ihrer Wahl am Computer öffnen und loslegen. Sie folgen damit wie ferngesteuert den „Befehlen" von PowerPoint. In den PPT-Vorlagen steht nämlich „Hier Überschrift einfügen" - „Hier Text einfügen" usw. Und genau das machen viele Menschen dann auch. Denn, „wenn es schon dasteht, kann es ja nicht so falsch sein" so die weitverbreitete Meinung. In 99 % der Fälle führt das zu (mega)faden Inhalten und völlig überladenen Folien-Textwüsten. Was hierbei fehlt, ist genau das, womit wir uns auf den letzten Seiten sehr intensiv auseinandergesetzt haben, nämlich die Planung & Struktur Deiner Inhalte.

Dein Ziel ist jedoch das genaue Gegenteil von fad, nämlich überzeugende Inhalte und ein ansprechendes Design. Und das erfordert eine sorgfältige Planung und eine effiziente Vorgangsweise, um von der Idee zur konkreten Umsetzung zu kommen. Hier zeige ich Dir eine 6-stufige Methode, um eine neue Präsentation von null weg zu planen, die die "Weniger ist mehr" Idee automatisch mitdenkt.

6 Stufen zur Planung & Erstellung einer neuen Präsentation

Diese 6 Stufen lassen sich in vier Stufen für die Inhaltsplanung und zwei für Design & Umsetzung aufteilen. Die letzten beiden Stufen gelten nur für Präsentationen, die durch visuelle Mittel unterstützt werden. Bei einer Rede entfallen sie.

Damit Du besser erkennen kannst, wie und wo die vorhin besprochenen Grundideen der Planung in diesen 6 Stufen vorkommen, habe ich die <u>wichtigsten Schlagworte unterstrichen</u>.

4 Stufen für den Inhalt

- **1) Ideen sammeln durch Brainstorming:** Wir beginnen mit der offenen Frage: „Was gehört alles zu Deinem Thema?" Sammle alle Ideen & Inhalte, die Dir dazu einfallen. Es gibt in dieser Phase keine richtigen und falschen Ideen. Die Bewertung der Ideen erfolgt erst auf der nächsten Stufe. Jetzt geht es darum, das Thema möglichst umfassend zu erfassen. Behalte dabei auch immer <u>Deine Zielgruppe</u> im Hinterkopf und was diese interessieren könnte bzw. wie diese von Deiner Idee oder Lösung profitieren kann (<u>WIIFM</u>). Schreibe daher alle Ideen auf, auch wenn sie aktuell noch so abstrus oder nicht passend erscheinen - komplett ohne Wertung. Damit diese 1. Stufe zeitlich nicht zu lange dauert, setze Dir selbst eine zeitliche Begrenzung. Wenn Du allerdings keinen zeitlichen Druck hast, dann kannst Du das Brainstorming auch auf mehrere Termine aufteilen. Beginne mit einer ersten Runde. Wenn keine Ideen mehr kommen, dann beende die Brainstorming-Session und dokumentiere alle Ideen an einem gut sichtbaren Platz wie z.B. einem Flipchart oder Whiteboard, wo Du untertags oft vorbeikommst. So hast Du die Möglichkeit, immer wieder neue Ideen zu ergänzen, die Dir - oft in völlig ungeplanten Situationen - einfallen können. Wenn Du dann so weit bist, dass Du wirklich alles erfasst hast, dann gehe zu Stufe 2.

- **2) Ideen sortieren & ordnen:** Sortiere Deine Ideen in thematische Gruppen und bringe diese in eine logische Reihenfolge. Somit erstellst Du eine erste Version Deines <u>roten Fadens</u> durch das Thema, eine Struktur samt Dramaturgie. Bedenke auf dieser Stufe speziell, was wir in den Kapiteln <u>AIDA</u> (Attention - Interest - Desire - Action) und <u>4 Elemente für überzeugendes Storytelling</u> besprochen haben. Denn diese Elemente bestimmen zu einem großen Teil die Dramaturgie Deines Vortrags und entscheiden somit, wie Du die <u>Aufmerksamkeit</u> Deines Publikums lenkst.

- **3) Was fehlt, was ist zu viel?** Schau Dir Deine gruppierten & gereihten Inhalte noch einmal aus der Vogelperspektive an. Fehlt noch irgendetwas? Oder hast Du bei manchen Themenbereichen zu viele Inhalte? Wenn Du in Geschichten denkst, wo fehlt ein logischer Übergang? Welche Inhalte sind nicht notwendig, um Deine Geschichte zu erzählen oder Deine Botschaft zu vermitteln? Basierend auf unserem Vorsatz <u>Weniger ist mehr</u> wird alles, was nicht zur Kernaussage beiträgt, gestrichen. Auch wenn es Dir vielleicht weh tut - Stichwort **„Kill your Darlings"**. Damit ist gemeint, dass man sich von seinen liebsten Ideen oder Passagen trennen sollte, wenn diese nicht zum Gesamtwerk bzw. zur Botschaft passen oder die Qualität beeinträchtigen. Dieser Ausdruck bekräftigt die Bedeutung des Überarbeitens, um am Ende ein besseres Endprodukt zu erzielen. Denn, wie wir wissen, geht es ja nicht darum, was Dir gefällt, sondern was Deinem Publikum einen Mehrwert liefert - Stichwort <u>WIIFM</u>.

- **4) Storyboard:** Jede gute Rede & Präsentation hat einen Anfang, einen Mittelteil und einen Schluss. Überlege Dir als Erstes, welche Deiner Inhalte zu welchem Teil gehören und wie Du die einzelnen Teile mit den Stilmitteln aus den Kapiteln <u>Starker Start</u>, <u>Fesselnder Hauptteil</u> und <u>Krönendes Ende</u> anreichern kannst. Denke dann daran, welche große Geschichte alles zusammenhält (<u>Spannungsbogen</u>) und wo Du die Gesamt-Story mit Anekdoten & kleinen Geschichten noch weiter aufwerten kannst. Verwende dazu die <u>3 Arten von Geschichten</u>, die Du kennengelernt hast, um Deine Präsentation emotional, mitreißend und überzeugend zu machen.

Analog planen in einer digitalen Welt

Worauf ich bei diesen 4 Stufen besonders hinweisen möchte, ist die Tatsache, dass Du **ALLE 4** komplett **ANALOG** (also ohne PC, nur mit Stift und Papier) durchführen kannst und auch solltest. Die Konzentration auf Stift und Papier schützt Dich vor Störfaktoren wie E-Mails, Social Media usw., die Du am PC kaum vermeiden kannst. Diese simplen Arbeitsmittel vereinfachen den Prozess und ermöglichen Dir immer und überall, Deine Inhalte zu planen. Just „keep it simple"! Wie das genau geht, das zeige ich Dir gleich nach der Beschreibung der letzten beiden Stufen.

2 Stufen für Design & Umsetzung

Wie schon eingangs erwähnt, kommen diese beiden Stufen nur dann in Frage, wenn Du irgendeine visuelle Unterstützung für Deine Präsentation benötigst. Und zwar egal, ob es sich dabei um die Erstellung einer Präsentation mit Prezi, PowerPoint usw. handelt oder um eine Visualisierung auf Flipcharts oder Whiteboards. Da sich der gleich folgende Teil 3 ausführlich mit dem Thema

„Visualisierung & Design" beschäftigt, will ich die Punkte hier nur ganz kurz anschneiden.

- **5) Visualisierung:** Wenn Du eine visuelle Präsentationsunterlage benötigst, dann beginne damit, Dir Gedanken zu machen, wie eine mögliche Visualisierung & grafische Umsetzung Deiner Inhalte aussehen könnte. Es geht dabei um eine grobe Idee, wie Du das große Ganze bzw. die Details darstellen könntest. Wir sprechen hierbei von „Visuellem Storytelling". Wenn Du selbst Ideen hast, kannst Du diese sofort grob skizzieren. Falls nicht, kannst Du in Bilddatenbanken wie Shutterstock, Freepik usw. oder in Grafikprogrammen wie Canva online stöbern und Dir Inspirationen holen. In diesem Schritt geht es darum, Deine grafische Grundausrichtung festzulegen, damit Du dann im 6. und letzten Schritt NUR MEHR umsetzen musst.

- **6) Umsetzung am PC:** Auch wenn das in einer digitalisierten Welt komisch klingen mag. Aber aus meiner persönlichen Erfahrung geht die komplette Planung viel einfacher, schneller und effizienter, wenn Du die ersten 4-5 Stufen analog erledigst und Dich erst ganz zum Schluss - zur Erstellung und Umsetzung - an den PC setzt. Du trennst also die kreative Grundidee von der kreativen Umsetzung, was Dir in Summe sehr viel Zeit erspart. Der Grund liegt darin, dass Du nicht bei jedem neuen Inhalt bzw. jeder neuen Folie wieder neu überlegen musst, wie diese aussehen könnte. Denn das grobe Design für alle Inhaltsebenen hast Du im Schritt 5 festgelegt. Bei der Umsetzung entscheidest Du dann nur mehr, zu welcher visuellen Inhaltsebene der jeweilige Inhalt gehört und danach setzt Du um. Dies erleichtert Dir nicht nur die Arbeit, sondern sorgt auch dafür, dass Deine visuelle Unterlage eine einheitliche Grafik & visuelle Struktur bekommt und für das Publikum somit übersichtlicher und besser merkbar ist.

Konkrete Tools zur Ideensammlung & -sortierung

Um Deine Ideen zu sammeln und zu sortieren (Planungsstufen 1 und 2), kannst du verschiedene Methoden verwenden. Ich stelle Dir hier kurz meine 3 Lieblingsmethoden vor, die ich immer wieder in meinem täglichen Leben verwende. Und zwar nicht nur für Präsentationen.

- **Post-it-Methode:** Schreibe auf Stufe 1 - der Brainstorming-Phase - jede Idee auf ein Post-it und klebe es an eine Wand, ein Whiteboard oder auf einen Tisch. Post-its bieten den Vorteil, dass man sie leicht verschieben und neu anordnen kann. Diesen Vorteil nutzt Du dann auf Stufe 2, wenn es um die Gruppierung und Festlegung der Reihenfolge der Inhalte - also um die Struktur - geht. Diese Variante ist sehr effizient und bietet außerdem den Vorteil, dass auf einem Post-it nicht viel Information Platz findet (vor allem, wenn Du mit einem Plakatstift schreibst - was ich empfehle). Dadurch wird die „Weniger ist mehr" Idee automatisch umgesetzt.

- **Mindmaps:** Eine Mindmap ist eine vielseitige Methode, um Ideen zu organisieren, Zusammenhänge zu visualisieren und die Planung einer Präsentation effektiv zu strukturieren. Du kannst Deine Mindmap erstellen, indem Du Deine Stichworte, Ideen oder Aufgaben mit Linien verbindest, die von Deinem zentralen Thema ausgehen. Dabei kannst Du immer wieder Zweige und Unterkategorien hinzufügen, um die Beziehungen zwischen den verschiedenen Elementen und deren Hierarchie untereinander zu verdeutlichen. Früher wurden Mindmaps nur analog mit Stift und Papier erstellt. Heutzutage gibt es Online-Tools wie MindMeister oder XMind, mit denen Du Deine Mindmap auch digital erstellen kannst. Ich persönlich nütze immer noch beide Varianten. Für die schnelle Erstplanung nutze ich meistens die Papiervariante, für die detaillierte Planung von Kunden-Präsentationen anschließend die digitale Variante, in meinem Fall das Tool Mindmeister. Die digitale Mindmap hat den Vorteil, dass man auf Stufe 2 die Ideen und Unterthemen ganz einfach verschieben kann - ähnlich den Post-its auf Deinem Tisch. In meiner Praxis hat sie den Vorteil, dass ich die digitale Version auch als ersten <u>Struktur</u>-Entwurf mit meinen Kunden teilen kann. Und für die Erstellung einer Prezi-Präsentation kann die Mindmap sogar schon eine erste grafische Idee darstellen.

- **Liste:** Eine einfache Liste kann ebenfalls helfen, Ideen zu sammeln und zu sortieren. Schreibe einfach alle Deine Ideen auf und ordne sie nach Relevanz oder einem anderen Kriterium. Diese Methode hat den Nachteil, dass Du die sortierte Liste aus der ursprünglichen Liste noch einmal neu schreiben musst. Im Gegensatz zum einfachen Verschieben (der Post-its) also ein Mehraufwand. Wenn ich diese Methode verwende, dann kombiniere ich sie daher meist mit einer handgezeichneten Mindmap. Also zuerst als Liste alle Ideen aufschreiben und dann als Mindmap sortieren und anordnen.

Wenn Du diesen Stufen nach oben folgst, stellst Du sicher, dass Deine Präsentation sowohl inhaltlich als auch optisch überzeugend wird. Und während Dir diese 6 Stufen den Weg von der Idee zur konkreten Umsetzung weisen, wird unser Credo „<u>Weniger ist mehr</u>" stets mit berücksichtigt. Oder anders gesagt: „Einfachheit bewahrt vor Überfluss."

Planungsschritte für Umplanung von bestehenden Inhalten

Über die Planung einer neuen Rede oder Präsentation weißt Du nun genauestens Bescheid. Aber in sehr vielen Fällen gibt es zu Deinem Thema schon eine vorliegende Präsentation. In meiner täglichen Arbeit habe ich in der überwiegenden Mehrzahl von Projekten genau diese Voraussetzung. Es gibt schon eine fertige Präsentation, die aber - aus welchen Gründen auch immer - nicht (mehr) funktioniert. Und daher möchte ich auch diese Ausgangssituation mit Dir durchgehen.

Grundsätzlich empfehle ich immer, bei null zu beginnen. Egal, ob es sich um ein neues Thema handelt oder um einen Inhalt, zu dem Dir schon eine fertige Präsentation vorliegt. Und zwar deshalb, weil Du dann von Anbeginn nur die wichtigsten Punkte einplanen kannst und „Weniger ist mehr" von Grund auf einfacher umsetzen kannst.

Daher bleibt der Zugang zur Planung im Grund derselbe wie bei der Planung der neuen Präsentation. Dazu habe ich Dir die folgenden 6 Stufen an die Hand gegeben:

- 1) Ideen sammeln durch Brainstorming

- 2) Ideen sortieren & ordnen

- 3) Was fehlt, was ist zu viel?

- 4) Storyboard

- 5) Visualisierung

- 6) Umsetzung am PC

Und genau nach diesen 6 Stufen kannst Du auch bestehende Inhalte, Präsentationen und Reden überarbeiten und NEU planen. Dazu gibt es nur bei den ersten 2 Stufen entsprechende Änderungen.

1. Aus „Ideen sammeln durch Brainstorming" wird „Inhalte sichten, Überblick verschaffen und in Stichworte umwandeln"

Beim Brainstorming haben wir damit begonnen, Ideen zu sammeln und diese entweder auf Post-its oder in eine Mindmap zu schreiben. In diesem Fall beginnen wir damit, das vorhandene Material zu sichten und die wichtigsten Inhalte als Stichworte festzuhalten. Die Methode - ob mit Post-it oder Mindmap - ist dabei egal. Wichtig ist nur, dass Du die Inhalte nicht in ihrer Fülle festhältst, sondern nur in **Stichworten**. Dadurch wendest Du wiederum das „Weniger ist mehr" Prinzip an. Schon bei der Zusammenstellung der Stichworte solltest Du dabei mitbedenken, welche Inhalte wirklich relevant für Dein Ziel & Deine Kernaussage sowie Deine Botschaft sind. Und somit auch für Aufmerksamkeit & AIDA, Storytelling sowie die überzeugende Struktur Deiner Geschichte(n).

2. Aus „Ideen sortieren & ordnen" wird „Bestehende Inhalte sortieren & ordnen"

Bei der Neu-Planung haben wir Ideen in Gruppen sortiert und diese geordnet. Jetzt gruppieren wir bestehende Inhalte und ordnen diese nach den bekannten Regeln für <u>AIDA</u>, <u>Struktur</u> und <u>Storytelling</u> neu.

3. Was fehlt, was ist zu viel?

In diesem Teil steht <u>WIIFM</u> - also der Fokus auf den Kundennutzen - im Vordergrund. Was fehlt noch, um die Herausforderung des Publikums richtig einzuschätzen und mit den eigenen Inhalten eine Lösung bieten zu können? Falls die bestehenden Inhalte nicht ausreichen, um die Botschaft klar rüberzubringen, so kann hier mit einem zusätzlichen Brainstorming oder einer Zusatz-Recherche noch Inhalt hinzugefügt werden. Alle Inhalte, die nicht eindeutig den Transport Deiner Botschaft unterstützen, werden gelöscht. Stichwort „Kill your Darlings".

4.-6. Ab Stufe 4 bleibt die Vorgangsweise genau dieselbe, wie bei der Planung einer neuen Rede oder Präsentation.

Im Prinzip planen wir also eine neue Rede - aber anstatt mit Brainstorming komplett bei null zu beginnen, starten wir mit der Analyse und Neuordnung der bestehenden Inhalte. Der Rest läuft in denselben Stufen ab. Somit kannst Du mit diesen Stufen ALLE Deine zukünftigen Reden, Präsentationen, Vorträge planen. Wenn Du diese Schritte einmal verinnerlicht hast, dann wirst Du bei jeder weiteren Planung immer schneller und effizienter werden. Und irgendwann werden Dir diese Schritte als selbstverständlich in Fleisch und Blut übergehen.

Bestehende Inhalte kürzen - 2 Beispiele

In meiner beruflichen Erfahrung habe ich immer wieder gesehen, dass sehr viele Menschen große Probleme damit haben, bestehende Informationen auf das Wesentliche zu kürzen. Daher kommt es bei der Neugestaltung und Überarbeitung von Präsentationen sehr häufig dazu, dass viel zu viele Inhalte (in Form von zu viel Text) auf den Folien oder in den Redeskripten landen.

Mit der eben gezeigten Idee, nur die Stichworte zu notieren und diese zu sortieren & zu ordnen, gehst Du den besten Weg. Aber manchmal willst oder musst Du vielleicht doch lange Inhalte kürzen. Daher möchte ich Dir hier anhand von 2 Beispielen zeigen, wie Du bestehende Inhalte auf deren Bedeutung analysieren und dann so kürzen kannst, sodass nur mehr die relevanten und aussagekräftigen Teile übrig bleiben.

Inhalte analysieren & kürzen

Das Wort Analyse klingt nach einem sehr komplexen Vorgang. Aber wie Du im bisherigen Verlauf unserer gemeinsamen Reise gemerkt hast, geht es mir darum, Dir für komplexe Herausforderungen einfach umsetzbare Lösungen zu bieten. Weiter oben habe ich angemerkt, dass inhaltlich nur mehr die Informationen übrig bleiben sollen, die Deine Botschaft weiterbringen und einen Mehrwert für das Publikum bieten. Und um diese herauszufinden, gibt es eine einfache Frage, mit der Du Deine Inhalte hinterfragen kannst.

Die Frage lautet **„SO WHAT?"** Oder auf Deutsch **„Was soll's bzw. was bringt es?"** Du kannst Dir jeden einzelnen Teil Deiner Inhalte - seien es einzelne Sätze oder ganze Absätze - ansehen und mit dieser Frage hinterfragen. Alle Inhalte, bei denen die Antwort auf die Frage „Was bringt es" nicht eindeutig einen Mehrwert für Deine Botschaft und das Publikum signalisiert, werden gestrichen. Wie das konkret geht, zeige ich Dir in den folgenden Beispielen.

Beispiel 1 - Kundenstopper bzw. Plakat

Stelle Dir vor, Du gehst eine Straße entlang und kommst an einem Fischgeschäft vorbei. Vor dem Geschäft siehst Du den folgenden Aufsteller, auf dem die Worte „Hier verkaufen wir frischen Fisch" geschrieben stehen. Da es aktuell darum geht, viel Inhalt auf das Wesentliche zu reduzieren, stellen sich folgende Fragen: „Was ist die Botschaft dieses Aufstellers und werden wirklich alle Worte auf dieser Tafel benötigt, um diese Botschaft zu transportieren?" Wir hinterfragen also jedes einzelne Wort auf seinen Beitrag zur Botschaft. Wird das Wort gebraucht oder funktioniert die Botschaft auch ohne? Falls ein Wort nicht benötigt wird, wird es gestrichen. Überlege kurz für Dich selbst, was Du streichen würdest, bevor ich Dir unterhalb des Bildes die Auflösung präsentiere.

Bildquelle: Canva Pro (bearbeitet)

Nun zur Auflösung. <u>Was bringt</u> das Wort „Hier"? In diesem Fall nichts, weil wir ja schon vor dem Geschäft stehen. Somit hat die Standortbezeichnung „Hier" keinen Mehrwert für die Botschaft. „Verkaufen"? Bringt ebenfalls nichts, weil es bei einem Fischgeschäft anzunehmen ist, dass der Fisch verkauft und nicht verschenkt wird. „Wir?" Ist nicht nötig, da das Geschäft ganz sicher einen

Namen hat und das Wir daher keine weitere Relevanz hat. Bleiben also noch die Worte „Frischen Fisch" - grammatikalisch richtig „Frischer Fisch". Wenn wir diese beiden Worte behalten würden, dann hätten wir den Inhalt immerhin schon um 60 % gekürzt. Da das Geschäft aber wohl ziemlich sicher keinen vergammelten Fisch verkaufen wird, ist eigentlich auch das Wort „Frischer" nicht unbedingt notwendig. Somit haben wir den Inhalt um 80 % gekürzt und es würde nur mehr das Wort Fisch übrig bleiben. Dieses Wort allein reicht - vor dem Geschäft platziert - um die Aufmerksamkeit der vorbei spazierenden Menschen auf sich zu ziehen. Und was könnte eine Botschaft noch besser transportieren als ein einzelnes Wort? Richtig! Ein Bild. Der viel zitierte Spruch „Ein Bild sagt mehr als 1000 Worte" bestätigt dies. In unserem Fall könnte das Bild zum Beispiel so aussehen.

Für die Bewerbung des Fischgeschäftes funktioniert dieses Bild sicher besser als jeder Text. Und das ist - ganz nebenbei - auch der Grund, warum derartige Zeichen schon vor Jahrhunderten verwendet wurden, um Handwerker bzw. Berufsgruppen mit sogenannten „Zunftzeichen" zu kennzeichnen. Und keine Textschilder. Aber wenn es Text sein muss, dann lieber weniger als mehr.

Dieses Beispiel ist zwar keine Präsentation, aber es zeigt eindrucksvoll, wie Du auf einfachem Weg, von viel Text auf wenig kommst, ohne die Aussage zu verlieren. Hier noch ein 2. Beispiel aus einer Präsentation.

Beispiel 2 - Folie „Fahrrad fahren lernen"

Untenstehend findest Du eine typische Textfolie, wie sie täglich millionenfach in Unternehmen weltweit vorkommt. Der Inhalt ist ein vereinfachtes Beispiel, um den Weg der Textkürzung einfach darstellen zu können. Analog zum ersten Beispiel könntest Du nun jedes einzelne Wort hinterfragen. In diesem Beispiel erweitern wir die Frage von einem Wort auf einen ganzen Satz. Überlege Dir dazu im 1. Schritt, welches Wort in jeder Zeile das wichtigste ist, um den Sinn der Zeile darzustellen. Gehe den gesamten Text selbst durch und überlege, welches Wort es in jeder Zeile unbedingt braucht, bevor ich Dir die Auflösung unterhalb des Bildes verrate.

Fahrrad fahren lernen

- Montiere Stützräder ans Rad.
- Ziehe die Stützräder hoch, damit Du balancierst.
- Trage Schutzkleidung und einen Helm.
- Schraube die Stützräder ab und lerne auf der Wiese, wie man fällt.
- Freu Dich! Jetzt fährst Du mit Deinem Rad wohin Du willst.

Hast Du Deine Lösung? Gut, legen wir los. In der ersten Zeile lautet das Wort „Stützräder", weil man diese am Anfang benötigt, um die Balance zu halten. Zweite Zeile - „balancierst", weil es beim Radfahren ja darum geht, im Gleichgewicht zu bleiben. In der dritten Zeile geht es um die „Schutzkleidung", die Dich bei Stürzen schützt. In der 4. Zeile stellt sich die Frage, wo man richtiges Stürzen möglichst schmerzfrei lernen kann. Es bietet sich also das Wort „Wiese" an. Und schließlich ist das Ergebnis des Lernprozesses, dass Du „fährst".

Wenn Du jetzt nur die ausgewählten Worte farblich markierst, dann sieht diese Folie optisch schon übersichtlicher aus, auch wenn der Text immer noch zu lange ist.

Fahrrad fahren lernen

- **Montiere** Stützräder **ans Rad.**
- **Ziehe die Stützräder hoch, damit Du** balancierst.
- **Trage** Schutzkleidung **und einen Helm.**
- **Schraube die Stützräder ab und lerne auf der** Wiese**, wie man fällt.**
- **Freu Dich! Jetzt** fährst **Du mit Deinem Rad wohin Du willst.**

Noch besser wäre es, den Text auf die Stichworte zu beschränken. Also von 39 auf 5 Worte zu kürzen, was einer Einsparung von 88 % entspricht.

Fahrrad fahren lernen

- Stützräder
- Balancieren
- Schutzkleidung **(Helm)**
- Wiese
- Fahren

Das Resultat ist zwar grafisch immer noch nicht wirklich schön anzuschauen, aber das Publikum muss nur mehr wenige Worte lesen und kann sich danach wieder schnell mit der ganzen Aufmerksamkeit auf DICH konzentrieren. Und Du kannst aus diesen Stichworten die gesamte Geschichte erzählen. Aber wie schon beim ersten Beispiel, sagt auch hier ein Bild mehr als tausend Worte.

Bildquelle: Canva Pro

Auf diesem Bild ist alles enthalten, was Du brauchst, um die Geschichte bzw. Deine Inhalte zu kommunizieren. Außerdem wird das Bild die Aufmerksamkeit des Publikums sicherlich mehr fesseln als die oben stehenden Textfolien.

Diese beiden Beispiele sind bewusst einfach gehalten, um die Kürzung von Inhalten zu veranschaulichen. Mit derselben „Was bringt es" Frage kannst Du nun Inhalte jeder Art und Länge hinterfragen und kürzen. Probiere es einfach aus.

Die Visualisierung, die wir im letzten Schritt der beiden Beispiele umgesetzt haben, waren eine Vorschau darauf, was Dich jetzt im TEIL 3 der HAUS DES REDENS METHODE, nämlich „Visualisierung & Design", erwartet.

Aber bevor wir uns diesem Thema widmen, fassen wir noch einmal kurz zusammen, was wir auf den letzten Seiten im „TEIL 2 - Planung & Bau - Inhalt & Story" gemeinsam erarbeitet haben.

Zusammenfassung TEIL 2

In Teil 2 - Inhalt & Story sind wir gemeinsam tief in die Grundlagen der erfolgreichen Präsentation eingetaucht. Wir haben gelernt, wie wichtig es ist, sich auf das Publikum zu konzentrieren und die Frage "What's In It For Me?" zu beantworten. Dabei haben wir auch erörtert, wie wichtig die Aufmerksamkeit und das „Weniger ist mehr"-Prinzip sind. Du hast gesehen, dass die Planung der Inhalte von entscheidender Bedeutung ist. Angefangen bei der Festlegung klarer Ziele und einer Kernaussage bis hin zur Nutzung von bewährten Strukturmodellen wie AIDA und Storytelling.

Damit Du den Teil 2 meiner HAUS DES REDENS METHODE für Dich gedanklich noch einmal in eine Übersicht bringen kannst, hier noch einmal die wichtigsten Inhalte kurz zusammengefasst.

Die Kunst der Überzeugung

bildet die Grundlage für die Planung und Erstellung Deiner Inhalte. Die folgenden 4 Themen bleiben als Grundsätze immer im Hinterkopf während des gesamten Planungsprozesses.

- **Umdenken - Wer ist wichtig?** Als Grundlage für die Kunst der Überzeugung machen wir einen Perspektivwechsel und legen in Zukunft den Fokus IMMER auf das Publikum.

- **WIIFM (What's In It For Me):** Das Publikum wird sich immer fragen, was es aus Deinen Inhalten mitnehmen kann. Daher solltest Du unbedingt die Frage „What's in it for me" für den Kunden immer mitdenken. Der Kundennutzen geht ganz klar über das, was Du gerne erzählen würdest oder was Du für wichtig hältst. Wichtig ist, was Deinen Zuhörern einen Mehrwert bietet bzw. was sie überzeugt zu handeln.

- **Aufmerksamkeit:** Ohne Aufmerksamkeit verpuffen Deine Inhalte wie Rauchschwaden. All Deine Planungen müssen daher immer darauf getestet werden, ob Du damit die Aufmerksamkeit des Publikums gewinnen und halten kannst.

Erinnere Dich daran, dass es ein Mythos ist, dass die Aufmerksamkeitsspannen immer kürzer werden. Ansonsten könnten wir nicht stundenlang Netflix konsumieren. Aber die Art und Weise, wie Aufmerksamkeit im 21. Jahrhundert gelenkt werden kann, ist anders als früher.

- **Weniger ist mehr:** Die Reduktion auf das Wesentliche ist ebenfalls ein entscheidender Erfolgsfaktor für Deine Vorträge. Dieser Grundsatz zieht sich sowohl durch all Deine Inhalte, die Planung und später auch die Umsetzung in Form der visuellen Präsentation.

Planung - Ziel & Kernaussage

Als Schritt 1 der Planung musst Du Dir überlegen, was Du mit Deiner Rede oder Präsentation erreichen willst und was genau bei Deinem Publikum hängen bleiben soll = Kernaussage.

- **Was ist Dein Ziel?** Die Definition eines klaren Ziels für Deine Präsentation ist sehr wichtig. Denn wenn Du nicht weißt, was Du erreichen willst, dann wird es Dir nicht gelingen, das Publikum in irgendeiner Art und Weise zu beeinflussen.

- **Wie lautet Deine Kernaussage?** Da sich Menschen prinzipiell sehr wenige Dinge aus einem Vortrag merken, musst Du für Dich vorher definieren, was Du Deinen Zuhörern unbedingt mit auf den Weg geben willst. Nur wenn Du das selbst weißt, kannst Du die Inhalte und die Geschichte(n) Deiner Rede darauf anpassen.

- **Wie viele Aussagen maximal?** Neben Deiner Kernaussage solltest Du maximal 2-3 weitere Botschaften in Deine Inhalte einbauen. So bleibst Du merkbar und überforderst das Publikum nicht - Stichwort „Golfball-Analogie".

Planung - Struktur & Story

Hier geht es ans Eingemachte Deiner Inhalte.

- **AIDA** (Attention, Interest, Desire, Action): Nutze diese erfolgserprobte Struktur für eine effektive Präsentation.

- **Storytelling**

    - **4 Elemente für überzeugendes Storytelling:** Die grundlegenden Elemente, die eine Story überzeugend machen, sind Struktur, Person(en) bzw. Charaktere, Konflikt bzw. Herausforderung und abschließend die Lösung. Mit diesen 4 Elementen kannst Du all Deine Geschichten, Reden & Präsentationen aufbauen, kurze genauso wie lange.

    - **3 Arten von Geschichten:** Persönliche Erfahrungen, Case Studies & Success Storys (Geschichten von anderen), Geschichten einer Marke. Halte es einfach und verwende eine dieser 3 Arten von Geschichten für Deine Vorträge - je nach Situation und Thema.

    - Geschichten funktionieren immer und überall. Es ist ein Mythos, dass Storytelling nur in kreativen Branchen relevant ist.

- **Aufbau & Struktur**

    - **Starker Start:** Wir haben uns mit der Wichtigkeit eines eindrucksvollen Beginns beschäftigt, um die Aufmerksamkeit zu gewinnen. Dazu habe ich Dir viele Beispiele gezeigt, die Du sofort für Deine nächste Rede oder Präsentation einsetzen kannst.

    - **Fesselnder Hauptteil:** Im Hauptteil entwickelt sich Deine Geschichte von der Herausforderung hin zu Deiner Lösung.

    - **Krönendes Ende:** Unter der Vorgabe „Enden und nicht Verenden" haben wir die Wichtigkeit eines starken Abschlusses besprochen. Hier schließt sich der Kreis Deiner Botschaften und Lösungen. Wenn Du mit einem Call-to-Action abschließt, dann zeigst Du dem Publikum auch gleich den nächsten logischen Schritt auf.

- **Planungsschritte für Planung einer neuen Präsentation:** In diesem Punkt habe ich Dir eine Schritt-für-Schritt-Anleitung zur Planung neuer Präsentationen an die Hand gegeben, die Du nicht für die Präsentationen & Reden, sondern für die Planung von Inhalten aller Art anwenden kannst.

- **Planungsschritte für Umplanung von bestehenden Inhalten:** Da Du aber meistens mit bestehenden Inhalten arbeiten wirst, habe ich Dir in diesem Punkt auch noch gezeigt, wie Du Deine Inhalte umstrukturieren und aufwerten kannst - inklusive Beispielen zum Kürzen von Inhalten.

Nachdem wir im 1. Teil das starke Fundament gelegt haben, haben wir mit dem 2. Teil soeben das inhaltliche Haus darauf gebaut. Mit diesem systematischen Zugang meiner HAUS DES REDENS METHODE wirst auch Du ganz sicher fesselnde und überzeugende Reden oder Präsentationen bauen. Lass Dich von der Menge der Informationen nicht abschrecken. Du wirst sehen, es ist einfacher, als es beim Durchlesen erscheint. Und je öfter Du eine Planung machst, desto schneller und effizienter wirst Du diesen Prozess und dessen Schritte anwenden. Es ist ein wenig wie beim Autofahren. Bei Deiner ersten Fahrstunde warst Du sicher - wie wir alle - komplett überfordert von so vielen neuen Dingen und so vielen Eindrücken, auf die Du alle gleichzeitig achten musstest. Doch nach kürzester Zeit geht alles viel einfacher. Und schlussendlich funktioniert es wie von selbst und Du musst überhaupt nicht mehr nachdenken, wenn Du das Auto startest und losfährst. Genau so wird es Dir nach sehr kurzer Zeit auch mit der Planung Deiner Reden und Präsentationen gehen - versprochen!

Und weißt Du, was das Allerbeste an einer guten Struktur & Story ist? Sie gibt Dir einen **strategischen Vorteil für Deinen Auftritt** auf der Bühne, mit dem wir uns intensiv im Teil 4 beschäftigen werden. Die gut geplante Struktur ist übersichtlich, logisch und einfach zu merken. Es reicht also, wenn Du Dir die wichtigsten Inhalte Deiner Struktur & Story (bzw. deren Ablauf) merkst. Die Ausführung der eigentlichen Inhalte kannst Du dann völlig flexibel und frei formulieren. Du kannst also reden, wie Dir der „Schnabel gewachsen ist", was wiederum authentischer ist, als eine Rede abzulesen. Und, im Gegensatz zu einer Präsentation, die Du komplett auswendig lernst, nimmst Du Dir damit selbst den Druck, etwas zu vergessen. Das wiederum senkt Deine Nervosität & Dein Lampenfieber enorm und gibt Dir die Möglichkeit, Dich vollkommen auf Deine Botschaft zu konzentrieren.

Jetzt bist Du bestens gerüstet, um mit Teil 3 fortzufahren: Visualisierung & Design. Hier werden wir uns auf die Gestaltung Deines Vortrags im Sinne der visuellen Präsentation konzentrieren. Lass uns gemeinsam daran arbeiten, Deine Präsentation zu einem unvergesslichen optischen Erlebnis zu machen!

TEIL 3 - GESTALTUNG – VISUALISIERUNG & DESIGN

Das Fundament wurde gelegt, das Haus wurde als Rohbau darauf gebaut. Jetzt geht es darum, Deinem HAUS DES REDENS den verdienten Glanz zu verleihen. Im dritten Teil dieses Buches tauchen wir dazu gemeinsam in die Welt der visuellen Gestaltung ein und schauen uns an, wie Du Deine Präsentationen durch gute "Visualisierung & Design" auf das nächste Level heben kannst. Und auch das ist einfacher, als Du denkst. Denn die allermeisten Präsentationen, die tagtäglich weltweit produziert und präsentiert werden, sind nicht nur inhaltlich, sondern auch grafisch eine ziemliche Katastrophe. Es ist also sehr leicht, sich von der grauenvollen Masse abzuheben bzw. aus dieser herauszustechen. Da Visualisierung und Design in einem Buch viel schwieriger zu erklären und darzustellen sind, als in einem Video, werde ich mich in diesem Teil nur auf die allerwichtigsten Punkte fokussieren. Aber auch mit diesen wesentlichen Erkenntnissen wirst Du schnell viel bessere Präsentation erstellen können als bisher.

Im Teil 2 habe ich Dir schon einmal vom Buch „Brain rules" von John Medina erzählt. Neben „We don't pay attention to boring things" gibt es eine zweite wichtige „Brain rule", die für Präsentationen interessant ist. Nämlich "Vision trumps all other senses" (Sehen übertrumpft alle anderen Sinne)! Medina beschreibt darin, dass wir visuelle Informationen schneller und effektiver verarbeiten als jede andere Art der Informationsübermittlung. Dies hat direkte Auswirkungen auf das Design und die Erstellung visueller Präsentationen. Wenn Du Deine Präsentationen und Folien visuell ansprechend, klar und prägnant gestaltest, dann wird das die Aufmerksamkeit und das Verständnis Deines Publikums erheblich steigern.

Textfolien töten die Aufmerksamkeit

Um das zu erreichen, ist es wichtig, dass Deine visuellen Informationen einen Mehrwert bieten und nicht verwirren. Vermeide es daher - wie fast alle Vortragenden - Deine Folien mit Text zu überladen. Denn, je mehr Text sich auf einer Folie befindet, desto mehr Zeit werden die Zuhörer benötigen, um diesen zu lesen. Während sie lesen, ist die Aufmerksamkeit nicht bei Dir, sondern auf der Folie. Und wenn das Publikum merkt, dass Du nicht mehr tust, als die Texte auf den Folien vorzulesen, dann werden sie Dir gar nicht mehr zu hören. Es ist also schon allein aufgrund der Aufmerksamkeit wichtig, die Informationen auf Deinen Folien möglichst kurzzuhalten. Einmal mehr gilt auch hier der Grundsatz des „Weniger ist mehr".

Aber nicht nur die lange abwesende Aufmerksamkeit ist ein Problem bei zu viel Text. Sondern auch die Tatsache, dass die Schriftgröße immer kleiner werden „muss", je mehr Text Du auf eine Folie schreibst. Schließlich ist der Platz begrenzt. Dies führt am Ende dazu, dass Deine Texte in den hinteren Reihen des Raums gar nicht mehr lesbar - und somit komplett nutzlos - sind. Anstatt also einen Mehrwert zu liefern, lässt Du das Publikum frustriert zurück. Umgekehrt - wenn Du Deine Texte so groß schreibst, dass sie auch noch in der letzten Reihe eines großen Raums sichtbar sind, dann kannst Du gar nicht viel Text auf eine Folie schreiben und wendest somit automatisch den Grundsatz „Weniger ist mehr" an. Genau wie ich es Dir auch schon bei der Planung der Inhalte auf Post-it Notes nahegelegt hatte.

Weniger Text ist besser als viel Text, aber ein Bild sagt mehr als tausend Worte!

Der Schlüssel des Erfolgs liegt darin, visuelle Elemente wie Bilder, Grafiken & Diagramme so einzusetzen, dass sie das Verständnis fördern, Deine Botschaft klar & deutlich vermitteln oder neugierig auf mehr machen.

Eine Präsentation ist KEIN Handout

Warum erstellen so viele Menschen grauenhafte Textfolien, wenn doch die gute visuelle Gestaltung so wichtig für den Erfolg ist? Der Grund liegt in dem Missverständnis, dass die Folien einer Präsentation auch gleichzeitig das Handout - und somit auch für Nichtanwesende vollinhaltlich verständlich - sein muss. Wenn Du diesen Kompromiss eingehst, dann ist Dir der Misserfolg garantiert! Denn Du bestrafst damit das anwesende Publikum mit einer faden Präsentation, nur um der nicht anwesenden Minderheit einen Inhalt verständlich zu machen, den diese wahrscheinlich nie lesen wird. Das ist nicht logisch, oder? Eben! Also tappe nicht in diese Falle und liefere Deinem Publikum einen Mehrwert, für den es Dich lieben wird.

Kurz gesagt: Präsentationsfolien sollen das Gesagte unterstützen und visuell untermalen, während Handouts detaillierte Informationen und Erklärungen bieten sollen. Das Eine ist eine (visuelle) Präsentation, das Andere ein (Text)-Dokument. Wenn beides dasselbe sein würde, dann hätte Microsoft nicht 2 verschiedene Software-Lösungen dafür entwickelt, nämlich „PowerPoint" für visuelle Präsentationen und „Word" für Dokumente.

Apropos Software-Tools. Da es mittlerweile sehr viele verschiedene Tools zur Erstellung von verschiedenen Arten von Präsentationen gibt, gebe ich Dir im Kapitel „Multimedia Präsentations-Tools" einen Überblick über die besten Tools.

Aber bevor wir darauf eingehen, schauen wir uns erst einmal an, ob Du überhaupt ein Tool brauchst!

Präsentationsarten

PowerPoint ist weltweit die meistgenutzte Software zur Erstellung von visuellen Präsentationen. Aber niemand zwingt Dich zur Verwendung von PowerPoint! Denn DU allein entscheidest über die Form Deiner Präsentation. Du kannst entweder eine der vielen anderen Lösungen verwenden, die ich Dir in der Folge noch kurz vorstellen werde. Oder, Du entscheidest Dich ganz bewusst dazu, komplett auf die Verwendung einer Software zu verzichten. Das kann in vielen Fällen sogar effektiver sein und Dich allein dadurch von der Masse abheben, indem Du einen anderen Zugang wählst. Ein positives Beispiel aus meiner Erfahrung erzähle ich Dir im Kapitel „Flipchart/Whiteboard".

Egal, wofür Du Dich entscheidest - das Einzige, was wirklich zählt - ist, dass Du Dich mit der gewählten Präsentationsart wohlfühlst. Mach DEIN Ding!

Rede

Eine Rede ist die klassischste Form der Präsentation und kommt völlig ohne technische & visuelle Hilfsmittel aus. Da sie die Grundlage für alle anderen Präsentationsarten bildet, passt sie in diesen Abschnitt, auch wenn es bei einer Rede keinerlei Visualisierung bedarf.

Denn schon seit der Zeit der großen griechischen Philosophen wird die Redekunst - die Rhetorik - gelehrt. Das rhetorische Dreieck, eine Theorie, die auf Aristoteles zurückgeht, ist ein zentrales Konzept in der Kunst der Überzeugung und Rhetorik, das heute noch Gültigkeit hat. Daher werde ich diesem Konzept auch einen kurzen Exkurs widmen.

Aber nicht nur Rhetorik-Konzepte überdauern die Zeit. Auch bekannte Reden aus längst vergessen geglaubten Zeiten sind noch jetzt präsent. Wenn ich in meinen Workshops nach der bekanntesten Rede der Menschheitsgeschichte frage, dann kommt zu 99 % eine der zwei folgenden Antworten. Entweder John F. Kennedy mit seinem berühmten Ausspruch „Ich bin ein Berliner", wobei die meisten Menschen keine Ahnung haben, was er in der Rede inhaltlich gesagt hat. Oder „I have a dream" von Martin Luther King. Interessanterweise wissen fast alle, worum es in dieser Rede ging, auch wenn nur die Wenigsten im Sommer 1969 schon auf der Welt waren. Das ist besonders vor dem Hintergrund erstaunlich, dass wir in einem der vorigen Kapitel gelernt haben, dass sich das Publikum so gut wie nichts aus einem Vortrag merkt. Dieses Beispiel zeigt, dass es doch geht. Es ist nur wichtig, die Kernaussage richtig zu wählen und diese in eine gute und emotionale Geschichte zu verpacken. Martin Luther King hat dies offensichtlich sehr gut gemacht. Sonst hätte seine Botschaft nicht mehrere Jahrzehnte überdauert.

Was macht nun also eine Rede aus?

Hier stehst Du im Mittelpunkt, nicht die visuellen Hilfsmittel. Deine Stimme, Deine Körpersprache und Deine Fähigkeit, eine Geschichte zu erzählen, sind entscheidend. Konzentriere Dich auf den Aufbau einer starken Struktur und darauf, Deine Botschaft klar und überzeugend zu vermitteln. Genauso, wie wir es im Teil 2 gemeinsam erarbeitet haben. Wenn Du die Planung und Vorbereitung nach HAUS DES REDENS METHODE durchläufst, dann bist Du für alle Arten von Reden gerüstet. Hier noch eine kurze Übersicht, welche Arten von Reden es geben kann:

- **Freie Rede:** Bei der freien Rede agierst Du völlig ohne irgendwelche Hilfsmittel. Dies ist die beste und authentische, aber auch die schwierigste Art einer Rede. Die Königsdisziplin sozusagen! Du musst Dein Thema in Struktur, Inhalt und Kernaussage so gut kennen, dass Du darüber sprechen kannst, ohne ablesen zu müssen. Da Dir auch die visuellen Hilfsmittel fehlen, musst Du Bilder in den Köpfen der Menschen erzeugen. Das erfordert eingehende Vorbereitung, Übung und ein tiefes Verständnis des Themas. Der Vorteil? Du wirkst authentischer und kannst besser mit Deinem Publikum interagieren. Die besondere Herausforderung liegt also darin, die Kernbotschaften im Kopf zu behalten und gleichzeitig natürlich und fließend zu wirken. Die ganze Rede auswendig zu lernen wäre eine Möglichkeit - von dieser rate ich aber ab. Denn damit setzt Du Dich selbst sehr unter Druck, um nichts zu vergessen. Was ziemlich sicher dazu führt, dass genau das passiert. Bis hin zum totalen Blackout. Und außerdem wirkt eine auswendig gelernte selbst dann nicht zu 100 % authentisch, wenn Du Dich an alles erinnern kannst. Ich empfehle Dir hier folgende Vorgangsweise der HAUS DES REDEN METHODE. Baue Dir die Struktur Deiner Inhalte zusammen, als würdest Du eine Führung durch Dein eigenes Haus machen. Du beginnst im Erdgeschoss mit dem Start und gehst hier von einem Raum zum nächsten. Jeder Raum steht für einen Inhalt. Je nach Umfang des Inhalts reicht Dein Erdgeschoss aus oder Du brauchst noch weitere (Themen-)Räume im 1. oder gar 2. Stock. Dabei umfassen die Räume nur die Themengebiete in einer logischen Aneinanderreihung. Die dazugehörigen Inhalte formulierst Du frei während Deiner Rede, ganz wie im normalen Leben, wenn Du mit Menschen sprichst. Aufgrund der Tatsache, dass die Räume nur die Überschriften der Themen enthalten, musst Du Dir nur wenige Dinge und deren Aneinanderreihung merken. Dies nimmt Dir den Druck, nichts zu vergessen und gibt Dir die nötige Lockerheit, um wirklich authentisch rüberzukommen.

- **Niedergeschriebene Rede:** Dieser Ansatz ist weniger flexibel, kann aber hilfreich sein, wenn Du Dich auf jedes Wort verlassen musst, wie bei offiziellen Anlässen oder sehr formalen Settings. Der Nachteil? Es kann schnell monoton und langweilig wirken, wenn Du nur vom Blatt abliest. Denn es heißt ja Rede und nicht Lesestunde. Um das zu vermeiden, übe Deine Rede so zu halten, dass sie trotz des Skripts lebendig und dynamisch wirkt. Betonung, Pausen und Blickkontakt sind hier Schlüsselelemente. Am besten funktioniert eine niedergeschriebene Rede an einem Rednerpult. Denn dort fällt es nicht so sehr auf, wenn Du öfter auf Deine Notizen blickst, wie bei einem „offenen Auftritt" auf der Bühne.

- **Rede mit Moderationskarten:** Moderationskarten sind ein Mittelweg zwischen einer freien und einer vollständig niedergeschriebenen Rede. Sie enthalten Stichpunkte oder Schlüsselbegriffe, die Dir helfen, den Faden zu behalten, ohne dass Du ablesen musst. Der Trick besteht darin, die Karten so zu gestalten, dass sie Dich unterstützen, ohne dass

Du ständig darauf schauen musst. Sie ermöglichen es Dir, strukturiert zu bleiben und gleichzeitig einen natürlichen Gesprächsfluss zu bewahren. Im Prinzip enthalten die Karten aber genau die Inhalte bzw. die Struktur, die ich Dir in der „Freien Rede" mit dem Haus-Modell erklärt hatte (strukturierter Weg durch die Räume). Somit sind die Moderationskarten praktisch der „Schwindelzettel" der Rede. Und wie in der Schule, so kann es auch hier passieren, dass Du beim Schreiben der Schwindelzettel den Inhalt so genau lernst, dass Du den Zettel am Ende oft gar nicht mehr brauchst. Vielleicht schaffst Du es schon bald, die Moderationskarten ganz wegzulassen und völlig frei zu sprechen. Am Beginn Deiner Rede-Karriere kannst Du diese aber sehr gut als Absicherung sowie als „Blitzableiter" für Deine Hände (damit Du etwas in der Hand hast) verwenden.

Denk daran, unabhängig davon, welche Form der Rede Du wählst, das Ziel ist immer, eine Verbindung zu Deinem Publikum herzustellen und Deine Botschaft effektiv zu übermitteln. Jede Methode hat ihre eigenen Herausforderungen und Vorteile, und es liegt an Dir, den Stil zu wählen, der am besten zu Dir und Deinem Anlass passt.

Flipchart/Whiteboard

Bei Flipchart & Whiteboard liegt der Charme in der Einfachheit. Mit einfachen Zeichnungen und Skizzen kannst Du Deine wichtigsten Punkte unterstreichen oder komplexe Themen vereinfacht darstellen. Diese Methode ist besonders interaktiv, weil Du während der Präsentation Ideen entwickeln und visualisieren kannst. Das steigert die Aufmerksamkeit und hilft dem Publikum, die Inhalte einfacher zu verstehen.

„Aber ich kann doch nicht zeichnen". Ist das der Satz, der Dir gerade durch den Kopf gegangen ist? Falls ja, dann kann ich Dir sagen, Du bist nicht allein. Viele Menschen zögern, Flipcharts oder

Whiteboards zu nutzen, weil sie glauben, sie könnten nicht zeichnen. Doch das ist ein Irrtum. Zeichnen für Präsentationszwecke ist nicht gleichzusetzen mit künstlerischem Zeichnen. Es geht um einfache, verständliche Symbole und Strukturen, die Deine Worte unterstützen. Du musst damit keinen Schönheitspreis gewinnen, sondern nur das Verständnis Deines Publikums. Es geht um die Vermittlung einer Idee, nicht um Perfektion in der Kunst.

Eine Geschichte aus meiner eigenen Erfahrung zeigt, wie wirkungsvoll das sein kann. Vor einigen Jahren war ich Mitglied eines Vereins von IT-Unternehmen in Wien, namens it-alliance. Wir trafen uns in regelmäßigen Abständen, um uns über diverse Themen auszutauschen. Es gab Vorträge, Diskussionen und Netzwerk-Treffen. Um uns gegenseitig besser kennenzulernen und mehr über unsere Unternehmen zu erfahren, gab es bei jedem Treffen eine Kurzvorstellung aller Mitglieder in Form einer 60-Sekunden-Präsentation. Außerdem hatte jedes Mitglied einmal die Chance, sich und sein Unternehmen in einer 10-Minuten-Präsentation detaillierter vorzustellen. Normalerweise wurden in diesen Fällen dann PowerPoint-Präsentationen vorbereitet, um tiefer in die Materie einzutauchen und Beispiele seines Schaffens zu zeigen. Auch ich hätte für diesen Fall eine Multimedia-Präsentation (mit Prezi statt PowerPoint) erstellt. Aber, aus irgendeinem Grund hatte ich meinen Termin nicht im Kalender eingetragen. Als dann der Tag gekommen war, fiel ich aus allen Wolken, als der Leiter des Treffens zur Begrüßung meinte: „Und zur 10-Minuten-Präsentation wird uns heute Mike von seinem Unternehmen berichten." Nach einer kurzen Schockstarre dachte ich nach, ob und wie ich die Präsentation trotzdem machen könnte. Mir wurde klar, dass ich ja eigentlich nur erzählen musste, was ich den ganzen Tag so machte und was meine Kunden von meinen Leistungen und mir erwarteten. Damals war ich im Webdesign & Online-Marketing-Business tätig. Als ich an der Reihe war, ging ich zum Flipchart und zeichnete folgendes Bild.

Ich startete mit der Frage „Wer weiß, was das ist?" Die Antwort „Eine Website" kam ziemlich schnell. „Richtig! Ich erstelle Webseiten und sorge dafür, dass sie gefunden werden. Denn nur wenn eine Website gefunden wird, kann sie auch erfolgreich sein!". Somit war ich mitten im Thema.

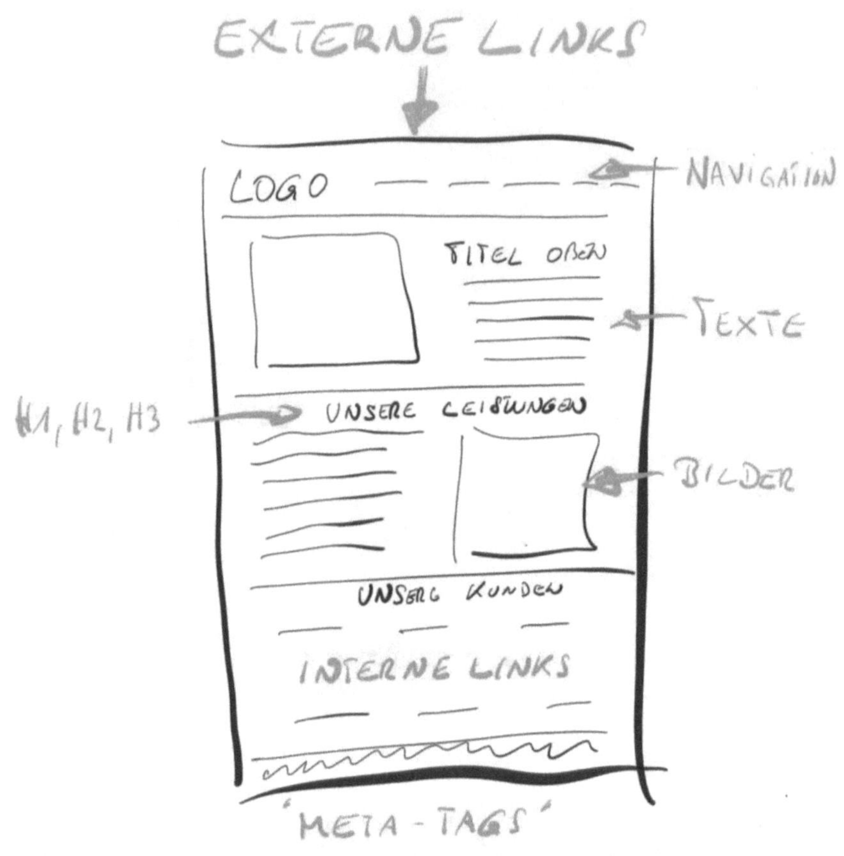

Ich erklärte anhand der farbigen Pfeile und Beschriftungen,

- aus welchen Teilen eine Website besteht,
- wie sich diese auf die Auffindbarkeit der Seite auswirken (Onsite-Optimierung)
- warum es wichtig ist, eine gut sichtbare Website zu haben und
- was man tun kann, damit die eigene Website besser gefunden wird.

Anhand dieses einen Flipchart-Bilds machte ich somit einen Streifzug durch die Themen Webdesign & Online-Marketing - vor allem SEO (Suchmaschinen-Optimierung).

Um den Zusammenhang der eigenen Website mit der Google Suche zu verdeutlichen, zeichnete ich noch ein zweites Bild eines Google-Suchergebnisses. Anhand der farbigen Beschriftungen beschrieb ich, wie & wo sich SEO (Suchmaschinenoptimierung) auf die Google Suche auswirkt und was man im Gegenzug dazu, unter SEA (Bezahlte Suchmaschinen-Werbung) versteht.

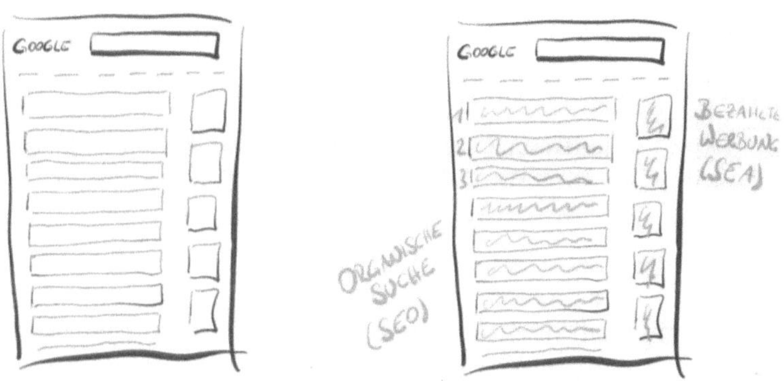

2 einfache Zeichnungen für rund 10 Minuten Vortrag. Und wie Du siehst, sind die Zeichnungen nicht die Krone der künstlerischen Schöpfung. Im Grunde bestehen sie nur aus einfachen Grafiken (Rechtecken & Linien) sowie ein paar Beschreibungen.

ABER, sie waren erfolgreich! Denn nach meinem Vortrag kamen gleich mehrere Personen auf mich zu und meinten, **„sie würden das in Zukunft auch öfter so machen, weil ihnen diese Art der Präsentation so gut gefallen hat"**. Aber nicht nur gut gefallen, sie hatten auch alle den Eindruck, wirklich etwas gelernt zu haben. Was bedeutet, dass sie etwas mitgenommen haben. Und das ist ja - wie schon öfter angesprochen - das Ziel.

Der Grund dafür liegt darin, dass sie alle - durch die Zeichnung und meine dazugehörigen Worte - vor ihren Augen etwas entstehen sahen. Sie konzentrierten sich auf die Entwicklung meiner Idee, die sie live mitverfolgen konnte. Sie waren somit mittendrin statt nur dabei. Sie fühlten sich als Teil des Ganzen, waren einbezogen und gleichzeitig gefesselt. Und das ist der Grund, warum Flipchart und Whiteboard so einfache und dennoch geniale Tools für jede Art von Präsentation sind.

Eine gesamte Präsentation mit Flipchart zu halten ist oft zu viel und funktioniert auch nur in kleinen Setups mit wenig Publikum. Aber es macht immer Sinn, Teile Deines Vortrags über diese Medien abzuhalten. Es bringt Aufmerksamkeit und schafft Abwechslung während der Präsentation. Ein Flipchart ist bei mir bei jedem Training, Workshop und auch **bei jeder Präsentation fix dabei.**

Plakat als Alternative

Eine spezielle Form der Flipchart-Präsentation sind vorbereitete Plakate. Der Einsatz von Plakaten in Präsentationen, eine Methode, die sowohl von Schulkindern als auch von professionellen Werbeagenturen verwendet wird, zeigt, dass Einfachheit oft der Schlüssel zum Erfolg ist. Plakate erlauben es Dir, vorab sorgfältig ausgewählte Informationen und Visualisierungen zu präsentieren. Sie bieten den Vorteil der Vorbereitung, ohne die Gefahr der Überfrachtung, die multimediale Präsentationen mit sich bringen können. Sie sind besonders effektiv, um komplexe Ideen auf ihre Essenz zu reduzieren und diese in einer klaren, visuell ansprechenden Form zu präsentieren. Fertige Plakate haben aber den Nachteil, dass das Publikum nicht Teil der Entstehung (der Zeichnung) ist. Der große Vorteil des Flipcharts, dass die Zuhörer Teil der Entstehung sind und daher diese mit mehr Aufmerksamkeit verfolgen, fällt in diesem Fall weg. Dennoch können Plakate ein sehr effektives Mittel der Präsentation sein.

Aber ich kann nicht zeichnen

Abschließend möchte ich noch einmal kurz auf den Fehlgedanken des „ich kann nicht zeichnen" zurückkommen. Der Grund für diesen Irrglauben liegt meist nicht in der tatsächlichen Unfähigkeit des (künstlerischen) Zeichnens, sondern darin, dass sich die Personen vor dem Urteil Anderer fürchten. Und? Fällt Dir etwas auf? Es ist dieselbe Angst, die wir schon ganz am Anfang dieses Buches behandelt haben. Aber es geht nicht darum, für wie künstlerisch wertvoll das Publikum Deine Zeichnung hält. Es geht ausschließlich darum, ob Du Deine Idee mit Hilfe Deiner Zeichnung rüberbringen kannst oder nicht. Und glaube mir, die schlimmsten Zeichnungen können die komplexesten Dinge erklären. Lass Dich niemals von dieser Angst abhalten, zum Flipchart zu greifen. Erinnere Dich daran, was das Publikum will. Sie möchten etwas mitnehmen (Stichwort <u>WIIFM</u>). Und wenn Du ihnen mit Hilfe einer einfachen Zeichnung ein komplexes Thema erklären kannst, dann werden sie etwas mitnehmen. Und sie werden es Dir danken, dass Du es einfach gehalten hast. Immer und immer wieder. Auch das kann ich Dir aus meiner eigenen Erfahrung versprechen!

Wenn ich Dich jetzt vom Medium Flipchart überzeugt habe, Du Deine Zeichenkünste aber noch verbessern willst, dann empfehle ich Dir eines dieser beiden Bücher:

- **Flipchart: Das Praxisbuch für Einsteiger** (mitp Business) Broschiert – 19. Juli 2018 - von Heike Haas (Autor): https://amzn.to/487UuBn

- **Der Flipchart-Coach. Profi-Tipps zum Visualisieren und Präsentieren am Flipchart** (Edition Training aktuell) - Taschenbuch – von Axel Rachow (Autor), Johannes Sauer (Autor): https://amzn.to/498eKo1

Aber noch weit mehr als diese Bücher, empfehle ich Dir, es einfach auszuprobieren. Du wirst überrascht sein, welchen Eindruck Du damit hinterlassen wirst!

Multimedia Präsentations-Tools

„A fool with a tool, is still a fool."
Grady Booch

Nach den analogen kommen nun die digitalen Tools an die Reihe. Die Nutzung von Technologie, wie PowerPoint oder ähnlicher

Software, ermöglicht es Dir, komplexe Informationen visuell ansprechend zu gestalten. Leider glauben viele Menschen, dass allein die Verwendung eines bestimmten Werkzeugs schon den Erfolg garantiert. Beispielsweise gab es eine Zeit, in der viele Menschen vom (für sie faden) PowerPoint auf das (für sie moderne) Prezi umsteigen wollten. Dabei ist es aber nicht das Tool, das fad oder modern ist, sondern einzig und allein die richtige oder falsche Verwendung des Werkzeugs entscheidet über Erfolg oder Misserfolg. Genau das ist es auch, was das einleitende Zitat ausdrückt. Oder, wie es einer meiner englischsprachigen Kollegen einmal auf den Punkt brachte: „PowerPoint doesn't suck, you do!"

Du bist damit natürlich nicht persönlich gemeint, denn Du bist ja hier. Und das heißt, Du willst lernen, wie man Inhalte und Tools so benutzt, dass sie zum Erfolg führen.

Untenstehend findest Du eine kleine Auswahl an gängigen Präsentations-Tools, die Du für Deine Präsentation verwenden kannst. Denke aber immer daran, dass Multimedia NUR ein Hilfsmittel ist – Du bist der Star der Show. Überladene Folien oder zu viele technische Spielereien können vom Inhalt ablenken. Halte es einfach und zielgerichtet.

- **PowerPoint**: Microsoft PowerPoint ist wahrscheinlich das bekannteste Werkzeug für Präsentationen. Seine Stärke liegt in der Benutzerfreundlichkeit und der breiten Verfügbarkeit. Du kannst mit verschiedenen Vorlagen, Animationen und Diagrammen arbeiten. Der Nachteil? "Death by PowerPoint" tritt ein, wenn Präsentationen überfrachtet und monoton werden, mit endlosen Folien voller Text und übermäßiger Nutzung von Bullet-Points. #nobulletpoint

- **Keynote**: Keynote, Apple's Antwort auf PowerPoint, bietet ähnliche Funktionen, aber mit einem stärkeren Fokus auf Design und Ästhetik. Seine Benutzeroberfläche ist intuitiv, und es gibt viele elegante Vorlagen. Ein Nachteil könnte sein, dass es primär für Mac-Nutzer optimiert ist, was die Kompatibilität mit anderen Systemen einschränken kann.

- **Prezi**: Prezi (https://prezi.com/) bietet einen dynamischen, nicht linearen Ansatz für Präsentationen. Statt lineare Folien nach und nach durchzuklicken, zoomst und schwenkst Du durch eine große Leinwand und kannst auch in die Tiefe zoomen, um näher auf Details einzugehen. Bei richtiger Anwendung kann das die Präsentation sehr viel eindrucksvoller machen, als es eine PowerPoint je sein könnte. Als einer von nur sehr wenigen offiziellen Prezi Experten weltweit, bin ich klarerweise ein Prezi-Fan & -Befürworter. Prezi ist an sich relativ einfach zu benutzen, allerdings erfordert es ein Umdenken bezüglich Dramaturgie, Aufbau und Struktur einer Präsentation. Wenn Du schon mit Mindmaps arbeitest, ist Prezi ein wahrer Segen für Dich, da Du die Struktur Deiner Mindmap perfekt in Prezi abbilden kannst. Für Prezi Anfänger habe ich einen rund 2-stündigen Online-Kurs (https://www.mcprezi.academy/prezi-online-kurs) zusammengestellt, in dem Du alles über Prezi lernst, um sofort mit einer völligen neuen Art der Präsentation durchzustarten. Wenn Du keine Zeit oder keine Lust hast, Deine Präsentation selbst zu erstellen, dann steht Dir auch der Done-For-You-Service meiner Agentur MCPREZI zur Verfügung. Wir erstellen Deine Präsentation für Dich - komplett nach Deinen Ideen und Wünschen.

- **Canva**: Canva (https://www.canva.com/) ist eine Design-Plattform für Nichtdesigner, die auch für Präsentationen genutzt werden kann. Es bietet eine Vielzahl an Vorlagen und ist besonders für visuell ansprechende Präsentationen geeignet. Canva enthält in der Bezahlversion auch sehr viele Bilder, Fotos und andere grafische Elemente, was die Bearbeitung der Präsentation sehr erleichtert. Die Präsentationen können entweder direkt in Canva präsentiert, aber auch als PDF oder PowerPoint exportiert werden. Aufgrund der Einfachheit, Benutzerfreundlichkeit und der großartigen Vorlagen stellt es aktuell die beste Alternative zu PowerPoint dar, wenn Du bei folienbasierten Präsentationen bleiben willst.

- **Google Slides**: (https://www.google.com/intl/de_at/slides/about/) Google Slides ist ein kostenloses, webbasiertes Präsentationsprogramm, das Teil der Google Drive-Suite ist. Es ermöglicht Nutzern, Präsentationen online zu erstellen, zu bearbeiten und gemeinsam zu nutzen. Der Hauptunterschied zu anderen Präsentationsprogrammen wie Microsoft PowerPoint liegt in der starken Ausrichtung auf Kollaboration und Zugänglichkeit. Mehrere Nutzer können gleichzeitig an einer Präsentation arbeiten, Änderungen werden in Echtzeit für alle sichtbar. Da es cloudbasiert ist, sind Präsentationen von jedem Gerät mit Internetzugang zugänglich, was eine flexible Bearbeitung und Präsentation ermöglicht. Google Slides unterstützt zudem die einfache Integration anderer Google-Dienste und bietet eine Vielzahl an Vorlagen und Designoptionen.

- **Presono**: Presono (https://presono.com/) ist eine innovative Präsentationssoftware aus Österreich, die Funktionen wie interaktive Inhalte und Datenintegration bietet. Es ermöglicht eine nahtlose Kombination von Präsentationen und Datenmanagement. Von der Möglichkeit der Bewegung innerhalb der Präsentation ist fast eine Mischung aus PowerPoint und Prezi.

- **Haiku Deck**: Haiku Deck (https://www.haikudeck.com/) legt den Schwerpunkt auf Einfachheit und Klarheit mit einer begrenzten Auswahl an Layouts und Schriftarten, aber einer großen Auswahl an Bilder, die immer vollflächig als Folien-Hintergrund eingebaut werden. Die vorhandenen Textfelder verwenden große Schriftarten, wodurch nur wenig Text auf die einzelnen Folien passt. Dies zwingt Dich dazu, Dich auf das Wesentliche zu konzentrieren. Es ist ideal für schnelle, saubere Präsentationen, aber nicht so optimal für komplexe oder detaillierte Inhalte.

Videos in Präsentationen

Video ist aktuell DAS Medium in sozialen Netzwerken. Und auch in Präsentationen können kurze Videos immer einen echten Mehrwert liefern. Denn erstens bieten sie eine Abwechslung zu den Präsentationsfolien und außerdem kann man in einem Video komplexe Dinge und Emotionen kurz und sehr eindrucksvoll darstellen. Achte aber darauf, dass das Video qualitativ hochwertig ist und nahtlos in Deine Präsentation integriert wird.

- **Vortragsvideo**: Ein Vortragsvideo, in dem Du selbst sprichst oder ein Experte zu Wort kommt, kann eine persönliche Note in Deine Präsentation bringen. Es kann auch dazu beitragen, komplexe Informationen zugänglicher zu machen. Gute Beispiele für diese Art von Videos wären auch Vorträge von TED- bzw. TEDx-Konferenzen, da diese Präsentationen zu sehr vielen Themen in außergewöhnlicher Qualität bieten.

- **Explainer-Video**: Explainer- (bzw. zu Deutsch Erklär-)Videos sind eine fantastische Möglichkeit, um komplizierte Konzepte oder Prozesse auf einfache und verständliche Weise zu vermitteln. Sie verwenden häufig Animationen und visuelle Metaphern. Solche Videos sollten kurz und prägnant (max. 2 Minuten) sein, um die Aufmerksamkeit des Publikums nicht von der Hauptbotschaft Deiner Präsentation abzulenken.

Weitere Beispiele für Videos wären

- Image-Videos für Unternehmen, Regionen usw.,

- Aftermovies von Veranstaltungen & Events,

- Beispiel-Videos für die Anwendung von Tools, Software usw.,

- Kunden-Beispiele, die zeigen, wie andere Anwender eine gewisse Lösung verwenden sowie

- Testimonial-Videos, in denen Kunden über ihre Erfahrungen berichten

- und alles, was man sonst noch als Video darstellen kann.

In der Welt der Multimedia-Präsentationen gibt es eine unendliche Vielzahl von Tools und Techniken, die Du nutzen kannst. Wenn Du Tools verwenden willst, dann bitte wähle diejenigen aus, die am besten zu Dir, Deiner Botschaft und Deinem Stil passen. Das Werkzeug Deiner Wahl musst Du so verwenden & beherrschen, dass es für Dich & Dein Publikum einen Mehrwert bietet. Ein gutes Tool schlecht angewendet, ändert gar nichts bzw. schadet mehr, als es hilft. Mit Hilfe von Video-Tutorials oder Online-Kursen kannst Du Dich mit jedem der oben genannten Tools schnell vertraut machen, um es gewinnbringend zu nutzen.

Aber denke immer daran, dass Deine Inhalte und Deine Fähigkeit, sie zu präsentieren, wichtiger sind als die Tools, die Du verwendest.

Mix aus allen Arten & Möglichkeiten

Aber warum nur einzelne Arten verwenden, wenn auch die Kombination mehrerer Varianten möglich ist. Das Beste aus allen Welten sozusagen. Scheue Dich also nicht davor, verschiedene Präsentationsformen zu kombinieren. Eine Rede mit gelegentlichen Einblendungen von Multimedia-Elementen oder das Wechseln auf Flipchart & Whiteboard kann sehr wirkungsvoll sein.

Durch den Wechsel der Anwendungen entsteht eine Abwechslung, die die Aufmerksamkeit des Publikums erhöht. Der Schlüssel zum Erfolg ist die nahtlose Integration, sodass die Übergänge flüssig und natürlich wirken. Und natürlich funktioniert es nur, wenn auch DU Dich mit dieser Abwechslung wohlfühlst.

Online Präsentation

In unserer digitalen Welt sind Online-Präsentationen ein fixer Bestandteil unseres Lebens. Zoom, Microsoft Teams und Webex begleiten uns fast jeden Tag. Bei einer Online-Präsentation ist es besonders wichtig, die technischen Aspekte zu beherrschen, eine klare und engagierte Kommunikation aufrechtzuerhalten und visuelle Hilfsmittel effektiv einzusetzen.

Die größte Herausforderung liegt aber darin, die Aufmerksamkeit des virtuellen Publikums zu gewinnen und zu halten. Im Online-Setting ist das noch schwieriger als bei einer Live-Präsentation vor Publikum. Um dies zu meistern, solltest Du interaktive Elemente wie Umfragen oder Q&A-Sessions einbauen, Deine Präsentation visuell ansprechend gestalten und regelmäßig das Engagement überprüfen. Also eigentlich wie im Live-Setting, aber die einzelnen Elemente sind hier noch wichtiger.

Zudem ist eine gute Vorbereitung auf technische Schwierigkeiten und eine klare Strukturierung der Inhalte entscheidend, um eine erfolgreiche Online-Präsentation zu gewährleisten.

Neue Tools wie **Prezi Video** (https://prezi.com/de/video/) können Dir hierbei helfen. Prezi Video lässt sich mit allen gängigen Online-Meetingtools verbinden, hat aber den Vorteil, dass Dein Video nicht als kleines Bild irgendwo am Bildschirm erscheint, sondern Du neben Deiner - am Bildschirm geteilten - Präsentation sichtbar bist. Auf der einen Seite Du, auf der anderen Seite Deine Präsentation - bildschirmfüllend. Oder wie es Prezi auf der Website sagt: **„Mehr Engagement. Bessere Meetings. Sie und Ihr Inhalt gemeinsam auf dem Bildschirm. Der einfachste Weg, das Engagement in Ihren hybriden und virtuellen Meetings zu steigern.“**

Damit ist eigentlich alles in einem Slogan auf den Punkt gebracht. Und ich denke, Du weißt, worauf es ankommt, nicht wahr?

Spezielle Präsentations- & Rede-Formate

Mit den bisher genannten Präsentationsarten kannst Du JEDE Art von Präsentations- und Rede-Situationen meistern. In diesem Unter-Kapitel möchte ich Dir aber noch ein paar Spezialformate näher bringen, um Dir zu zeigen, was die Welt der Präsentation noch so alles für Dich bereithält. Diese dienen vorerst nur zur Erweiterung Deines Horizonts und Deines Wissens über Präsentation & Rhetorik. Das eine oder andere Format wirst Du vielleicht schon bald selbst nutzen (wollen). Und je fortgeschrittener Du bist, desto eher wirst Du auch für die komplexeren Varianten bereit sein. Aber dies ist keinesfalls ein Muss!

- **Job- oder Unternehmens-Slogan**: Ein Slogan als Präsentationsform? Das erscheint Dir jetzt vielleicht etwas sonderbar. Aber wenn wir genau hinsehen, dann sind Slogans die kürzeste Form einer Präsentation - in einem Satz auf den Punkt gebracht. Du kennst sicher viele berühmte Unternehmensslogans von großen Unternehmen wie „Just do it" (Nike), „Freude am Fahren" (BMW), „Vorsprung durch Technik" (Audi) oder „We fly for your smile" (Austrian Airlines). Diese Slogans geben uns Kunden eine kurze, prägnante und emotionale Erklärung darüber, was das Unternehmen (aus)macht. Der Slogan bildet somit eine emotionale Differenzierung zu allen anderen Unternehmen, die dasselbe machen, z.B. Autos produzieren. Dasselbe gilt auch für Deinen Job oder Dein eigenes (kleines oder großes) Unternehmen. Im Gegensatz zu einem großen Konzern geht es bei Dir wahrscheinlich (noch) nicht um den Aufbau einer internationalen Marke. Sehr wohl aber darum, worum es bei Präsentationen immer geht - nämlich in Erinnerung zu bleiben. Im Alltag startet ein Gespräch regelmäßig mit der Frage „Und, was machen Sie beruflich?". Ich bin mir sicher, diese Frage wurde auch Dir schon vielfach gestellt. Wenn Du es wie die meisten machst, dann hast Du darauf direkt mit Deiner Jobbezeichnung geantwortet. Also, ich bin „Mechaniker", „Webdesigner", „Account Manager", „Verkäufer" usw. Bei

Handwerksberufen sagen diese Bezeichnungen so viel aus, dass das Gegenüber versteht, was man tut - Mehrwert gleich inklusive. Was aber, wenn Du Account Manager, Webdesigner oder - wie in meinem Fall - Präsentationsdesigner & -trainer bist? Dann können nur die allerwenigsten Menschen damit etwas anfangen. Und selbst wenn Du kurz erklärst, was Du genau machst, dann wird Dein Gegenüber (= Ein-Personen-Publikum) es schon in der nächsten Sekunde vergessen haben und das Gespräch ist beendet. Und das, obwohl Du vielleicht gerade einen potenziellen Kunden vor Dir stehen hast. Ich kann das aus meiner eigenen Erfahrung bestätigen. Zu Beginn meiner Selbstständigkeit war meine Antwort „Ich mache Webdesign, Suchmaschinen-Optimierung und Social Media" (Oh mein Gott, wie fad. Abgesehen davon, dass es tausende Firmen gibt, die genau dasselbe machen). Mit dem Einstieg ins Präsentations-Business habe ich dann gesagt „Ich erstelle Präsentationen für Unternehmen oder zeige Menschen, wie man das richtig macht." Dieser Satz war zwar schon besser als „Ich bin Präsentationsdesigner", dennoch hat er bei meinen Gesprächspartnern nur selten Interesse geweckt. Als ich meinen Slogan aber auf „Ich rette die Welt vor faden Präsentationen" änderte, änderte sich plötzlich alles. Jedes Mal ergab sich daraus ein Gespräch, indem meine Gegenüber nachfragten, Interesse zeigten und ich bei ihnen im Gedächtnis blieb. Und das nur, weil ich - wie auch bei den großen Präsentationen - den Fokus weg von mir, hin zur Problemlösung des Publikums - gelegt hatte. Erkennst Du den Unterschied? Wie könnte Dein Slogan lauten, wenn Du die Problemlösung Deiner Kunden in den Vordergrund stellen würdest?

- **Elevator Pitch** (30 Sekunden): Ein Elevator Pitch ist eine kurze, prägnante Vorstellung einer Idee, eines Produkts oder einer Dienstleistung, die in der Zeit eines Aufzugfahrens (daher der Name) präsentiert wird – typischerweise innerhalb von rund 30 Sekunden. Der Zweck eines Elevator Pitchs ist es, Interesse zu wecken und einen bleibenden Eindruck zu hinterlassen, oft in einer sehr knappen Zeit, wie bei einem zufälligen Treffen mit einem potenziellen Investor oder Kunden. Der Elevator Pitch sollte klar, überzeugend und auf den Punkt gebracht sein, um die Zuhörer schnell für die vorgestellte Idee zu begeistern. Ein Beispiel für einen Elevator Pitch könnte sein: "Unsere App hilft kleinen Unternehmen, ihre Buchhaltung zu automatisieren, Zeit zu sparen und Fehler zu vermeiden. Sie ist benutzerfreundlich und kosteneffizient."

- **60-Sekunden-Präsentation**: Die 60-Sekunden-Präsentation ist eine gängige Methode bei Business-Netzwerktreffen (wie z. B. BNI und ähnliche), bei der Teilnehmende die Möglichkeit haben, sich selbst und ihr Unternehmen kurz vorzustellen. Diese Art der Präsentation bietet die Gelegenheit, sich und seine Geschäftstätigkeit einem Publikum von potenziellen Partnern, Kunden oder Investoren vorzustellen. Der Fokus liegt auf der klaren Kommunikation des eigenen Angebots und des einzigartigen Wertes, den man oder das Unternehmen bringt. Diese Präsentationen sind oft der erste Schritt zum Aufbau wertvoller Geschäftsbeziehungen und sollen das Interesse der Zuhörer wecken, mehr zu erfahren.

- **Pecha Kucha** (6 Minuten, 40 Sekunden): Pecha Kucha (japanisch für „dauernd redend") ist eine Präsentationsform, die meist bei eigenen Veranstaltungen - sogenannten Pecha Kucha Nights - verwendet wird. Dabei werden 20 Folien jeweils genau 20 Sekunden lang gezeigt. Nach 20 Sekunden springt die jeweilige Folie automatisch weiter. Somit dauert jede Präsentation genau 6 Minuten und 40 Sekunden. Diese Methode zwingt Dich dazu, Deine Gedanken gut zu strukturieren und auf den Punkt zu bringen. Allerdings auch nicht zu schnell. Denn wenn Du mit Deinen Gedanken zu einer Folie zu schnell fertig bist, dann kann das „Warten" bis zur nächsten Folie wie eine Ewigkeit wirken. Aber gerade das macht diese Präsentationsform besonders herausfordernd und oftmals auch lustig. Sie eignet sich hervorragend für eine knappe, aber tiefgründige Darstellung von Ideen. Weltweit gibt es in mehr als 800 Städten Pecha Kucha Nights. Mehr Informationen darüber findest Du auf der offiziellen Website des Pecha Kucha Networks https://www.pechakucha.com/

- **Ignite Präsentation** (5 Minuten): Ignite ist englisch für „entzünden" und steht für das Ziel der Präsentationsform, nämlich das Publikum schnell für seine Inhalte zu begeistern. Vom Format her wie Pecha Kucha, aber mit 20 Folien, die jeweils nur 15 Sekunden lang gezeigt werden. Somit beträgt die Präsentationsdauer genau 5 Minuten. Während Pecha Kucha im Jahr 2003 das erste Mal in Japan auftauchte, wurde etwas kürzere Version im Jahr 2006 in den USA ins Leben gerufen.

- **Blitzvortrag** (5 Minuten): Diese kurzen Präsentationen, oft nicht länger als fünf Minuten, sind darauf ausgelegt, eine Kernidee schnell und effizient zu vermitteln. Sie sind ideal, um viele Themen in kurzer Zeit zu behandeln. Im Gegensatz zur Ignite Präsentation ist die Menge der Folien und die Länge der Ansicht nicht geregelt.

- **Science Slam** (10 Minuten): Ein Science Slam ist ein wissenschaftlicher Vortragswettbewerb, bei dem Wissenschaftlerinnen und Wissenschaftler komplexe Forschungsthemen in kurzen (maximal 10 Minuten), verständlichen und unterhaltsamen Präsentationen dem Publikum näherbringen. Das Besondere am Science Slam ist die Kombination aus wissenschaftlicher Genauigkeit und unterhaltsamer Darstellung. Es geht nicht nur darum, Fakten zu vermitteln, sondern das Thema auf eine kreative, oft humorvolle Weise zu präsentieren, die ein breites Publikum anspricht. Durch den Einsatz von Storytelling, visuellen Hilfsmitteln und manchmal sogar theatralischen Elementen wird Wissenschaft für alle zugänglich und erlebbar gemacht. Science Slams finden nicht nur als Wettbewerbe statt, sondern können auch Teil von wissenschaftlichen Konferenzen, öffentlichen Veranstaltungen oder Festivals sein. Die Idee hinter einem Science Slam ist es, die

Kluft zwischen der wissenschaftlichen Gemeinschaft und der breiten Öffentlichkeit zu überbrücken und Wissenschaft in einer leicht zugänglichen und ansprechenden Weise zu kommunizieren. So wird der Science Slam zu einem Schauplatz, auf dem Wissenschaft nicht nur geteilt, sondern auch gefeiert wird.

- **TED Talk** (max. 18 Minuten): TED Talks sind renommierte Vorträge, die durch die Organisation TED (Technology, Entertainment, Design) initiiert wurden. Sie haben sich zu einem globalen Phänomen entwickelt, das eine Plattform für Experten aus verschiedenen Bereichen bietet, um ihre Ideen und Erkenntnisse zu teilen. Ein wesentliches Merkmal von TED-Talks ist ihre Kürze. Die Vorträge sind in der Regel nicht länger als 18 Minuten. Diese zeitliche Beschränkung wird bewusst gesetzt, um die Redner dazu anzuregen, ihre Gedanken klar und präzise zu formulieren, und um sicherzustellen, dass das Publikum engagiert und aufmerksam bleibt. TED ist eine gemeinnützige Organisation, die sich der Verbreitung von Ideen in Form von kurzen, kraftvollen Vorträgen widmet. Ursprünglich konzentrierte sich TED auf Technologie, Unterhaltung und Design, hat aber seine Reichweite auf praktisch alle Themenfelder, von Wissenschaft bis hin zu globalen Angelegenheiten, ausgedehnt. TED-Konferenzen finden jährlich statt, und die Vorträge werden online auf der TED-Website (https://www.ted.com/) veröffentlicht. Den Hauptgrund für die große weltweite Verbreitung und den Boom rund um TED stellen aber die TEDx Veranstaltungen dar. TEDx ist ein spezielles Programm von TED, das unabhängigen Organisatoren ermöglicht, lokal TED-style Veranstaltungen zu organisieren. Diese Events sind bekannt als TEDx Talks, wobei das x für ein unabhängig organisiertes TED-Event steht. TEDx bietet die Möglichkeit, selbstorganisierte Veranstaltungen in Deiner eigenen Gemeinde oder Region zu schaffen, die den Geist von TEDs Mission „Ideas Worth spreading" (Ideen wert zu verbreiten) aufgreifen. Diese lokalen, selbstorganisierten

Veranstaltungen bringen Menschen zusammen, um eine TED-ähnliche Erfahrung zu teilen. Bei einem TEDx-Event kommen Live-Redner und TED-Talk-Videos zusammen, um tiefgreifende Gespräche und Verbindungen zu fördern. Unter https://www.ted.com/tedx/events findest Du sicher auch einen TEDx Event in Deiner Nähe. TED-Talks und TEDx Events sind somit hervorragende Plattformen, um sich inspirieren zu lassen, neue Perspektiven zu entdecken und Teil einer weltweiten Gemeinschaft zu werden, die sich dem Austausch und der Verbreitung von Ideen verschrieben hat. Sie ermöglichen nicht nur, von führenden Denkern zu lernen, sondern auch selbst Ideen in der eigenen Gemeinschaft voranzutreiben. UND vor allem, von den besten Rednern der Welt zu lernen!

Und abschließend noch 2 Formate ohne zeitliche Begrenzung.

- **PowerPoint Karaoke**: PowerPoint Karaoke ist eine spielerische Art der Präsentation, bei der die Teilnehmer spontan zu einer ihnen unbekannten PowerPoint-Folie sprechen müssen. Die Folien sind oft absurd oder humorvoll und stehen in keinem direkten Zusammenhang zum tatsächlichen Vortragsthema. Diese Methode testet die Improvisationsfähigkeit und Kreativität der Vortragenden. Es geht darum, unterhaltend und überzeugend zu sprechen, auch wenn der Inhalt der Folien unerwartet oder herausfordernd ist. PowerPoint Karaoke ist nicht nur eine unterhaltsame Übung, sondern auch ein effektives Training für Präsentationsfähigkeiten, da es die Fähigkeit verbessert, flexibel auf unvorhersehbare Situationen zu reagieren und dabei gleichzeitig das Publikum zu engagieren.

- **Lessig Methode**: Die Lessig Methode, benannt nach dem Rechtswissenschaftler Lawrence Lessig, ist eine Präsentationstechnik, bei der der Vortragende eine große Anzahl von Folien (oft mehr als 400!) verwendet, die jeweils nur sehr kurz eingeblendet werden. Jede Folie enthält nur wenige Worte oder ein Bild, die genau auf das abgestimmt sind, was der Redner gerade sagt. Die Folien wechseln schnell, oft nach nur wenigen Sekunden. Diese Methode erfordert eine präzise Abstimmung zwischen dem gesprochenen Wort und den visuellen Elementen. Sie ist besonders effektiv für das schnelle Vermitteln von Konzepten und das Schaffen eines dynamischen und fesselnden Präsentationsrhythmus. Die Lessig Methode ist sehr herausfordernd, da sie ein hohes Maß an Vorbereitung und Übung erfordert, um die Synchronisation zwischen Sprechen und Präsentationsfolien zu meistern. Ein großartiges Beispiel für die Anwendung dieser Methode ist die „Identity 2.0 Keynote" von Dick Hardt (https://www.youtube.com/watch?v=RrpajcAgR1E). Obwohl die Präsentation aus dem Jahr 2006 stammt, hat sie nichts an ihrer Faszination verloren. Die hohe Kunst einer grandios vorbereiteten Präsentation!

Jedes dieser Formate bietet einzigartige Herausforderungen und Chancen, um Präsentationen auf innovative und ansprechende Weise zu gestalten. Die meisten davon kannst Du - wenn Du Dich dabei wohlfühlst (oder einfach zum Üben) - selbst ausprobieren. Das größte Ziel aller ambitionierten Vortragenden ist es aber auf jeden Fall, irgendwann auf einer TED-Bühne zu stehen. Ein Auftritt bei TED oder TEDx gilt als eine Art Ritterschlag im modernen Vortrags-Business.

Aber nun genug mit den Präsentationsarten, denn immerhin soll es in diesem Teil 3 des Buches ja um „Visualisierung & Design" gehen. Und damit starten wir nun so richtig durch.

Visuelles Storytelling

Nachdem wir im Teil 2 die Wichtigkeit von Geschichten & Storytelling ausführlich behandelt haben, geht es im aktuellen Teil 3 der HAUS DES REDENS METHODE um die Visualisierung Deiner Inhalte bzw. den visuellen Part von Geschichten. Oder anders ausgedrückt darum, wie man Deine gut geplante Story mit visuellen

Elementen noch aussagekräftiger gestalten kann. Und die Kombination aus Visualisierung und Storytelling heißt somit **Visuelles Storytelling.**

Visuelles Storytelling ist die Kunst, Geschichten mit visueller Unterstützung zu erzählen. Es geht darum, Texte, Bilder, Grafiken, Farben und visuelle Metaphern zu nutzen, um eine Erzählung zu bereichern und zum Leben zu erwecken. Während traditionelles Storytelling sich hauptsächlich auf Worte und Sprache stützt, fügt das visuelle Storytelling eine weitere Dimension hinzu, mit der Du die Wirkung der Geschichte intensivieren und vertiefen kannst.

In einer Welt, in der wir täglich mit einer Flut von Informationen konfrontiert werden, ermöglicht visuelles Storytelling eine effektivere Kommunikation. Es spricht nicht nur den Verstand, sondern auch die Emotionen an und schafft so eine tiefere Verbindung zum Publikum. Außerdem können visuelle Elemente wie Bilder, Diagramme und Symbole komplexe Ideen vereinfachen und sie für das Publikum leichter verständlich und einprägsam machen.

Ein entscheidender Punkt beim visuellen Storytelling ist allerdings, dass Deine visuellen Elemente einen **echten Mehrwert** bieten müssen. Sie sollten die Geschichte unterstützen und ergänzen, nicht von ihr ablenken. Unpassende oder übermäßige visuelle Reize können verwirren oder die Aufmerksamkeit vom Wesentlichen ablenken. Das Ziel ist es, ein Gleichgewicht zu finden, bei dem die visuellen Elemente die Botschaft verstärken, ohne sie zu überschatten. Oder kurz ausgedrückt gilt auch bei der Visualisierung ganz strikt die **WENIGER IST MEHR** Regel.

Beispiele und Möglichkeiten, wie Dir das gelingen kann, folgen auf den nächsten Seiten.

Ein Bild sagt mehr als tausend Worte

Stell Dir vor, Du blätterst durch ein Fotoalbum – jedes Bild bringt Dich sofort zurück zu einem Moment, lässt Dich fühlen und verstehen, ohne dass ein Wort gefallen ist. Genau das meint der Spruch

"Ein Bild sagt mehr als tausend Worte". Bilder haben die Kraft, Emotionen zu wecken, komplexe Sachverhalte auf einen Blick zu vermitteln und in Erinnerung zu bleiben. Und das nicht nur im privaten Bereich, sondern auch und vor allem in einer Präsentation.

Du erinnerst Dich sicher noch, dass wir beim Fundament der HAUS DES REDENS METHODE als Schritt 5 „Emotionen statt rationalen Fakten - Bauch statt Hirn" behandelt haben. Einmal mehr schließt sich also der Kreis innerhalb meiner Methode. Denn Emotionen spielen eine wichtige Rolle in allen Reden und Präsentationen.

Der Spruch hebt aber auch hervor, wie mächtig visuelle Darstellungen im Vergleich zu bloßem Text oder gesprochener Sprache sein können. Bilder können komplexe Informationen schnell vermitteln, Emotionen wecken und Erinnerungen stärker prägen als Worte allein. Sie ermöglichen es Deinem Publikum, auf einen Blick zu erfassen, was sonst viele Worte benötigen würde.

Beispielsweise kann ein einziges Foto von einem verschmutzten Strand sofort eine Flut von Informationen und Gefühlen vermitteln, die eine lange Beschreibung kaum erreichen könnte.

Bildquelle: Unsplash – Dustan Woodhouse

Und hier noch ein kleines - wenn auch leicht überspitztes - Beispiel, wie Bilder eine Geschichte viel schneller erzählen und den Inhalt verständlich & merkbar machen können, als es komplexe Worte vermögen. Die Beispiel-Geschichte geht wie folgt:

> *„Ein Zweibein sitzt auf einem Dreibein und isst*
> *ein Einbein. Da kommt ein Vierbein und nimmt dem*
> *Zweibein das Einbein weg. Da ärgert sich das Zwei-*
> *bein und wirft mit dem Dreibein nach dem Vierbein."*

Verstehst Du, worum es in dieser Geschichte geht? Könntest Du die Geschichte nach nur einem Mal lesen vollinhaltlich wiedergeben? Ich denke nicht. Aber hier kommt die Auflösung als Bild. Nachdem Du dieses gesehen hast, bin ich mir sicher, dass Du die Geschichte 1. auf jeden Fall verstehst und sie 2. auch sofort vollinhaltlich wiedergeben & Dir merken kannst.

Mit diesem einfachen (von mir gezeichneten) Bild wird auf einen Blick alles klar und jeder kann die Geschichte sofort erzählen und sie sich auch merken! Und genau das macht den Unterschied!

In der Welt der Präsentationen wirken Bilder also gleich aus mehreren Gründen viel besser als Worte:

- **Aufmerksamkeit und Interesse:** Visuelle Elemente ziehen die Aufmerksamkeit Deines Publikums an und halten es bei der Stange. Ein interessantes Bild oder eine Grafik kann deren Interesse wecken und aufrechterhalten.

- **Förderung des Verständnisses:** Komplexe Informationen lassen sich durch Diagramme, Graphen oder Bilder einfacher und verständlicher darstellen.

- **Verbesserung der Erinnerung:** Menschen erinnern sich besser an visuelle Informationen. Nach der "Brain rule" von John Medina dominiert das Sehen über alle anderen Sinne ("Vision trumps all other senses). Bilder und visuelle Eindrücke bleiben länger im Gedächtnis haften als reiner Text oder gesprochene Worte.

- **Emotionale Wirkung:** Bilder können Gefühle und Stimmungen effektiver transportieren, was die emotionale Wirkung einer Präsentation verstärkt. Und wie schon vorher (Kapitel „Krönendes Ende") im Zitat von Maya Angelou gehört haben, „werden Menschen nie vergessen, wie sie sich bei Dir gefühlt haben."

Gute Bilder wirken! Überfüllte Textfolien hingegen können das Publikum schnell überfordern und langweilen. Zu viele Informationen auf einmal, vor allem in Textform, führen dazu, dass Zuhörer abschalten.

Für Deine Präsentation heißt das alles also kurz und knapp: **Weg mit den unsäglichen Aufzählungszeichen und Textwüsten, her mit den Bildern!** Nutze starke, aussagekräftige Bilder, die Deine Botschaft unterstützen. So fesselst Du Dein Publikum, machst komplexe Inhalte greifbar und Deine Botschaft bleibt in den Köpfen. Mach's visuell – Dein Gehirn (und das Deiner Zuhörer) wird es Dir danken!

Bilder finden & bearbeiten

Bilder sind wichtig, aber wo bekommst Du nun wirklich gute Bilder her bzw. wie kannst Du diese für Deine Bedürfnisse verändern. Und was musst Du sonst noch bei der Verwendung von Bildern beachten? All diese Fragen beantworte ich Dir in diesem Kapitel.

Direkte Darstellung oder Metapher

Die erste Frage, die es zu klären gilt, ist die Frage, ob Du lieber direkte oder metaphorische Bilder verwenden möchtest. Direkte Bilder zeigen genau das, was thematisch gemeint ist, und sind unmittelbar verständlich. Das weiter vorn gezeigte Bild vom verschmutzten Strand wäre so ein Beispiel. Hier sind keinerlei weitere Erklärungen und Gedanken nötig. Metaphorische Bilder hingegen verwenden Metaphern, um ein Thema zu illustrieren, und bieten Raum für Interpretation. Eine Metapher ist ein sprachliches Bild, das einen Begriff oder ein Konzept durch einen Vergleich, der oft bildhaft oder symbolisch ist, in einem übertragenen Sinne darstellt. Es schafft eine Verbindung zwischen zwei unterschiedlichen Dingen, indem es das eine als das andere darstellt, um eine bestimmte Eigenschaft oder Idee zu veranschaulichen.

Direkte Bilder sind klar und eindeutig, können aber auch banal wirken. Metaphorische Bilder fördern Kreativität und Engagement, erfordern jedoch von Deinem Publikum, den tieferen Zusammenhang zu erkennen. Um von einem Thema zu einer passenden Metapher zu kommen, überlege, welche übergeordneten Ideen oder Konzepte Dein Thema symbolisieren könnten. Dieser kreative Prozess eröffnet neue Perspektiven und ermöglicht es, überraschende und einprägsame Bilder zu finden, die Deine Botschaft auf einzigartige Weise vermitteln.

Wie umfangreich die Welt der Metaphern sein kann, möchte ich Dir an einem typischen Beispiel aus der Geschäftswelt zeigen. Nämlich dem Wort „Partnerschaft". Was ist das erste Bild, das Dir beim Wort Partnerschaft im Geschäftsleben einfällt? Wenn Du wie 99 % aller Vortragenden in diesem Bereich denkst, dann hast Du jetzt das Bild eines „Handschlags" im Kopf. Das ist zwar naheliegend und passt auch grundsätzlich, ist aber mittlerweile ziemlich abgedroschen. Denn, wie Du gleich sehen wirst, bietet das Wort Partnerschaft sehr viele kreative Möglichkeiten, dieses Thema metaphorisch darzustellen. Hier einige Ideen, sortiert nach Unterthemen:

- **Sport:** Ein Staffellauf, bei dem der Staffelstab zwischen den Läufern weitergegeben wird, symbolisiert das Vertrauen und die nahtlose Zusammenarbeit in einer Partnerschaft.

- **Berühmte Duos**: Sherlock Holmes und Dr. Watson stehen für komplementäre Fähigkeiten, die zusammen unschlagbar sind.

- **Mechanisch**: Zahnräder, die ineinandergreifen, illustrieren, wie Partner in einer Beziehung oder Kooperation zusammenwirken, um gemeinsam voranzukommen.

- **Ökosystem**: Ein Wald, in dem verschiedene Pflanzen und Tiere in Harmonie zusammenleben, kann die Vielfalt und Interdependenz in einer erfolgreichen Partnerschaft darstellen.

- **Symbiose**: Ein Clownfisch, der zwischen den Tentakeln einer Anemone lebt, zeigt eine Beziehung, in der beide Partner voneinander profitieren.

- **Gleichnisse**: Das Gleichnis vom Saatgut, das auf fruchtbaren Boden fällt und gedeiht, kann für das Potenzial und den Erfolg einer Partnerschaft stehen, wenn die Bedingungen stimmen.

- **Lebensmittelpaare**: Pfeffer und Salz, die gemeinsam auf dem Tisch stehen, sind ein klassisches Beispiel für zwei Elemente, die einzeln gut sind, aber zusammen noch besser funktionieren.

- **Freundschaft & Liebe**: Zwei ineinander verschlungene Hände oder ein Herz, das aus zwei Puzzleteilen besteht, symbolisieren die tiefe Verbundenheit und Einheit in einer liebevollen Beziehung.

- **Gemeinsame Reise**: Zwei Wanderer, die gemeinsam einen Berg besteigen, können die gemeinsamen Anstrengungen und das Ziel einer Partnerschaft symbolisieren.

- **Harmonie**: Ein Duett im Musikbereich, bei dem zwei Instrumente harmonisch zusammenklingen, illustriert die Abstimmung und Harmonie in einer Partnerschaft.

- **Verbindung**: Zwei unterschiedliche Puzzlestücke, die perfekt zusammenpassen, symbolisieren, wie unterschiedliche Teile in einer Partnerschaft eine Einheit bilden können.

Diese Beispiele zeigen, wie vielfältig Metaphern sein können und wie sie helfen, das Thema Partnerschaft auf kreative und einprägsame Weise in Präsentationen zu integrieren. Wenn Du einen prägenden Eindruck mit Metaphern hinterlassen willst, dann zahlt es sich auf jeden Fall aus, in die Suche nach kreativen Metaphern etwas Zeit zu investieren. Selbstverständlich kannst Du dazu auch Google oder die künstliche Intelligenz (dazu später noch mehr) befragen.

Die richtigen Bilder finden

Jetzt klären wir die Fragen des Wo. Um die passenden Bilder für Deine Präsentation zu finden, kannst Du auf Online-Bilddatenbanken wie Unsplash (https://unsplash.com/), Pexels (https://www.pexels.com/) oder Pixabay (https://pixabay.com/) zurückgreifen. Diese Plattformen bieten eine breite Palette an hochwertigen, lizenzfreien Bildern, die du kostenlos nutzen kannst. Allerdings sind auf diesen Plattformen großteils nur Fotos verfügbar. Wenn Du für Deine Präsentation aber lieber Illustrationen oder Icons verwenden willst, musst Du meist auf bezahlte Grafiken ausweichen. Shutterstock (https://www.shutterstock.com/), iStockphoto (https://www.istockphoto.com/) und Adobe Stock (https://stock.adobe.com/) sind dabei die bekanntesten Plattformen, die ganz unterschiedliche Abrechnungsmodellen anbieten. Ein günstiger Geheimtipp unter den Bezahl-Plattformen ist Freepik (https://www.freepik.com/), da Du dort eine günstige monatliche oder jährliche Flatrate bezahlst und dann so viele Bilder herunterladen kannst, wie Du brauchst. Die meisten anderen Plattformen rechnen pro Bild ab. Wenn Du eine Bezahlversion von Canva verwendest, dann findest Du direkt in Canva sehr viele Bilder, die Du für all Deine Grafikzwecke - ohne weitere Mehrkosten - verwenden kannst. In der kostenlosen Version von Canva kannst Du ebenfalls auf diese Bilder zugreifen. Die Premiumbilder musst Du bei Verwendung dann aber einzeln bezahlen.

Egal, ob Du kostenlose oder bezahlte Bilder verwendest, achte unbedingt darauf, nach Bildern zu suchen, die thematisch zu Deinem Inhalt passen und die gewünschte Stimmung oder Botschaft verstärken.

Durchgängigen Stil finden

Um einen einheitlichen Stil in Deiner Präsentation zu gewährleisten, wähle Bilder, die in Farbgebung, Bildsprache und Komposition harmonieren. Leg Dir eine Art Moodboard an, auf dem Du Bilder sammelst, die Deinem gewünschten Stil entsprechen, bevor Du mit der eigentlichen Präsentation beginnst. Tools wie Adobe Spark oder Canva können dabei helfen, Bilder zu bearbeiten und an Deinen Stil anzupassen.

Bei der Suche in Bildkatalogen hast Du immer die Möglichkeit - von einem Bild ausgehend - nach „ähnlichen Bildern" zu suchen. Das erleichtert es Dir, in einem Stil zu bleiben und mehrere passende Dateien zu finden. Des Weiteren hat jede der genannten Plattformen, die ein oder andere Art, um Deine Favoriten zu speichern. Dies hilft Dir, aus der Fülle aller gefundenen Bilder, Deine favorisierten Bilder zu speichern und später darauf zurückzugreifen.

Arten von Bildern

Es gibt verschiedene Arten von Bildern, die Du nutzen kannst: Fotos, Illustrationen, Icons, Memes, Infografiken, Diagramme und eigene Zeichnungen. Die meisten dieser Bildarten findest Du in den oben erwähnten Online-Bildkatalogen.

Infografiken fassen die wichtigsten Informationen eines Themas schön visualisiert zusammen. Viele Infografiken zu diversen Themen findest Du auf Pinterest (https://pinterest.com). Solltest Du dort nichts Passendes finden, kannst Du mit Canva Deine eigenen Infografiken erstellen. Du findest dazu viele Vorlagen direkt in Deinem Canva-Account.

Eigene Zeichnungen verleihen Deiner Präsentation eine persönliche Note und können mit Apps wie Paper oder Procreate (für i-Pad), Adobe Fresco oder Sketchbook erstellt werden. Um schöner zeichnen zu lernen, gibt es zahlreiche Apps und Bücher (https://amzn.to/48amEMk). Mein Lieblingsbuch zu diesem Thema ist „Lebendige Strichmännchen zeichnen" (https://amzn.to/3HSyDU3) von Andreas Tschudin.

Arten von Bildern nach Technik - Pixel- vs. Vektorgrafik

Eine weitere Unterscheidung von Bildern gibt es anhand ihrer technischen Zusammensetzung. Ich will hier nicht zu sehr in die Tiefe gehen, aber die Grundlagen sind wichtig, damit Du verstehst, warum bei der Bearbeitung von verschiedenen Bildern unterschiedliche Voraussetzungen herrschen. Wir unterscheiden technisch gesehen Pixelgrafiken (Fotos) und Vektorgrafiken (Illustrationen, Icons usw.).

- **Pixelgrafiken** bestehen aus kleinen Bildpunkten, den sogenannten Pixeln. Jeder Pixel speichert Informationen zu Farbe und Helligkeit. Pixelgrafiken, wie Fotos, verlieren an Qualität, wenn sie vergrößert werden, da die Pixel sichtbarer werden. Die Bilder werden dann unscharf. Daher achte auf eine Mindestgröße von ca. 2000 Pixel (längere Seitenlänge) wenn Du Bilder in einer Präsentation verwendest. Typische Dateiendungen von Pixelgrafiken sind png und jpg.

- **Vektorgrafiken** hingegen bestehen aus mathematischen Formeln, die Punkte, Linien und Kurven beschreiben. Sie können ohne Qualitätsverlust skaliert werden, da die mathematischen Beziehungen beibehalten bleiben, egal wie groß oder klein das Bild ist. Vektorgrafiken eignen sich besonders für Logos, Icons, Illustrationen, Zeichnungen und andere Grafiken, die in verschiedenen Größen benötigt werden, ohne an Schärfe oder Qualität zu verlieren. Typische Dateiendungen von Vektorgrafiken sind ai, svg, eps und auch Grafiken im PDF-Format sind meist vektorbasiert.

Bilder bearbeiten

Manchmal passen die gefundenen Bilder sofort in Deine Präsentation. In den meisten Fällen wirst Du aber kleinere oder größere

Anpassungen benötigen, damit das Bild sich gut in Deine Präsentation einfügt. Anpassung der Bildgröße für ein einheitliches Layout, Verbesserung der Bildqualität (z.B. Helligkeit, Kontrast), Zuschnitt auf relevante Bildbereiche, Einfügen von Text oder Symbolen zur Hervorhebung wichtiger Aspekte und Anpassung an das Design der Präsentation sind nur einige Beispiele.

Früher benötigte man spezielle Bildbearbeitungssoftware wie Photoshop (https://www.adobe.com/de/products/photoshop.html) oder GIMP (https://www.gimp.org/) für solche Aufgaben. Canva ist für diese Bedürfnisse die benutzerfreundlichste Software, die noch dazu immer ausgeklügeltere Bearbeitungsmöglichkeiten anbietet. Für die Bearbeitung von Vektorgrafiken brauchst Du leider weiterhin ein Tool wie Adobe Illustrator (https://www.adobe.com/de/products/illustrator.html). Wenn Du Photoshop und Illustrator (oder sogar noch weitere Adobe Programme) nutzen willst, dann empfehle ich Dir gleich die Creative Cloud (https://www.adobe.com/de/creativecloud.html) von Adobe zu benutzen, da Du damit viel Geld sparen kannst.

Möglicherweise brauchst Du für einfache Präsentationen aber gar keines dieser Tools. Denn heutzutage bieten die meisten Präsentationstools bereits integrierte Funktionen zur Bildauswahl und -bearbeitung. Ein Beispiel ist Prezi: In Prezi kannst Du direkt Bilder einfügen (Anbindung an Unsplash & Tenor), sie in der Größe anpassen, zuschneiden und mit Effekten versehen, ohne das Präsentationstool verlassen zu müssen. Dies macht den Prozess der Bildbearbeitung viel schneller und einfacher, da Du alles an einem Ort erledigen kannst. Dasselbe gilt auch für Canva, mit dem Unterschied, dass Canva noch viel umfangreichere Möglichkeiten zur Bildbearbeitung bietet.

Urheberrecht

Ein wichtiges Thema, dass bei der Verwendung von Bildern nicht fehlen darf, ist der Hinweis auf das Urheberrecht. Da im Internet viele Dinge kostenlos sind, glauben viele User auch, dass alle im

Internet gefundenen Bilder frei nutzbar sind. **Das ist aber nicht richtig!** Urheberrechtlich geschützte Bilder ohne Erlaubnis zu verwenden, kann zu rechtlichen Konsequenzen führen, einschließlich Abmahnungen und Schadensersatzforderungen. Um das Urheberrecht rechtlich sauber umzusetzen, solltest Du entweder eigene Bilder verwenden, sicherstellen, dass Du die Nutzungsrechte für fremde Bilder hast (durch Kauf auf einer Online-Datenbank), oder auf urheberrechtsfreie Bilder zurückgreifen.

Achte stets darauf, nur Bilder zu verwenden, für die Du die Nutzungsrechte hast. Dies umfasst lizenzfreie Bilder von Plattformen wie Unsplash oder Pixabay, für die eine explizite Erlaubnis zur freien Verwendung vorliegt, oder Bilder, für die Du die Lizenz (auf einer Online-Plattform) erworben hast.

Beim Einsatz von Bildern in Präsentationen ist es ratsam, die Quelle oder den Urheber zu nennen, selbst wenn die Bilder lizenzfrei sind. In den meisten Fällen reicht es, wenn Du dazu eine eigene Folie ganz am Ende der Präsentation erstellst, wo alle Quellen angeführt sind. Um ganz sicherzugehen, dass die Urheberrechtsangabe richtig gesetzt ist, kontrolliere die allgemeinen Geschäftsbedingungen oder spezielle Verwendungsbedingungen auf der jeweiligen Plattform Deines Anbieters.

So kreierst Du Design, das wirkt

Du hast auf den letzten Seiten nun einiges zum Thema Visualisierung gelesen. Jetzt geht es an die konkrete Umsetzung in Deiner Präsentation. „Aber ich bin doch kein Grafiker (Designer)" ist ein Satz, den ich in diesem Zusammenhang ständig in meinen Workshops höre. Das Gute daran ist. Die meisten Menschen sind keine Designer oder Grafiker. Und **Du musst auch kein Designer sein, um großartige Präsentationen zu erstellen.** Denn ich gebe Dir in diesem Kapitel konkrete Hilfsmittel an die Hand, mit denen Du jede Deiner Präsentationen einfach und visuell erfolgreich erstellen kannst. Und ich zeige Dir die konkrete Umsetzung anhand von Beispielen.

WENIGER IST MEHR

Wie schon mehrmals innerhalb der HAUS DES REDENS METHODE erwähnt, so gilt auch für Visualisierung & Design die „Weniger ist mehr"-Regel. Und somit ist die Kürzung auf das Wesentliche wichtig.

Um dieses Weniger in Deinem Design zu erreichen, behalte die sogenannte „**3-Sekunden-Regel**" immer im Hinterkopf. Soll heißen, wenn eine neue Folie erscheint, sollte in 3 Sekunden der Inhalt der Folie erfasst werden können. Das klingt vielleicht ein bisschen übertrieben, aber diese Grundregel wird auch in anderen Bereichen des Marketings erfolgreich angewendet.

Beispielsweise beim Design von Plakaten. Wenn man mit dem Auto an einer Plakatwand vorbeifährt, hat man meist sehr wenig Zeit, um den Inhalt wahrzunehmen. Daher muss dieser Inhalt so gestaltet werden, dass er in möglichst kurzer Zeit erfasst werden kann. Und 3 Sekunden sind in beiden Fällen eine gute Faustregel.

Gutes Design ist einfach

Dieser Titel ist zweideutig und das zweifach im positiven Sinn bzw. zu Deinem Vorteil. Die erste Bedeutung meint, dass gutes Design einfach im Sinne von schlicht ist. Schlichtes Design kommt mit wenig aus und wirkt viel besser als überladende Folien. Und da schlichtes Design mit wenig auskommt, gibt es auch viel weniger Möglichkeiten, an die Du denken musst. Das macht es für Dich wiederum einfacher in der Umsetzung. Dies ist die zweite Bedeutung.

Kurz zusammen gefasst könnte man also sagen. Um in möglichst kurzer Zeit das Wesentliche zu kommunizieren, müssen Deine Inhalte so einfach wie möglich dargestellt werden. Einfachheit bringt Klarheit. Damit Du nicht zu viel Zeit für die Erstellung Deiner Präsentation brauchst, verwende einfache, aber effektive Mittel. Einfachheit spart Zeit.

Damit auch Du gutes Design einfach erstellen kannst, zeige ich Dir hier die wichtigsten Grundlagen des guten Designs bzw. die Grundelemente der Einfachheit.

Wenige Schriftarten

Auch wenn es verführerisch erscheinen mag, mehrere - teils künstlerische - Schriftarten in einer Präsentation zu verwenden. Tu es nicht. Benutze nur wenige verschiedene Schriftarten. Im besten Fall reicht eine einzige Schriftart für die gesamte Präsentation. Das hält das Design einfach und Du musst Dir auch keine Gedanken machen, wann und wo Du welche Fonts einsetzt. Einfachheit spart Zeit.

Wenige Farben

Auch mit den verwendeten Farben solltest Du sparsam umgehen. Bunt mag großartig erscheinen, aber wenige Farben halten den Fokus auf dem Wesentlichen und garantieren eine einfachere Umsetzung einer einheitlichen Verwendung. Einfachheit bringt Einheitlichkeit.

Hierarchie

Die Hierarchie in der visuellen Gestaltung nutzt unterschiedliche Schriftgrößen und -stile, um die Wichtigkeit von Textelementen zu ordnen und zu kommunizieren. Verwende Hierarchie in Deinen Designs, um die Bedeutung von Textelementen durch unterschiedliche Schriftgrößen und -stile zu betonen. Wenn Du größere Schriftgrößen einsetzt, ziehst Du automatisch die Aufmerksamkeit auf wichtige Informationen, während kleinere Schriften für ergänzende Details genutzt werden können. Dieses Prinzip unterstützt Dich dabei, eine klare Struktur und einen logischen Fluss in deinen Präsentationen zu schaffen. Es hilft Deinem Publikum, die Hauptbotschaften schnell zu erfassen und die Informationen in der von Dir beabsichtigten Reihenfolge zu verstehen. Durch die bewusste Gestaltung der Hierarchie sorgst du dafür, dass Deine Kernpunkte hervorstechen, und erleichterst es Deinen Zuschauern, den Inhalt leichter aufzunehmen und zu verstehen. Das folgende Beispiel zeigt das sehr eindrucksvoll.

Schriftgröße

Beim Thema Schriftgrößen, ein wesentlicher Bestandteil der visuellen Hierarchie, ist es wichtig, dass Du diese mit Bedacht wählst. Wie wir bereits im Kontext der Hierarchie besprochen haben, signalisieren größere Schriftgrößen eine höhere Wichtigkeit. Deshalb solltest Du für Überschriften und Schlüsselaussagen deutlich größere Schriftarten verwenden, um sie vom restlichen Text abzuheben. Achte dabei auf eine ausgewogene Abstufung: Deine Hauptüberschrift sollte die größte sein, gefolgt von Unterüberschriften und dann dem Fließtext. Doch Vorsicht, zu viele Größen wirken unruhig. Halte Dich also an ein klares Schema, um Konsistenz und Lesbarkeit zu gewährleisten. 2-3 Schriftgrößen reichen meist für die gesamte Präsentation - ähnlich wie bei den Farben bringt die Einfachheit hier Einheitlichkeit.

Nicht zuletzt ist die Wahl der Schriftgröße auch eine Frage der Lesbarkeit. Beachte unbedingt, dass Dein Text auch aus der hintersten Reihe noch problemlos gelesen werden kann. Denn nichts ist peinlicher, als der Satz „Ich weiß jetzt nicht, ob Sie das ganz hinten lesen können. Ansonsten lese ich es kurz vor". Wenn Inhalte so klein sind, dass man sie nicht lesen kann, dann gehören sie nicht auf eine

Folie! Und außerdem hast Du - wenn Du kleinen Text verwenden musst - ziemlich sicher zu viel Text auf Deiner Folie.

Kontrast

Das Wort Kontrast (italienisch contrasto = Gegensatz, lateinisch contra = gegen und stare = stehen) bezeichnet den Unterschied zwischen hellen und dunklen Bereichen eines Bildes. Es unterscheidet also helle und dunkle Farben. Vor allem, wenn Du Schrift auf färbigem Hintergrund oder Text auf Bildern verwendest, achte bitte unbedingt auf ausreichenden Kontrast zwischen der Schrift- und der Bildfarbe. Soll heißen, verwende keine dunklen Schriften auf dunklen Hintergründen (z.B. Schwarz auf Dunkelblau) oder helle Schrift auf hellem Hintergrund (Weiß auf Gelb), sondern immer starke Gegensätze (Weiß auf Schwarz als Extrembeispiel). Die folgenden Beispiele zeigen Dir visuell, was ich meine.

Das klingt auf den ersten Blick selbstverständlich. Viele Beispiele aus meiner Praxis zeigen aber, dass dieser Grundsatz für viele absolut nicht selbstverständlich ist. Wichtig beim Thema Kontrast ist auch, dass Du schon bei der Erstellung der Präsentation bedenkst, auf welchem Gerät der Vortrag ausgegeben wird. Denn viele Beamer - vor allem der älteren Generation - nehmen einiges an Kontrast aus Deinen Farben raus. Es kann also passieren, dass der Kontrast auf Deinem PC gut aussieht, auf dem Beamer aber trotzdem nicht ausreicht. Bei Bildschirmen und Fernsehgeräten der neuen Generation, die mittlerweile oft in Meeting-Räumen montiert sind, sollte dieses Problem dagegen nicht auftreten.

Anordnung

Die Anordnung bezieht sich auf die strategische Platzierung von Elementen auf einer Folie, um eine klare und kohärente visuelle Botschaft zu vermitteln. Eine gute Anordnung nutzt Ausrichtung und Gruppierung, um Ordnung zu schaffen und die Informationsaufnahme zu erleichtern. Dieses Prinzip hilft dabei, die Aufmerksamkeit Deines Publikums gezielt zu steuern und die Inhalte visuell effektiver zu transportieren. Im folgenden Beispiel siehst Du eine übersichtliche Darstellung der Inhalte, die alle symmetrisch um ein zentrales Thema angeordnet sind, mit dem sie in Beziehung (Pfeile) stehen. Der identische Abstand (Nähe) zwischen den Themen symbolisiert, dass die Themen gleichwertig sind und es keine Unter-Gruppierungen gibt.

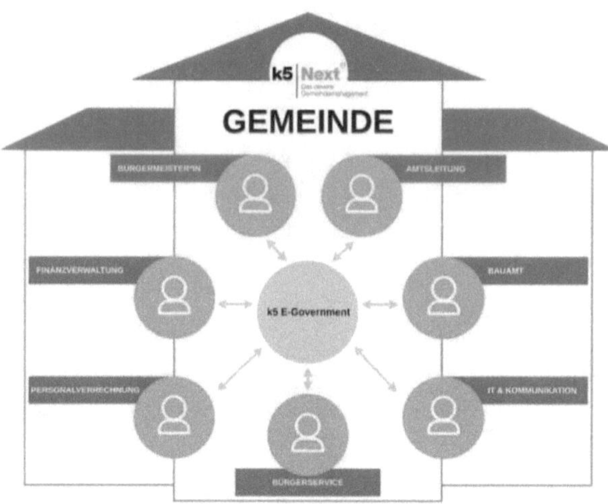

Noch eine Anmerkung zur Schriftgröße in diesem Beispiel. Diese wäre für eine Präsentation in einem großen Raum zu klein. Diese Präsentation ist aber erstens nur für die Direktbetrachtung am PC

vorgesehen und außerdem wird auf die einzelnen Themen hinein-
gezoomt, wodurch diese zur Detailansicht groß erscheinen.

Nähe

Nähe im Design nutzt den physischen Abstand zwischen Elementen, um ihre Beziehung zueinander zu kommunizieren. Eng bei-
einander platzierte Elemente werden als zusammengehörig wahrgenommen, während Elemente, die weiter voneinander entfernt
sind, als getrennt angesehen werden. Diese einfache Technik kannst
Du nutzen, um die Organisation von Informationen auf einer Folie
zu verbessern und die Verständlichkeit zu erhöhen.

Im obigen Beispiel war die Nähe aller Inhalte dieselbe, was
Gleichwertigkeit symbolisiert. Im unten stehenden Beispiel siehst
Du 2 klar voneinander getrennte Gruppen von jeweils 3 Elementen.
Die Nähe innerhalb der Gruppen ist gleich, wodurch diese als
gleichwertig innerhalb der Gruppe wahrgenommen werden. Der
physische Abstand zwischen den Gruppen ist groß genug, um diese
als getrennte Gruppen zu erkennen (Anordnung). Es ist also nicht
nötig, diese durch eine Unterüberschrift zu beschreiben. Die bloße
physische Anordnung mit großem Abstand sagt alles aus.

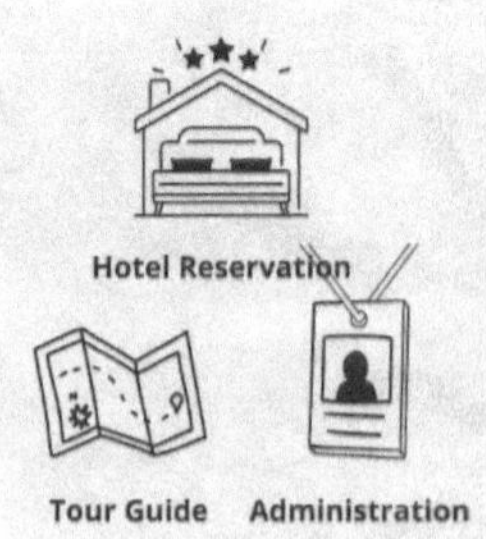

Bildquelle: Canva Pro (Vorlage)

Leerraum (Weißraum)

Leerraum klingt nach nichts, ist aber alles für Dein gutes Design. Leerraum, auch bekannt als Weißraum, bezieht sich auf die bewusst ungenutzten Bereiche eines Designs. Dieses Prinzip ist entscheidend für die Schaffung einer visuellen Hierarchie und trägt dazu bei, ein überladenes Design zu vermeiden. Durch den Einsatz von Leerraum kannst Du die Aufmerksamkeit auf die wichtigsten Elemente einer Folie lenken und das Gesamtbild klarer und angenehmer für das Auge gestalten.

Wie Du in den unten stehenden Beispielen sehen kannst, ist Leerraum sowohl bei reinen Textfolien, bei Bildern als auch bei Bild-Text-Folien gleichermaßen wichtig und effektiv.

Die große Schriftgröße, gepaart mit viel Leerraum rund um die Schrift und hervorragendem Kontrast, lassen diese Aussage visuell sehr stark erscheinen.

Im nächsten Beispiel siehst Du einen schönen Ring, umrandet von viel Freiraum, was die Wirkung des Ringes noch verstärkt.

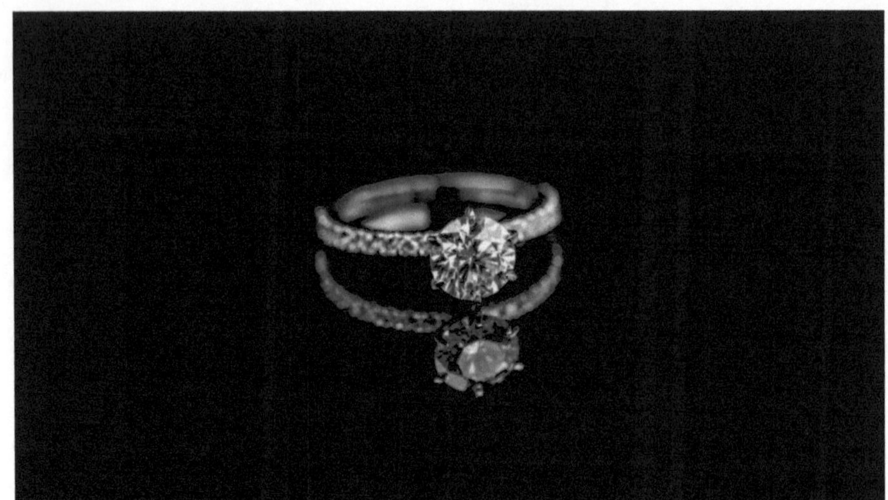

Bildquelle: Canva Pro

In der Einzel-Darstellung kommt der Ring viel besser & ausdrucksstärker zur Geltung als in einer Platzierung mit vielen anderen Schmuckstücken. Im nächsten Beispiel ist sehr viel „optisches Rauschen" - ähnlich zu viel Text auf einer Folie - zu sehen. Dein Publikum weiß nicht, wo es zuerst hinsehen soll, was zur Verwirrung beiträgt. Leerraum schafft Klarheit.

Bildquelle: Canva Pro

Auch Landschaftsbilder können Leerraum - im folgenden Beispiel Himmel - enthalten. Durch diesen Leerraum geht der visuelle Fokus auf die beiden Menschen, die klar als Surfer erkennbar sind. Mit der großen Schrift, die hierarchisch als Erstes gesehen wird, wird das Bild zum Symbol für den Begriff „Freiheit". Der Inhalt der Folie wird schnell erkannt und kann durch eine Geschichte weiter vertieft werden.

Bildquelle: Canva Pro (bearbeitet)

Wenn Du Schrift auf Fotos verwenden willst, dann versuche schon bei der Bildauswahl ein Bild zu finden, das möglichst viel Leerraum bzw. gleichmäßige Farbflächen enthält. Dies erleichtert es Dir, die Schrift mit einem guten Kontrast auf dem Bild zu platzieren.

Bildausschnitt

Ein Bild sagt mehr als tausend Worte. So haben wir dieses Kapitel begonnen. Aber oft macht der richtige Ausschnitt aus einem bestimmten Bild Deine Aussage noch wertvoller. Der Bildausschnitt ist eine Technik, bei der Teile eines Bildes entfernt werden, um den Fokus auf relevante Aspekte der Darstellung zu lenken. Durch den gezielten Ausschnitt können bestimmte Details hervorgehoben oder die Komposition eines Bildes verbessert werden, um die Erzählkraft Deiner visuellen Geschichte zu verstärken.

Bildquelle: Canva Pro (bearbeitet)

Das Originalbild 1 ist ähnlich dem Bild aus unserem Kapitel „Bestehende Inhalte kürzen", wo wir eine knallvolle Textfolie über „Fahrrad fahren lernen" in ein einziges Bild verwandelt haben. Das Bild enthält alles, was Du zu diesem Thema erzählen willst, und wird um ein Vielfaches schneller erfasst als eine überfüllte Textfolie. Die Bilder 2-4 zeigen Dir verschiedene Bildausschnitte, die jeweils den Fokus auf andere Details des Bildes legen. So kann die Geschichte - je nach inhaltlichem Fokus - noch aussagekräftiger visualisiert werden.

Hervorhebung

Hervorhebung ist essenziell, um wichtige Informationen in Präsentationen und Datenvisualisierungen hervorzuheben. Durch den gezielten Einsatz von Farben, Größenänderungen oder speziellen Markierungen kannst Du die Aufmerksamkeit auf Schlüsselinformationen lenken. In Diagrammen, Tabellen oder Karten ermöglicht die Hervorhebung eine klare Unterscheidung und Betonung von Datenpunkten, Trends oder geografischen Bereichen. Dies verbessert nicht nur die Lesbarkeit, sondern auch das Verständnis komplexer Informationen, indem es Deinem Publikum ermöglicht, Muster und Zusammenhänge schneller zu erfassen. Die strategische Anwendung von Hervorhebungstechniken ist somit unverzichtbar für effektive Kommunikation und Präsentation von Daten. Bei Prezi-Präsentationen kann diese Hervorhebung auch sehr einfach durch einen Zoom auf gewisse Teile der Präsentation erreicht werden.

Auch die Hervorhebung ist - ähnlich wie beim Leerraum - bei allen Arten von Folien möglich und sinnvoll.

In diesem Textbeispiel ergibt sich aus der farblichen Hervorhebung sogar eine zusätzliche Aussage, was besonders spannend ist.

Beim folgenden Diagramm entsteht durch die farblich hervorgehobene Darstellung in Bild 2 eine völlig neue Aussage. Aus 3 gleichwertigen Kuchendiagramm-Teilen, die sich zwar farblich unterscheiden, aber keine Aussage haben, wird durch die farbliche Hervorhebung eine klare Aussage, die durch einen Text noch verstärkt werden könnte.

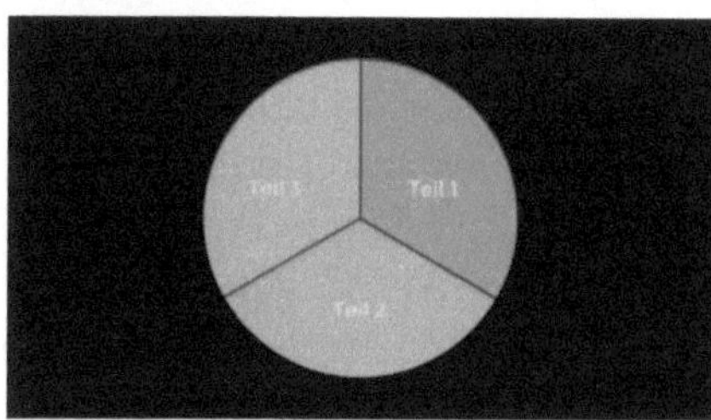

Balkendiagramme werden in der Regel einfach bunt (durch automatisierte Farbgebung in Excel) dargestellt, was meist zu nichtssagenden Grafiken führt, die mehr verwirren als zu helfen. Darum hier ein paar sehr vereinfachte Beispiele, wie Du Hervorhebung bei einem Balkendiagramm nutzen kannst, um den Fokus auf Deine wesentliche Aussage zu lenken.

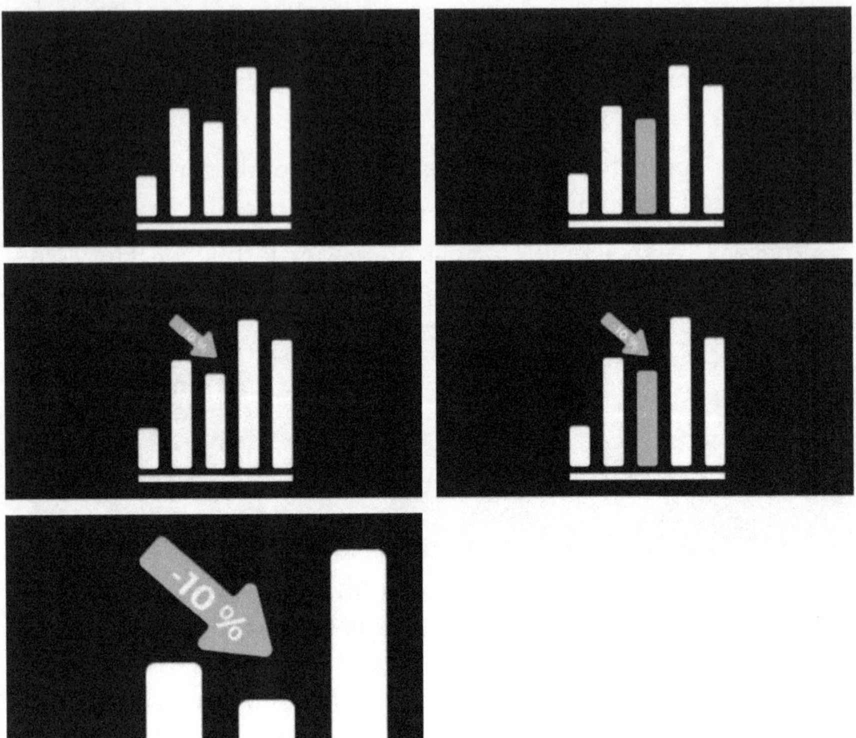

Im Balkendiagramm in Bild 1 kann man verschieden hohe Balken sehen, die aber keine wirkliche Aussage enthalten. Durch die farbliche Hervorhebung in Bild 2 wird der Fokus auf den dritten Balken gelegt, der dann näher erläutert werden kann. Anstatt den Fokus auf einen bestimmten Balken zu legen, wird in Bild 3 durch den Pfeil der Fokus auf den Rückgang von Balken 2 auf Balken 3 gelegt. Bild 4 zeigt eine Kombination aus 2 und 3, was wieder zu einer anderen Aussage führen könnte. Bild 5 zeigt die - weiter vorn erwähnte - Hervorhebung durch Zoom in Prezi. Je nachdem, was Du mit der Grafik aussagen willst, kannst Du also verschiedene Teile des Diagramms hervorheben. Überlege Dir also vor der Visualisierung als

Diagramm genau, welche Daten Du wirklich brauchst und auf welche Du durch Hervorhebung den Fokus setzen willst.

All diese Grundlagen des guten Designs sollen Dir dabei helfen, Dein Design einfach zu halten und somit aussagekräftige Folien als Visualisierung Deiner Inhalte schnell zu erstellen. Bei all den Beispielen sei noch angemerkt, dass es bei guter Visualisierung nie DIE eine richtige oder gar perfekte Darstellung gibt. Es gibt unzählige Möglichkeiten ein und dieselbe Aussage darzustellen. Suche also nicht nach DER perfekten Darstellung, sondern begnüge Dich mit einer Visualisierung, die einfach ist und funktioniert. Die also Deine Aussage erfolgreich unterstützt.

Einfach gutes Design erstellen

Das Ergebnis all dieser Ideen lautet also „Bessere Folien schneller erstellen". Klingt fast zu gut, um wahr zu sein, nicht wahr? Aber es geht tatsächlich.

Mit Vorlagen schnell zum Erfolg

Wenn Du etwas Zeit und Übung mit dem jeweiligen Programm hast, kannst Du Dir - auf Basis der soeben gelernten Grundlagen des guten Designs - locker selbst ein Design basteln. Am allerschnellsten funktioniert es aber mit guten Präsentationsvorlagen, wie Du sie bei Canva und auch bei Prezi finden kannst. Je nach Deinen Farbwünschen und Deinem Thema kannst Du dort aus vielen Vorlagen wählen und sofort starten. Viele der Grundlagen des guten Designs sind darin schon berücksichtigt, wie z.B. die wenigen Farben und Schriftarten und gute Kontraste. Manch andere Dinge wie gute Bilder, eine gute Anordnung oder den richtigen Leerraum wirst Du - mit etwas Übung - schnell selbst anwenden können.

Aber Achtung - es ist nicht alles Gold was glänzt!

Denn wo bei den Vorlagen noch Vorsicht geboten ist, ist die Menge an Text. Denn leider passiert es auch bei modernen Vorlagen oft noch, dass diese zu viel und/oder zu kleinen Text enthalten. (Siehe die Beispiele im späteren Kapitel „Corporate Design vs.

Visuelles Storytelling"). Du weißt aber nun, dass Du die richtige Schriftgröße für die Sichtbarkeit sehr wichtig ist und dass auf allen Folien weniger immer mehr ist. Wähle bzw. verbessere die Vorlagen daher mit Bedacht und den Designgrundlagen im Hinterkopf.

Das einfachste aller Präsentationsdesigns

Die einfachste Art, eine gesamte Präsentation zu erstellen, ist es, nur große kurze Texte auf einfärbigem Hintergrund zu platzieren. Also z.B. weißer fetter Text auf schwarzem Hintergrund. Großer Text verhindert, dass Du zu viel Text auf der Folie hast. Wenig Text heißt Klarheit durch die Konzentration auf das Wesentliche. Weiß auf schwarz bringt Klarheit durch den besten denkbaren Kontrast. Das klingt fast zu einfach und zu simpel, kann aber sehr effektiv sein. Und vor allem ist die Präsentation rasch erstellt.

Beispiele für derartige Folien hast Du im vorigen Kapitel beim Leerraum gesehen (Folie mit dem Text „JUST KEEP MOVING."). Du kannst ohne weiteres eine komplette Präsentation in diesem Stil durchziehen. Mehr geht immer, muss aber definitiv nicht sein.

Ich selbst verwende dieses Format sehr häufig für Sitzungen & Meetings, bei denen ich wenig Zeit für die Vorbereitung habe. Einzelne Worte in großer Schriftgröße setzen das Thema, über das ich dann in der Sitzung frei berichten kann.

Wenn Du etwas mehr willst, dann gibt es natürlich viele Möglichkeiten, schrittweise weiterzugehen. Um für ein wenig Abwechslung zu sorgen, kannst Du z.B. bei den Kapitelüberschriften die Farben wechseln, also schwarzer Text auf weißem Hintergrund. Außerdem kannst Du mit farblichen Hervorhebungen, wie bei der Beispielfolie „Don't quit - Do it", gewisse Inhalte noch eindrucksvoller darstellen.

Wenn du etwas mehr Zeit hast, kannst Du gewisse Themen mit vollflächigen Bildern verfeinern bzw. vertiefen. Wenig Text auf aussagekräftigen Bildern (wie beim Surfer-Bild „Freiheit" im vorigen Kapitel unter Leerraum) sind eine weitere Variante einer sehr einfachen, aber sehr effektiven Visualisierung. Das ist alles, was Du für eine überzeugende und aussagekräftige Visualisierung Deiner Inhalte brauchst. Und es ist so effektiv, dass sogar eine Software gibt, die nur diese Art der Visualisierung anbietet. Nämlich HaikuDeck, die ich Dir im Kapitel „Multimedia-Präsentationstools" kurz vorgestellt habe.

Strictly NO BULLETPOINTS

Vielleicht ist es Dir schon aufgefallen, vielleicht auch nicht. Ich habe in keinem meiner bisherigen Beispiele sogenannte Bullet Points, zu Deutsch Aufzählungszeichen, verwendet. Und Du wirst auch in den restlichen Beispielen, die ich Dir noch zeigen werde, keine finden (außer der Kunde hat im Ausnahmefall darauf bestanden). Ich weiß, es ist die vermeintlich einfachste Form, schnell Inhalte zu generieren. Wahrscheinlich ist es die Form, die Du bisher „gewohnt" warst, weil Dich PowerPoint geradezu dazu auffordert, die Standardvorlagen mit Aufzählungszeichen zu befüllen. Aber es ist auch der direkte Weg zum Misserfolg bei Deiner Präsentation.

Daher rate ich Dir für all Deine Präsentationen dazu, **komplett auf Aufzählungszeichen zu verzichten #nobulletpoints**. Denn es gibt immer eine bessere & verständlichere Darstellung als mit Aufzählungszeichen - **IMMER**!

Hier nur ein paar Beispiele von einfach gestalteten Folien aus einer von mir gestalteten Marketing-Präsentation, die in einem anderen Leben Aufzählungszeichen gewesen wären.

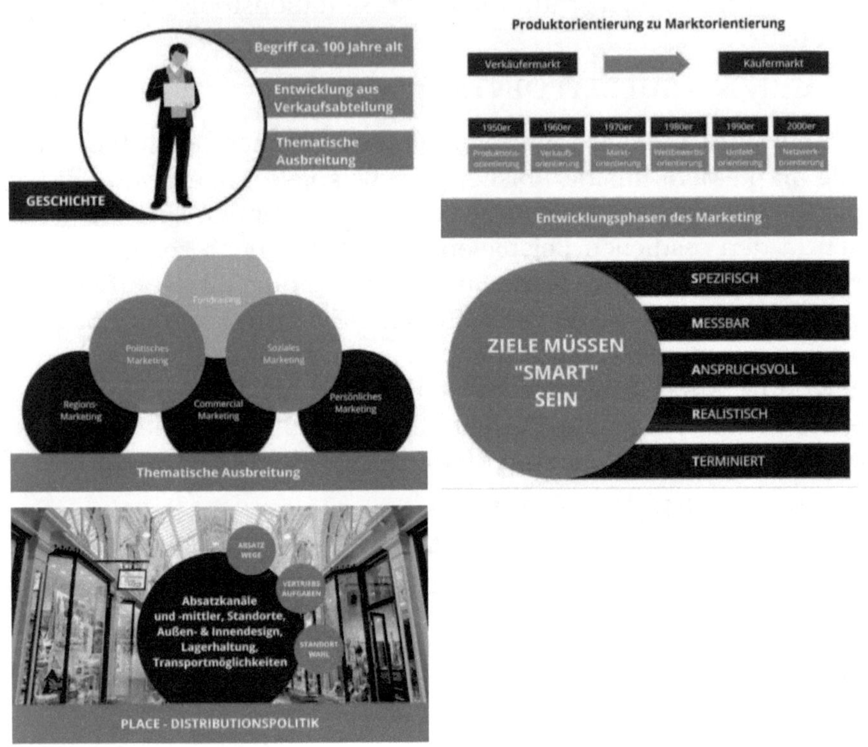

Designbeispiel - Vorher-Nachher

Die Grundlagen der Visualisierung hast Du nun theoretisch und auch anhand von Einzelfolien als Beispiel kennengelernt. Im Kapitel „Bestehende Inhalte kürzen - 2 Beispiele" haben wir schon ein Beispiel gesehen, wie man eine fade und überladene Textfolie durch ein aussagekräftiges Bild ersetzen kann. Um noch ein bisschen mehr Praxisbezug in dieses Kapitel reinzubringen, möchte ich Dir in diesem Abschnitt anhand eines konkreten Kundenprojekts zeigen, wie gleich mehrere Grundlagen des guten Designs bzw. Grundregeln der Einfachheit in eine neue Präsentation einfließen können. Dieses

Beispiel eignet sich besonders gut, weil hier auch der Vorher-Nach-her-Vergleich sehr eindrucksvoll dargestellt werden kann.

Die Aufgabenstellung des Projektes bestand darin, aus 3 beste-henden PowerPoint-Präsentationen eine Gesamtpräsentation zu machen und diese in Design & Layout aus einem Guss zu gestalten. Ich habe mich - in Absprache mit dem Kunden - dazu entschieden, die Präsentation komplett neu in Prezi aufzubauen. Die gesamte Präsentation kann ich hier leider nicht mit Dir teilen, aber die unter-stehenden Auszüge zeigen, was - auch mit wenig Grafikkünsten - möglich ist.

Farben & Schriftarten

Bezüglich Schriftarten war die Originalversion schon sehr gut. Es wurde nur eine Schriftart verwendet und diese nur in den Größen variiert. Die Schriftgrößen für Titel und Texte waren aber nicht ein-heitlich. Daher habe ich diese vereinheitlicht und die Positionen und Formatierungen aller Texte neu und einheitlich festgelegt. Als Bei-spiel zeige ich Dir hier die 3 Titelfolien der alten Version. Du siehst, dass die Schrift in 3 verschiedenen Arten dargestellt ist.

beraten, verkaufen

WIE TICKT MEIN KUNDE

Im Vergleich dazu hier die Hauptübersicht aus der neuen Version, die nun alle 3 Präsentation enthält. Von dieser Übersicht kann man in jede Präsentation flexibel mit einem Klick einsteigen.

Als Hauptfarbe wurde in der neuen Version das Grün aus dem Logo des Unternehmens verwendet. Dieses wird von Grautönen sowie den Farben Schwarz und Weiß ergänzt.

Grafikstil vereinheitlicht

Der Stil in der Originalversion war schon sehr einfach gehalten. Weißer Hintergrund mit schwarzer Schrift. Manchmal mit Schrift und Bild. Allerdings gab es bei den Bildern absolut keine Einheitlichkeit und es wurden viele Bild- & -Grafikstile durchgemischt.

Du siehst ein vollflächiges Foto auf Folie 1, eine Illustration mit geraden Strichen auf Folie 2 und dann 2 verschiedene Comic-Stile auf den Folien 3 und 4. Mit so vielen verschiedenen Stilen entsteht keine Einheitlichkeit über die Präsentation hinweg.

In der überarbeiteten Version habe ich für jede Ebene der Information ein eigenes Design gewählt und dieses wurde durch die gesamte Präsentation dann einheitlich durchgezogen.

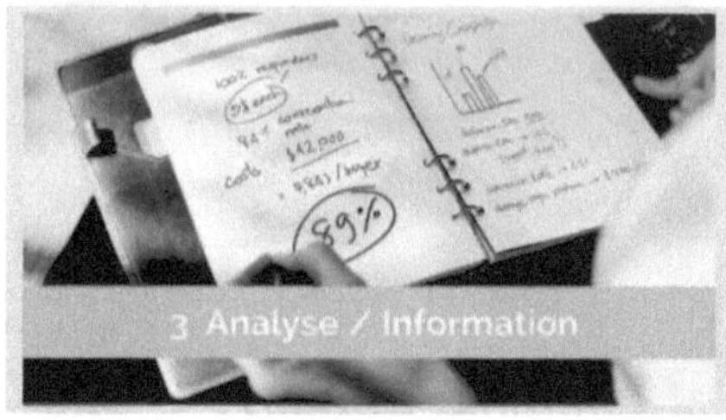

Bild 1 zeigt die Hauptübersicht mit grauem Hintergrund und den Links zu den einzelnen Präsentationen. Nur auf dieser Ebene 0 werden Illustrationen und einfache Grafiken verwendet. Ab der Ebene 1 (Bild 2) werden nur mehr Fotos verwendet. In den Übersichtsfolien aller Ebenen immer in Schwarz-Weiß, auf den Detailseiten (Bild 4) dann auch in Farbe. In der Ebene 1 wird das Foto vollflächig verwendet, mit weißer Überschrift auf grünem Grund links oben. Auf

Ebene 2 (Bild 3) ist das Foto nicht ganz vollflächig, sondern es scheint am Rand noch der graue Hintergrund der Hauptübersicht durch. Die Überschrift hier ist an derselben Stelle wie auf Ebene 1, aber in einer anderen Farbkombination. In der Detailebene (Bild 4) bleibt die Darstellung des Bildes wie in Ebene 2, aber die Überschrift wandert nach unten, nimmt die gesamte Breite ein und ist wieder weiß auf grün. Diese 4 Varianten ziehen sich durch die gesamte Präsentation durch und somit besteht auf jeder inhaltlichen Ebene ein einheitliches Design, das mit Farben, Schriftarten und Formen über die gesamte Präsentation hinweg gleich bleibt. So entsteht Einheitlichkeit.

Kontrast

Fehlender Kontrast führt zur Frustration des Publikums, weil die Schrift auf dem Hintergrund nicht mehr lesbar. Ein frustriertes Publikum verliert die Aufmerksamkeit.

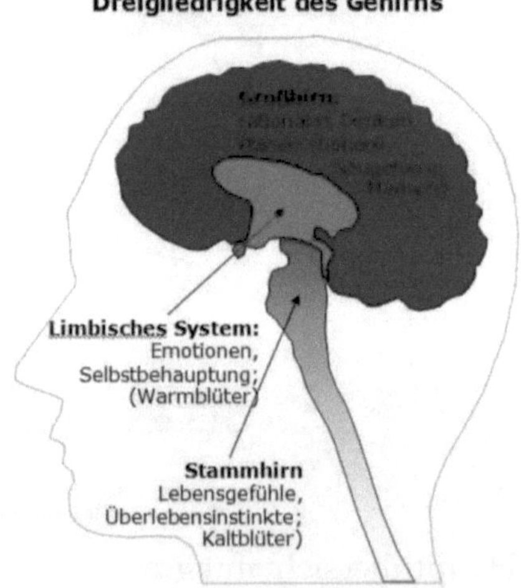

In diesem Original-Bild siehst Du, dass die schwarze Schrift auf dem blauen Hintergrund nicht lesbar ist. Abgesehen davon ist auch die Anordnung der Beschreibungstexte auch nicht optimal.

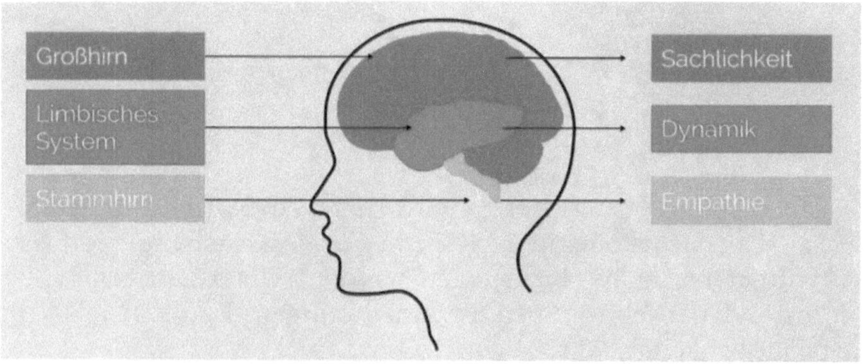

Der Kontrast in der neuen Version ist viel besser. Alle Texte können gut gelesen werden. Gleichzeitig werden die Farben (die für die 3 Teile des Gehirns und gleichzeitig für die Kundentypen stehen) als Unterthemen-Farben eingeführt, die sich in weitere Folgen durch die Detailfolien schön durchziehen. Die Anordnung der Inhalte ist geordneter für das Auge und bietet somit einen besseren Überblick. Im Vergleich zum Original steht weniger Text auf der Folie. Trotzdem ist inhaltlich mehr drin, weil auch der Bezug zu den Kundentypen eingebaut wurde. Dieser dient dem besseren Verständnis für den Zusammenhang der beiden Themen. Innerhalb der Präsentation werden die einzelnen Teile dann auch noch nach und nach eingeblendet, was die Nachvollziehbarkeit für das Publikum deutlich erhöht.

Reine Textfolien zu Bildfolien

Hier siehst Du eine klassische Textfolie, die für jede Aufmerksamkeit der absolute Killer ist. Die Farbe Grün wird hier verwendet, weil es um den Kundentyp „Empathie" geht, trägt aber nichts zum besseren Verständnis bei. 3 verschiedene Schriftformen sollten für Übersicht sorgen, was aber nicht gelingt. Aufgrund der Anzahl von 6 Unterthemen, muss der Inhalt auf 2 Folien aufgeteilt werden, was die Übersichtlichkeit über das Thema sehr einschränkt.

Zur besseren Visualisierung wird zuerst ein Startbild eingeführt, das als Übersichtsfolie für den Einstieg in das Thema fungiert. Anstatt direkt ins Thema einzusteigen, werden 3 Unterthemen gebildet, die mehr Übersicht & Struktur hineinbringen. Dadurch wird die Verständlichkeit erhöht.

Als nächstes (wenn man auf das Unterthema „Was ihn ausmacht" klickt) kommt eine Folie, die die Inhalte der beiden Original-Textfolien in einer übersichtlichen Folie zusammenfasst.

Was ihn ausmacht

Grundmotive	Erster Eindruck	Beziehung zu Menschen
Denk- & Arbeitsweise	Orientierung in der Zeit	Devise

Faktor Grün - EMPATHIE

Um auf die Details dieser 6 Unterpunkte einzugehen, wird auf die einzelnen Punkte hin gezoomt und danach die Detailinfo eingeblendet. So entsteht eine Hervorhebung durch den Zoom, in diesem Beispiel in das erste Unterthema „Grundmotive" links oben. Wie Du hier siehst, müssen es also nicht immer Bilder sein. Gute Visualisierung funktioniert auch mit Texten allein. Aber diese müssen dann sehr eingeschränkt sein.

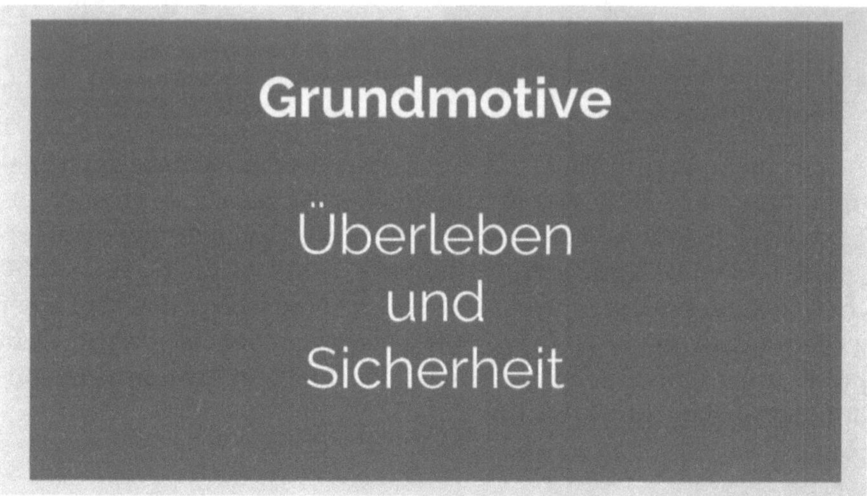

Hervorhebung

In Prezi funktioniert die Hervorhebung von Details ganz einfach durch einen Zoom auf das jeweilige Detail einer Seite. Du kannst Dir das so vorstellen wie beim Zoom einer Kamera, wo Du Dir Dinge, die weiter weg sind, per Zoom näher ran holen kannst. Im obigen Beispiel sind es insgesamt 6 Zooms auf die Unterthemen dieser Übersichtsfolie. Um das Verständnis noch einmal zu steigern, macht es Sinn, am Ende noch einmal auf die Übersichtsfolie heraus zu zoomen und somit eine Zusammenfassung zu bieten.

Anordnung & Übersicht

Im obigen Beispiel siehst Du auch, dass die Anordnung der 6 Themen auf einem Slide viel übersichtlicher ist, als die 6 Themen als Text auf 2 Folien zu verteilen. Ein weiteres Beispiel bildet die folgende Folie. Das größte Problem hierbei ist, dass die 8 grünen Flächen so klein sind, dass man sie weder am Bildschirm noch auf einer großen Leinwand lesen kann. Wenn etwas zu klein ist, um für Dein Publikum lesbar zu sein, dann bietet das Bild keinen Mehrwert, sondern sorgt eher für Verwirrung.

Die acht Schritte zum Erfolg

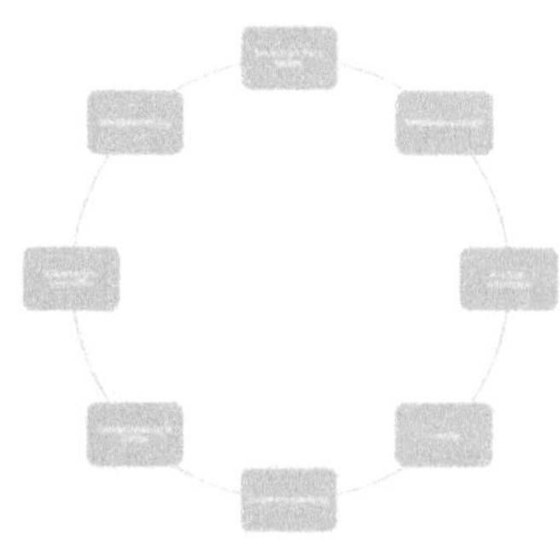

Abgesehen davon ist die Anordnung in einem Kreis nicht richtig, wenn es um eine gewisse Anzahl von Schritten geht. Die Anordnung als Kreis sagt optisch aus, dass man nach den 8 Schritten wieder am Anfang steht, was aber faktisch nicht der Fall ist.

Um diese 2 Probleme zu lösen, habe ich die 8 Schritte in der Übersicht so dargestellt, dass sie in der Anordnung eine Entwicklung nach oben symbolisieren. Die einzelnen Schritte habe ich dann auf jeweils einer Folie groß dargestellt und somit hervorgehoben (Zoom auf eine darunterlegende Ebene). Und nach den 8 Schritten folgt noch einmal eine Übersicht inkl. der Bezeichnungen der Schritte als Zusammenfassung. Somit sind die Themen Anordnung, Hervorhebung und Übersicht in einem Thema verbessert worden.

Bildausschnitt & Leerraum

Nicht nur Text kann auf einer Folie zu viel sein. Auch zu viele Bilder können eine Überforderung durch „visuelles Rauschen" verursachen. Im Bild unten siehst Du den Versuch das Thema „nonverbalen Kommunikation" durch eine Vielzahl von verschiedenen Gesichtsausdrücken zu symbolisieren. Die grundsätzliche Idee mit den Gesichtern ist gut, aber die insgesamt 20 Gesichter überfordern das Publikum komplett und sind das Gegenteil von Einfachheit.

In der überarbeiteten Version nehmen wir ein Gesicht und von diesem nur einen - nämlich den prägnantesten - Bildausschnitt. So entsteht Klarheit in der Aussage durch Einfachheit in der Darstellung. Da die Folie nur aus dem fokussierten Bild und wenig Text besteht, bleibt auch genügend Leerraum, damit beide Elemente eindrucksvoll wirken können.

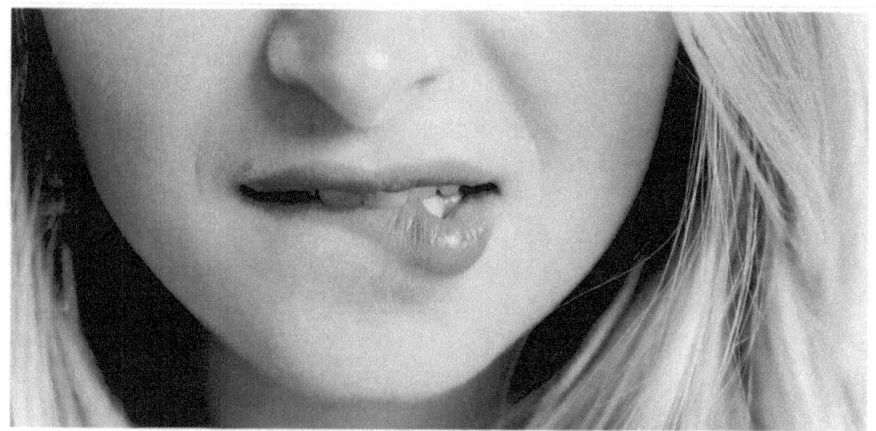

3. Nonverbale Kommunkation

Diese Vorher-Nachher-Beispiele zeigen Dir eindrucksvoll, wie die einzelnen Grundelemente der Einfachheit an einem konkreten Projekt angewendet wurden. Wichtig ist hier noch einmal zu erwähnen, dass es bei der Visualisierung nicht DIE eine richtige Darstellung gibt. Es gibt zahllose Möglichkeiten - einige davon habe ich in diesem Beispiel genutzt.

Designbeispiele aus meiner Praxis

Während Du im vorigen Kapitel eine Gegenüberstellung von einzelnen Folien eines Projektes gesehen hast, möchte ich Dir hier noch ein paar Beispiele von kompletten Kundenprojekten - alle umgesetzt in Prezi - zeigen.

Eigene Pitch-Präsentation für einen Grafikdesign-Auftrag

Beginnen möchte mich mit einem Beispiel, bei dem ich selbst die Präsentation gehalten habe. Es ging dabei um eine Pitch-Präsentation zur Umsetzung eines neuen Corporate Design für ein IT-Unternehmen in Wien. Gemeinsam mit einem befreundeten Grafik-Designer trat ich an, um den Auftrag an Land zu ziehen. Wir hatten ein großartiges Design ausgearbeitet, wussten aber, dass es noch 3 weitere Anbieter gab, die in der Vergangenheit ebenfalls außergewöhnliche Designs umgesetzt hatten. Die Konkurrenz war groß, wir mussten uns also etwas Besonderes einfallen lassen. Dies taten wir in zweierlei Hinsicht. Erstens wagten wir uns daran, nicht nur das allgemeine Design, sondern auch das Logo zu überarbeiten. Und zwar deshalb, weil wir es für irreführend in Bezug auf das Unternehmen hielten. Um dies zu rechtfertigen, mussten wir aber - zweitens - die Änderung bzw. Herleitung des neuen Logos erklären, da dies nicht Teil des Briefings war. Wir waren uns ziemlich sicher, dass alle anderen Anbieter einfach nur ihre Vorschläge für das neue Design präsentieren würden. Daher wollten wir von dieser „normalen Erwartungshaltung" abweichen, um einen bleibenden Eindruck zu hinterlassen. Wir taten dies mit einer einleitenden visuellen Geschichte, die inhaltlich die Erklärung des Warum der Änderung sowie die Herleitung des neuen Logos verpackte. Erst danach folgte die Vorstellung unseres Design-Vorschlags.

Am Tag der Präsentation war ich als Letzter an der Reihe und wurde mit den Worten „Jetzt sind wir aber sehr gespannt, die Latte liegt nämlich schon sehr hoch" empfangen. Für Menschen, die vor so einer wichtigen Präsentation nervös sind, eine wahrlich nervtötende Begrüßung, nicht wahr? Aber ich wusste, dass ich gut vorbereitet war und einen besonderen Trumpf in der Hand hatte. Daher konnte mich diese Begrüßung nicht aus der Reserve locken. Und was soll ich sagen, wir haben den Auftrag erhalten! Dank dieser Präsentation, die mit visuellem Storytelling zum Erfolg führte: https://prezi.com/view/RCP2iVGgmp05BToOR5vS/

Weitere Kunden-Beispiele, in denen visuelles Storytelling stark eingesetzt wurde:

- **Start-up Pitch Präsentation** FARMLIFES mit einleitender Erklärgeschichte ähnlich eines Erklärvideos: https://prezi.com/view/KkJnghIbZHNK32t0HbDV/

- **Workshop-Präsentation** mit starkem Storytelling-Ansatz: https://prezi.com/view/GaIGVgtw2qK5WBWCRveT/

- **Unternehmenspräsentation** ENITED Business Events (Unternehmensvorstellung als Story): https://prezi.com/view/dIbK7g4VJw7xRbbFyf2X/

- **Unternehmenspräsentation** HOFBURG Konferenzzentrum Wien (Kurze, rein verbale Einleitungsgeschichte zur Darstellung der wichtigsten Fakten. Danach sehr starke und emotionale Bilder zur Vorstellung des Angebots): https://prezi.com/view/t8Jxe36mCj8YBsArseig/

- **Image-Präsentation** Latvia Tourism (keine Story, aber viele ausdrucksstarke Bilder und sehr wenig Text): https://prezi.com/view/QP72NBJZXCljnuQ5fTPD/

All diese Beispiele zeigen, dass es beim visuellen Storytelling nicht nur darum geht, irgendwelche Bilder zu verwenden. Es geht vielmehr darum, sie gezielt einzusetzen, um Deine Erzählung zu verstärken und eine emotionale Reaktion zu erzeugen. Das Visuelle MUSS einen Mehrwert bieten – es sollte die Geschichte erweitern, verdeutlichen oder vertiefen. Denke immer daran, dass das Ziel ist, Dein Publikum nicht nur zu informieren, sondern es auch zu fesseln und zu inspirieren.

Corporate Design vs. Visuelles Storytelling

Wenn Du in Deinem Beruf gelegentlich mit Präsentationen zu tun hast, dann ist Dir wahrscheinlich aufgefallen, dass ich bisher noch nie das Thema "Corporate Design" - oder zu mindestens Unternehmensvorlagen - erwähnt habe. Viele von uns müssen (sollten) sich aber im Berufsleben diesen vorgegebenen Folien-Vorlagen unterordnen.

Corporate Design ist das visuelle Aushängeschild eines Unternehmens. Es umfasst alles, von der Farbpalette und Bildwelten über das Logo bis hin zu Schriftarten und bildet die Grundlage für die einheitliche Darstellung eines Unternehmens nach außen. Warum ist das so wichtig? Ganz einfach: Corporate Design schafft einen Wiedererkennungseffekt, stärkt das Markenimage und fördert das

Vertrauen der Zielgruppe. Es sorgt außerdem dafür, dass die Inhalte sofort Deinem Unternehmen zugeordnet werden können. In größeren Unternehmen gibt es dazu meist ein umfangreiches Corporate Design Manual, in dem alle möglichen Anwendungsarten beschrieben werden. Vorlagen für diverse Marketingunterlagen wie Drucksorten, Website, Social Media und auch Präsentationen runden das Corporate Design ab. Erstellt werden diese Vorlagen von Grafik-Design- oder Werbeagenturen, die ihre Designs über alle Marketingunterlagen stülpen, egal wie viel Erfahrung sie in den jeweiligen Spezialgebieten - wie etwa Webdesign oder auch Präsentationsdesign - haben. Und das ist schlecht!

Präsentationsvorlagen werden von Nicht-Experten erstellt

Denn genau darin liegt der Grund für die schlechten Präsentationsvorlagen, die die allermeisten Unternehmen verwenden (müssen). Zur Ehrenrettung der Unternehmen muss ich festhalten, dass sie das natürlich nicht mit böser Absicht, sondern vielmehr aus reiner Unwissenheit machen. Diese Unternehmen vergeben einen Grafikauftrag an Profis des Grafik-Designs und erwarten ein professionelles Ergebnis. Aus grafischer Sicht erhalten sie das auch. Was sie aber nicht bedenken bzw. nicht wissen (können) - die Vorlagen werden von Menschen erstellt, die zwar schöne Drucksorten erstellen können, aber meist nicht wissen, worauf es bei der visuellen Gestaltung von Präsentationen ankommt. Noch viel schlimmer. Die meisten Grafiker hassen es sogar, Präsentationen erstellen zu müssen und denken daher auch nicht weiter nach, warum eine gute Präsentation anders aussehen sollte als eine schöne Broschüre. Sie wollen einfach nur das ungeliebte Projekt möglichst schnell abschließen. Und wenn Unwissenheit auf mangelnde Motivation trifft, dann ist das leider eine miserable Kombination. Was die Ergebnisse zeigen.

Was meine ich konkret damit?

In den allermeisten Vorlagen sind Elemente auf jeder Seite enthalten, die man bei Druckwerken regelmäßig verwendet, die in einer Präsentation aber nichts verloren haben. Ich spreche vor allem vom Logo auf jeder Folie sowie der Fußzeile. Denn dort stehen nur

Inhalte, die keinen Mehrwert liefern, wie Datum, Titel der Präsentation oder Name des Vortragenden und Seitenzahlen. Das Datum des Vortragstages spielt bei der Präsentation keine Rolle, weil jeder weiß, was für ein Datum heute ist. Der Titel der Präsentation und der Name des Vortragenden gehört auf die - wie der Name schon sagt - Titelseite. Und die Seitenzahl ist eine Information, die bei einer Präsentation absolut irrelevant ist. Außer, ja außer man will die Präsentation 1:1 auch als Handout verwenden. Aber, das machen gute Präsentatoren nicht, wie Du schon weißt, richtig?

Nachbau einer Unternehmenspräsentation (verändert) – Bildquelle: freepik.com - BillionPhotos

In diesem Praxis-Beispiel (Titel, Name und Logo wurden geändert) siehst Du die angesprochenen Punkte sehr gut. Diese liefern keinen Mehrwert, sondern führen zu visuellem Rauschen und nehmen Deiner wichtigen Information wertvollen Platz weg. Sie sind also gleich in dreierlei Hinsicht schädlich. Negativ abgerundet wird dieses Design noch von den elenden Aufzählungszeichen, die in der

Vorlage genau so vorgesehen sind und damit viel zu viel Text zulassen.

Warum ist das so schlimm, wenn es doch der vermeintliche Standard bei Business-Präsentationen ist?

Wenn Du Dich an die Inhalte der letzten Kapitel erinnerst, dann kennst Du die Antwort bereits. Visuelles Storytelling und das strikte Festhalten an Folienvorlagen mit Logos sowie weiteren unnötigen Daten auf jeder Folie stehen in einem krassen Widerspruch. Visuelles Storytelling zielt darauf ab, eine Geschichte zu erzählen, Emotionen zu wecken und eine starke Verbindung zum Publikum aufzubauen. Es benötigt Freiraum & Flexibilität im Design, um Inhalte wirkungsvoll zu transportieren. Feste Folienvorlagen mit wiederkehrenden Elementen schränken diesen kreativen Spielraum dramatisch ein. Ein großes Logo oder eine überladene Fußzeile auf jeder Folie lenken von der eigentlichen Botschaft ab und schwächen die visuelle Wirkung der Präsentation. Die faden Bulletpoints mit viel zu viel Text killen darüber hinaus die Aufmerksamkeit des Publikums und schon hast Du verloren!

Sind moderne Corporate Design Vorlagen besser?

Zugegeben, das oben gezeigte Beispiel ist schon einige Jahre alt. Viele Vorlagen sind heutzutage „aufpoliert" und einem moderneren Design angepasst. Trotzdem sind nur die wenigsten Vorlagen gut. In vielen Fällen siehst Du Folien, die zwar auf den ersten Blick schön aussehen, aber immer noch mehr Broschüre (Handout) sind, als überzeugende Präsentation. Aber eine Präsentation, die gleichzeitig Handout sein soll, ist immer ein schlechter Kompromiss. Und schlechte Kompromisse sind immer schlecht für beide Ziele.

Die auffälligsten Anzeichen für schlechte Präsentationsvorlagen, die sich hinter vermeintlich gutem Design verstecken, sind viel zu kleine Schriftarten und/oder zu viel Text auf der Folie. Hier ein paar Beispiele dafür. Wobei ich festhalten muss, dass in diesen wenigstens schon auf die Fußzeile verzichtet wurde. Ein erster Schritt zu besserem Präsentationsdesign, aber immer noch kein gutes visuelles Storytelling.

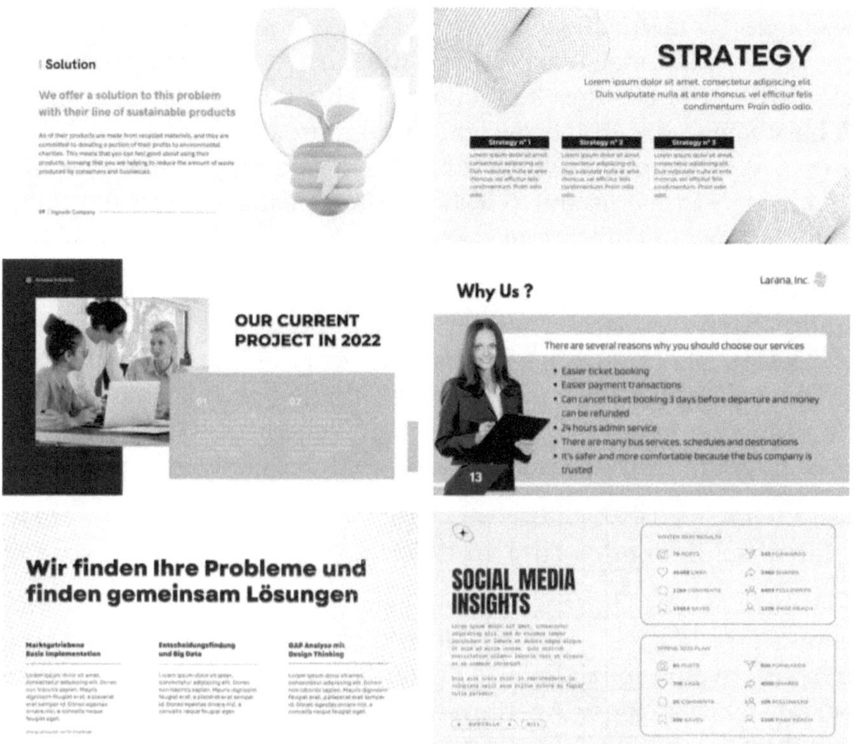

Bildquelle: Canva Pro (Beispielfolien aus Präsentationsvorlagen)

Alle sechs Beispiele stammen unverändert aus Präsentationsvorlagen von Canva. Bei diesen siehst Du, warum ich bei meinem Tipp mit den Vorlagen darauf hingewiesen hatte, dass nicht alles Gold ist, was glänzt. Auch wenn es bei Canva viele schöne Vorlagen gibt, achte immer darauf, Vorlagen zu wählen, die den Grundlagen des guten Designs entsprechen. Oder ändere sie dementsprechend für Deine Zwecke ab.

Die Lösung - Visuelles Storytelling MIT Corporate Design

Es geht also darum, einen Mittelweg zu finden. Einerseits ist es wichtig, das Corporate Design zu benutzen und die Zugehörigkeit zu Deiner Marke zu betonen. Andererseits sollte aber genug Raum für kreatives und wirkungsvolles visuelles Storytelling gelassen werden. Wie können wir dieses Dilemma auflösen? Indem wir nur diejenigen Elemente des Corporate Design nutzen, die wirklich einen Unterschied machen. Nämlich die Farben, die Bildwelten und die Schriftarten. Der Rest bleibt dem kreativen Freiraum überlassen. Ich habe genau das in zahlreichen Kundenprojekten erfolgreich umgesetzt. Viele Kunden waren anfangs sehr skeptisch, aber das aussagekräftige Ergebnis mit wirklich guter Visualisierung hat letztendlich immer alle überzeugt!

Denke also immer daran: Das Ziel Deiner Präsentation ist es, die Zuhörer zu informieren, zu überzeugen und zu begeistern. Corporate Design ist ein wichtiges Werkzeug, um die Markenidentität zu stärken, sollte aber nicht die Botschaft überlagern oder die kreative Entfaltung behindern. Nutze daher die Elemente des Corporate Designs klug, um Deine Präsentation sowohl markenkonform als auch eindrucksvoll zu gestalten.

Ein abschließender Tipp von mir

Wenn Du eine Präsentationsvorlage für Dich oder Dein Unternehmen erstellen lassen willst, dann beauftrage **KEINE Werbeagentur**, sondern eine **spezialisierte Präsentationsagentur**! Denn nur die Spezialisten derartiger Agenturen garantieren Dir, dass die Vorlagen schön aussehen UND wirkungsvoll sind!

Exkurs: Künstliche Intelligenz (KI) in der Präsentation

„Unsere Intelligenz ist das, was uns menschlich
macht, und die KI ist eine Erweiterung
dieser Qualität."
Yann LeCun (Chief AI Scientist bei Facebook)

Künstliche Intelligenz (KI) (englisch Artificial Intelligence=AI) ist heutzutage allgegenwärtig. Daher will ich auch hier kurz auf dieses Thema eingehen, aber es nur kurz streifen. Die Welt der KI entwickelt sich in einem atemberaubenden Tempo, auch im Bereich Design und Präsentation. Jeden Tag werden neue Technologien und Anwendungen vorgestellt, die gestern noch undenkbar schienen. In diesem dynamischen Feld auf dem neuesten Stand zu bleiben, ist eine echte Herausforderung. Ein Buch oder auch nur ein Kapitel zu schreiben, das den aktuellen Stand der Technik in diesem Bereich abdeckt, würde bedeuten, dass es bereits veraltet ist, bevor es überhaupt veröffentlicht wird. Die Möglichkeiten, die KI bietet, sind enorm, aber sie verändern sich auch kontinuierlich und erweitern sich.

Ich will Dir nur zeigen, dass KI schon jetzt viele Aufgaben bei der Gestaltung und Erstellung von Präsentationen übernehmen kann. Hier nur einige ausgewählte Beispiele:

- **Automatisches Layout und Design**: KI-Tools können Dir helfen, indem sie automatisch Layouts vorschlagen, die zu Deinem Inhalt passen und professionell aussehen.

- **Inhaltsanalyse und -strukturierung**: KI kann Deinen Inhalt analysieren und eine sinnvolle Struktur für deine Präsentation vorschlagen. Auch die Kürzung von bestehenden Texten kann die KI für Dich übernehmen.

- **Vorschläge für aussagekräftige Titel**: Die künstliche Intelligenz kann Dir Vorschläge für überzeugende Titel bzw. Aussagen für Deine Präsentation liefern, die Deine Inhalte schnell und direkt auf den Punkt bringen.

- **Personalisierte Empfehlungen**: Basierend auf Deinen bisherigen Präsentationen oder aktuellen Design-Trends können KI-Tools Dir Empfehlungen für das Design geben.

- **Datenvisualisierung**: KI kann komplexe Daten in verständliche Grafiken und Diagramme umwandeln, was dir viel Zeit spart.

- **Usw., usw., usw.**: Dies sind nur einige der Möglichkeiten, die es heute schon gibt. Was in der Zukunft noch kommen wird, kann aktuell niemand voraussagen. Aber, eines steht fest. Wir sind erst ganz am Beginn einer rasanten Veränderung.

KI Tools

ChatGPT (https://chat.openai.com/) ist das Tool, dass die künstliche Intelligenz in unsere Wohnzimmer und somit für jeden nutzbar machte. Seitdem kommen täglich neue KI-Tools auf den Markt, viele davon spezialisiert auf ganz bestimmte Anwendungen. So auch im Bereich Präsentation. Bei manchen kannst Du Dir sogar ganze Präsentationen erstellen lassen. Hier nur eine kleine Auswahl von Tools, die Dich bei der Erstellung Deiner Präsentation unterstützen können:

- **Beautiful.AI** (https://www.beautiful.ai/ai-presentations):

- **Presentations.ai** (https://www.presentations.ai):

- **Gamma** (https://gamma.app/):

- **STORYD** (https://www.storyd.ai/):

- **SLIDESGO** (https://slidesgo.com/de/ai-presentations):

- **SlidesAI** (https://slidesai.io/de):

- **Simplified** (https://simplified.com/ai-presentation-maker):

- … und viele weitere werden folgen.

Auch die bestehenden Präsentations-Tools wie PowerPoint, Prezi, Canva & Co. integrieren immer mehr künstliche Intelligenz in ihre Software, was für Dich den Vorteil hat, dass Du keine neuen Tools nutzen musst um die Power von KI (zu mindestens teilweise) nutzen zu können.

ABER ACHTUNG!

Bei aller Euphorie & dem Mega-Hype im Bereich der KI ist es unerlässlich, über fundiertes Wissen in den Bereichen Präsentation & Rhetorik sowie Visualisierung & Design zu verfügen. KI kann unterstützen, aber die Fähigkeit, Geschichten zu erzählen, Empathie zu erzeugen und eine emotionale Verbindung zum Publikum herzustellen, kann sie nicht ersetzen. Das Wissen dieses Buches in Kombination mit Deiner Erfahrung ermöglicht es Dir, KI-Tools erst richtig effektiv einzusetzen und Präsentationen zu erstellen, die nicht nur optisch ansprechend, sondern auch inhaltlich überzeugend sind. Die Kombination aus Deinem Know-how, Deinem Verständnis der Zielgruppe, Deiner Kreativität und KI-gestützter Effizienz kann aber zu guten und eindrucksvollen Präsentationen führen.

Anmerkung: Aufgrund der rasend schnellen Entwicklungen in diesem Bereich, kann es vorkommen, dass einige der oben stehenden Links zum Zeitpunkt des Lesens nicht (mehr) funktionieren. Ich bitte um Dein Verständnis und freue mich auf einen Hinweis unter hello@mcprezi.com, sollte Dir ein derartiger Fehler auffallen. Danke!

Zusammenfassung TEIL 3

Die Brain rule „Vision trumps all other senses" lieferte eine der Grundlagen für den Teil 3 - Visualisierung & Design. Wir sind gemeinsam in die Welt der Präsentationsarten, des visuellen Storytellings und des guten Designs eingetaucht. Und das alles nur, um am Ende festzustellen, dass gutes Design einfach ist.

Damit Du den Teil 3 meiner HAUS DES REDENS METHODE für Dich gedanklich noch einmal in eine Übersicht bringen kannst, hier die wichtigsten Inhalte kurz zusammengefasst.

Begonnen haben wir mit einer kurzen Einführung bzw. Erklärung, warum Textfolien nicht funktionieren. Die Feststellungen **„Textfolien töten die Aufmerksamkeit"** sowie **„Eine Präsentation ist KEIN Handout"** haben wir argumentativ aufgelöst. Dabei sind wir einmal mehr auf die „Weniger ist mehr"-Regel gestoßen, die uns durch den kompletten Teil 3 begleitet hat.

Präsentationsarten

Als Nächstes habe ich Dir eine Übersicht über alle möglichen Präsentationsarten gegeben, damit Du die für Dich passende Art der Präsentation bzw. Deine beste Kombination aller Möglichkeiten wählen kannst.

- **Rede**: Die klassischste Form der Präsentation kommt zwar ganz ohne Visualisierung aus, gehört aber trotzdem als Grundlage hier rein, weil sich die Grundsätze der erfolgreichen Rede seit Tausenden von Jahren nicht geändert haben. Um dies zu verdeutlichen, habe ich Dir schon am Beginn von Teil 2 das jahrtausendealte „Rhetorische Dreieck" aus Logos, Ethos & Pathos vorgestellt und modernisiert.

- **Flipchart/Whiteboard**: Im Flipchart liegt der Charme der Einfachheit, weil man mit den einfachsten Zeichnungen die komplexesten Themen darstellen kann. Ein Beispiel aus meiner beruflichen Erfahrung hat Dir das in diesem Kapitel eindrucksvoll bewiesen.

- **Multimedia Präsentations-Tools**: PowerPoint kennt jeder. Darum habe ich Dir in diesem Abschnitt auch noch einige Alternativen wie Keynote, Prezi, Canva, Presono, HaikuDeck oder auch verschiedene Video-Formate vorgestellt. Sie alle bilden die Grundlage für die allermeisten Präsentationen die weltweit gehalten werden.

- **Mix aus allen Arten & Möglichkeiten**: Wähle immer die Präsentationsart, mit der Du Dich am wohlsten fühlst. Oder auch eine Kombination aus mehreren Arten. Es ist Deine Präsentation - Du bestimmst!

- **Online-Präsentation**: Online-Meetings mit Zoom, Teams oder anderen Tools sind aus unserer Arbeitswelt nicht mehr wegzudenken. Da Online-Präsentationen zusätzliche Herausforderungen mit sich bringen, habe ich diesem Thema einen eigenen Abschnitt gewidmet und Dir mit Prezi Video ein Tool vorgestellt, das Hilfe verspricht.

- **Spezielle Präsentations- & Rede-Formate**: Und um die große Vielfalt an Präsentationsarten abzurunden, habe ich Dir in diesem letzten Unterabschnitt weitere Spezial-Möglichkeiten vorgestellt.
    - Job- oder Unternehmens-Slogan
    - Elevator Pitch (30 Sekunden)

- 60 Sekunden Präsentation
- Pecha Kucha (6 Minuten 40 Sekunden)
- Ignite Präsentation (5 Minuten)
- Blitzvortrag (5 Minuten)
- Science Slam (10 Minuten)
- TED Talk (max. 18 Minuten)
- PowerPoint Karaoke
- Lessig Methode

Visuelles Storytelling

Geschichten machen jede Präsentation lebendig. Durch visuelles Storytelling verstärkst Du Deine Geschichte noch um eine visuelle Komponente. Richtig umgesetzt machst Du sie dadurch noch verständlicher und somit noch wirkungsvoller.

- **Ein Bild sagt mehr als tausend Worte** ist eine der bekanntesten Weisheiten zum Thema Visualisierung. Der Grund liegt darin, dass Bilder Aufmerksamkeit & Interesse erhöhen, zur Förderung des Verständnisses beitragen, zu einer Verbesserung der Erinnerung führen und außerdem eine enorme emotionale Wirkung entfalten können.

  - **Bilder finden & bearbeiten**: Welche Arten von Bildern gibt es? Was ist der Unterschied zwischen einer direkten Darstellung und einer Metapher? Wie und wo findet man welche bzw. die besten Bilder? Und wie bzw. mit welchen Tools kann man Bilder einfach bearbeiten? All diese Fragen wurden in diesem Abschnitt beantwortet.

  - **Urheberrecht**: Um bei der Erstellung Deiner Präsentation bzw. der Verwendung von guten Bildern immer rechtskonform vorzugehen, habe ich Dir die wichtigsten Informationen zum Thema Urheberrecht mit auf den Weg gegeben.

- **So kreierst Du Design, das wirkt**: Einfach ausgedrückt, durch Anwendung der „Weniger ist mehr"-Regel, die uns schon durch das ganze Buch begleitet. Aber jetzt geht es wirklich ans Eingemachte in der Umsetzung Deiner Visualisierung.

  - **Gutes Design ist einfach**: Gutes Design ist einfach im Sinne von schlicht. Da schlichtes Design mit wenig auskommt, ist es für Dich einfach, dieses Wenig schnell zu erstellen. Damit Du einfaches Design einfach & schnell umsetzen kannst, habe ich Dir die Grundlagen des guten Designs bzw. die Grundelemente der Einfachheit nähergebracht und mit Beispielen visuell dargestellt.
    - Wenige Schriftarten
    - Wenige Farben
    - Hierarchie
    - Schriftgröße
    - Kontrast
    - Anordnung
    - Nähe
    - Leerraum/Weißraum
    - Bildausschnitt
    - Hervorhebung

  - **Einfach gutes Design erstellen** basiert auf den obigen Grundlagen und zeigt Dir wie Du mit Vorlagen bzw. der einfachsten aller Präsentationsarten noch schneller ans Ziel kommst. Aber immer unter dem Vorsatz, generell auf Aufzählungszeichen zu verzichten.

  - **Designbeispiele aus meiner Praxis**: Und damit noch mehr Praxisbezug in das Thema reinkommt, habe ich Dir zum Abschluss des Teil 3 noch einige Beispiele aus meiner beruflichen Praxis gezeigt, in denen die oben genannten Grundsätze in echten Kundenprojekten umgesetzt wurden.

- **Corporate Design vs. Visuelles Storytelling:** Was wie ein Widerspruch scheint, kann sehr gut miteinander funktionieren. Und zwar indem Du nur die Elemente des Corporate Design in Deiner Präsentation verwendest, die wirklich einen Mehrwert liefern. Nämlich Farben, Bildwelten und Schriftarten. Löse Dich von starren Folienvorlagen und schaffe Dir selbst den kreativen Raum, um visuelles Storytelling unter Einhaltung des Corporate Design erfolgreich umzusetzen.

Exkurs: Künstliche Intelligenz (KI) in der Präsentation

Da KI aktuell allgegenwärtig ist, darf das Thema auch in diesem Buch nicht fehlen. Seit der Veröffentlichung von ChatGPT kommen täglich neue Tools auf den Markt, die unser Leben in allen Lebenslagen verändern. So auch im Bereich Präsentation, wo Tools wie Presentation.AI, Beautiful.AI oder Gamma gerade die Art & Weise verändern, wie wir bisher Präsentationen erstellt haben. Aber, bei aller Euphorie über die Möglichkeiten der künstlichen Intelligenz, ist es wichtig zu erwähnen, dass Dein Wissen und Deine Erfahrung immer noch wichtig sind. Wichtiger denn je eigentlich. Denn, KI kann unterstützen, aber die Fähigkeit, Geschichten zu erzählen, Empathie zu erzeugen und eine emotionale Verbindung zum Publikum herzustellen, kann sie nicht ersetzen.

Im 3. Teil meiner HAUS DES REDENS METHODE hast Du nun also alles erfahren, was Du zum Erstellen einer visuell überzeugenden Präsentation benötigst. Einfachheit ist Trumpf, denn gutes Design ist einfach!

Mit Deiner hervorragenden Planung aus Teil 2 und der visuell überzeugenden Umsetzung aus Teil 3 bist Du nun also bestens vorbereitet, um am Tag der Präsentation voller Optimismus,

Selbstvertrauen und Entschlossenheit (alle aus Teil 1) auf die Bühne zu treten. Diese großartige & intensive Vorbereitung wird Dir die nötige Gelassenheit (Teil 1) geben, damit Du Dein Publikum mit Deinem überzeugenden Auftritt begeistern kannst! Und so schließt sich der Kreis.

Um in der HAUS DES REDENS Analogie zu bleiben. Dein Haus steht nun - fertig gebaut und auch äußerlich vollendet - auf einem festen Fundament. Es steht also glänzend bereit, um endlich der Welt präsentiert zu werden. Und damit diese Vorstellung ein voller Erfolg wird, kümmern wir uns im abschließenden 4. Teil um Deinen erfolgreichen Auftritt!

TEIL 4 – VORSTELLUNG DES HAUSES – DEIN AUFTRITT

Die Vorbereitung hast Du grandios erledigt. Jetzt geht es darum, die Gelegenheit Deines Auftritts zu nutzen, um Dein Glück in Deinem Erfolg zu finden! Und den hast Du Dir wahrlich verdient! Also schreite voller Selbstvertrauen raus auf die Bühne und lege los!

Die Aussage klingt simpel, sie entspricht aber zu 100 Prozent der Wahrheit. Nicht umsonst hat sie tausende Jahre überstanden und ist heute wahrer denn je.

All die grandiose Vorbereitung, die Du bisher geleistet hast, ist wichtig. Aber letztendlich nutzt Dir die beste Vorbereitung nichts, wenn Du das Geplante im Ernstfall nicht „auf die Straße" bringst. Hier im Ernstfall zeigt sich, ob Deine Annahmen & Planungen richtig waren, ob Deine Visualisierung den Punkt getroffen hat bzw. ob Deine Botschaften & Geschichten das Ziel erreicht haben.

Und jedes Mal, wenn Du diesen Ernstfall erlebst - egal ob vor einem großen Publikum, vor wenigen Menschen oder in einem Zwiegespräch - wirst Du dazu lernen. **JEDES einzelne Mal**! Du wirst Dich weiter entwickeln und wachsen. Und Du wirst immer besser werden. Also nutze jede Chance, die sich Dir bietet, um das Präsentieren und das Reden vor Menschen zu üben. JEDE!

Wenn Du das konsequent tust, dann wirst Du jederzeit für jede Art von Rede oder Präsentation gewappnet sein. Und dann kann Dich endgültig nichts mehr erschüttern. Auch nicht bei Deinem großen Auftritt vor großem Publikum.

Dann kann er kommen, der Tag der Wahrheit. Der Tag an dem sich die ganze Arbeit, die Du in den Teilen 1-3 geleistet hast, endlich bezahlt macht! Der Tag an dem Du endlich Deine grandiosen Inhalte (Dein grandioses Haus) der Welt präsentieren und Dein Publikum begeistern & inspirieren kannst.

Und damit Dein Auftritt ebenso so grandios wird, wie Deine Inhalte es schon sind, habe ich die wichtigsten Herausforderungen & Lösungen für den überzeugenden Bühnenauftritt hier im 4. Teil der HAUS DES REDENS METHODE für Dich zusammengestellt.

Los geht's!

Dein Auftritt - Deine Regeln - Mach DEIN Ding

In diesem 4. und letzten Teil der HAUS DES REDENS METHODE werden wir gemeinsam erkunden,

- Was Du vorab klären solltest

- Was auf der Bühne passieren kann

- Was Dich auf der Bühne ausmacht und

- Was Du machen kannst, um das Erlebnis des Publikums noch weiter zu steigern.

Bevor wir uns aber mit diesen 4 Fragen Deines Bühnen-Auftritts befassen, möchte ich den Kreis schließen und zum Ausgangspunkt (Teil 1) zurückkommen. Nämlich auf **Deine persönliche Einstellung** (Dein bombenfestes Fundament). Denn diese bildet die Basis für ALL Deine erfolgreichen Auftritte - egal ob groß oder klein. Und daher möchte ich die Wichtigkeit an dieser Stelle noch einmal hervorheben!

*„… Aber es heißt, dass Du Deine eigenen Regeln
für das Wie festlegst. Und zwar so, wie es für Dich
und Deine Persönlichkeit am besten passt. Es gibt also
nicht die eine "richtige" Methode für alle. Deine Persönlichkeit, Dein Stil und Deine Botschaft sind einzigartig – und das sollte sich in Deiner Präsentation widerspiegeln. Denn es geht nicht nur darum, nur Informationen zu übermitteln, sondern um die Kunst,
Deine Botschaft authentisch und wirkungsvoll zu präsentieren. Und authentisch kannst Du nur sein, wenn
Du Du sein kannst. Und nicht, wenn Du eine Rolle
spielst.“*
*Zitat aus Teil 1: 6 Schritte zum bombenfesten Funda-
ment - Schritt 1: Mach DEIN Ding*

Mach' Dein Ding und erstelle Deine eigenen Regeln. **Denn es ist
DEIN Auftritt und nur Du bestimmst, wie dieser ablaufen soll!**
Diese Tatsache solltest Du Dir, speziell vor Deinem großen Tag,
noch einmal in Erinnerung rufen, um Deine persönliche Einstellung
positiv zu stärken und Dein Fundament fest einzuzementieren. Hier
noch einmal alle Schritte zur Erinnerung und weiteren Verinnerli-
chung:

Schritt 1: **Mach Dein Ding bzw. Deine eigenen Regeln**

Schritt 2: **Ersetze Perfektionismus durch Deine Einzigartigkeit**

Schritt 3: **Spiele keine Rolle und verstelle Dich nicht**

Schritt 4: **Denn SO bist Du authentisch**

Schritt 5: **Ziele auf das Herz, um den Kopf zu treffen - Emotionen statt rationalen Fakten**

Schritt 6: **Verkörpere Deine Botschaft**

Mit Hilfe dieser 6 Schritte baust Du **Optimismus, Selbstvertrauen, Entschlossenheit und Gelassenheit** auf, sodass sich alles zu
einem bombenfesten Fundament verfestigt! Wenn Du diese Schritte
verinnerlichst, dann kann Dich nichts mehr umhauen. Gemeinsam

mit Deinem „Inhalt" aus Teil 2 und Deiner „Visualisierung" aus Teil 3 hast Du DEIN einzigartiges HAUS DES REDENS gebaut. Was soll da noch schiefgehen?

Für mich steht Dein Erfolg fest! Du wirst die Bühne rocken und Dein Publikum begeistern. Aber bevor Du die Bühne rocken kannst, müssen wir diese für Dich richtig vorbereiten. Damit auch wirklich nichts mehr schiefgehen kann.

Was Du vorab klären solltest

Du bist persönlich, inhaltlich und visuell top vorbereitet. Als 4. und letzten Schritt der Vorbereitung bereiten wir nun die Bühne für Dich und Deinen Auftritt so vor, dass Du Dich dort wohlfühlen kannst.

Checkliste für Deine eigene Ausrüstung

Ein gut vorbereiteter Vortragender zu sein, bedeutet nicht nur, den Inhalt zu beherrschen, sondern auch das „Rundherum" gut zu planen. Die unten stehende Checkliste dient als Dein Wegweiser, um nichts zu übersehen. Ich möchte aber festhalten, dass diese Liste nicht als starre Anforderung zu sehen ist. Nicht jedes der gelisteten Dinge wirst Du bei jedem Anlass benötigen. Einige der Gegenstände mögen in bestimmten Situationen überflüssig sein, während andere essenziell sind, aber nicht zwingend in Deinem persönlichen Besitz sein müssen – denn vieles kann man sich auch ausleihen. Betrachte diese Checkliste daher als eine flexible Grundlage für Deine Vorbereitungen, die Dir hilft, an alles Wichtige zu denken, ohne Dich unnötig zu belasten.

Technisches Equipment

- **Laptop/Tablet**: Mit allen notwendigen Präsentationsdateien und Anwendungen vorinstalliert.

- **Ladegeräte**: Für Laptop, Tablet, Smartphone und alle anderen technischen Geräte, die Du benötigst.

- **Adapter und Kabel**: Stelle sicher, dass Du alle notwendigen Adapter und Kabel hast, um Deinen Laptop mit dem Projektor oder anderen Anzeigegeräten zu verbinden. Dies ist vor allem für Mac-User wichtig.

- **Ersatzbatterien/Akkus**: Für alle Geräte, die du verwendest, wie z.B. Fernbedienung für Präsentationen oder kabellose Maus.

- **Speichermedien**: USB-Stick oder externe Festplatte mit einer Backup-Kopie Deiner Präsentation und wichtigen Dokumenten.

- **Fernbedienung für Präsentationen**: Um durch Deine Folien zu navigieren, ohne am Laptop sein zu müssen. Viele Fernbedienungen enthalten auch einen Laser-Pointer, um auf bestimmte Inhalte visuell hinzuweisen. Die Top-Produkte verfügen sogar über eine Stoppuhr, die Dich beim Einhalten Deiner Zeitvorgabe unterstützt.

- **Audio-System oder Boxen**: Für die gute Übertragung des Tons Deiner Videos sind gute - und der Größe des Raums entsprechende - Boxen unerlässlich.

- **Flipchart- bzw. Whiteboard-Stifte**: Meistens werden diese vom Veranstalter gestellt. Aber wenn Du oft präsentierst oder auf Nummer Sicher gehen willst, dann macht es durchaus Sinn, diese selbst zu besitzen.

Persönliche Gegenstände

- **Moderationskarten, Notizen/Ausdrucke**: Auch wenn Du Deine Präsentation gut kennst, kann ein Ausdruck mit Stichpunkten oder Anmerkungen als Sicherheitsnetz dienen. Wenn Du Dich für eine Präsentation mit Moderationskarten entschieden hast, dann überprüfe, ob diese vollständig sind.

- **Handout**: Falls Du eine gedruckte Zusammenfassung hinterlassen willst, dann achte darauf, dass genügend Handouts vorhanden sind. Wie schon erwähnt, sollte das Handout niemals eine gedruckte Version der Präsentation, sondern immer ein eigenes Dokument sein.

- **Visitenkarten**: In ausreichender Anzahl zum Netzwerken nach dem Vortrag.

- **Wasserflasche**: Trockener Mund vor der Präsentation kommt häufig vor. Wasser wirkt hier Wunder. Und je länger Dein Vortrag dauert, desto wichtiger ist es, dass Du genügend Flüssigkeit zu Dir nimmst.

- **Snacks**: Energieriegel oder ähnliche Snacks können helfen, den Energielevel aufrechtzuerhalten, besonders bei langen Vorträgen oder Workshops.

- **Mundfrische**: Atemfrischespray oder Minzbonbons können vor einem Vortrag oder in den Pausen nützlich sein.

- **Brille oder Kontaktlinsen**: Falls Du diese benötigst, solltest Du immer ein Ersatzpaar dabeihaben.

- **Entspannungshilfen/Musik (samt Kopfhörer)**: Gegenstände wie Stressbälle oder persönliche Entspannungstechniken können Dir helfen, die Nervosität vor oder während der Präsentation zu mindern. Dazu kann auch Deine persönliche Lieblingsmusik (am besten mit Kopfhörer) zählen.

Kleidung und persönliche Pflege

- **Zweites Outfit**: Ein zusätzliches Set an Kleidung kann bei Missgeschicken aller Art lebensrettend sein.

- **Persönliches Hygiene-Kit**: Deodorant, Handdesinfektionsmittel, Feuchttücher und ein kleiner Spiegel können nützlich sein, um vor und während der Veranstaltung frisch zu bleiben.

- **Notfall-Nähset**: Für Last-Minute Reparaturen an der Kleidung.

- **Erste-Hilfe-Set**: Mit Pflastern, Schmerzmitteln und anderen grundlegenden medizinischen Bedarfen.

- **Kopfschmerztabletten oder persönliche Medikamente**: Falls notwendig, stelle sicher, dass du sie dabeihast.

- **Kontaktliste**: Nummern von Veranstaltungsorganisatoren, Technikern und anderen wichtigen Personen, die zum Erfolg Deiner Rede beitragen können.

Wie Du siehst, ist die Liste sehr ausführlich gestaltet. Dein persönlicher Werkzeugkoffer kann und soll natürlich an Deine individuellen Bedürfnisse und die Art der Präsentation angepasst werden. Du kannst Dinge aus der obigen Liste weglassen oder zusätzliche Artikel hinzufügen, die Dir wichtig sind. Das Ziel ist es, auf jede Situation vorbereitet zu sein, damit Du Dich auf das konzentrieren kannst, was wirklich zählt – Deine Botschaft wirkungsvoll zu vermitteln.

Am Ende dieses Buches unter „Weiterführende Informationen" habe ich eine umfangreiche Liste meiner Ausrüstung inkl. Links zu den konkreten Produkten erstellt.

Wichtige Fragen klären

Nachdem wir Deine Werkzeuge geplant haben, geht es nun an die konkrete Planung Deines Bühnenauftritts. Die Vorbereitung Deiner Bühne beginnt dabei schon lange vor Deiner Ankunft am Veranstaltungsort. Denn, bevor Du Dich auf den Weg dorthin machst, solltest Du schon im Vorfeld einige wichtige Fragen abgeklärt haben.

- **Zu welchem Zeitpunkt der Veranstaltung ist Dein Vortrag dran?** Diese Information ist aus mehreren Gründen entscheidend. Erstens beeinflusst es, wie Du Deinen Vortrag inhaltlich und energetisch strukturierst. Ein Morgen-Termin erfordert möglicherweise eine andere Herangehensweise, um das Publikum zu wecken und zu engagieren, als ein Slot am Ende des Tages, wenn die Zuhörenden möglicherweise erschöpft sind. Zweitens ermöglicht es Dir, Deine Ankunftszeit am Veranstaltungsort zu planen, um genügend Zeit für die Vorbereitung und einen Technik-Check zu haben. Drittens hilft es Dir, die Relevanz und den Kontext Deines Vortrags im Verhältnis zu anderen Programmpunkten zu verstehen und gegebenenfalls Bezugnahmen oder Anknüpfungspunkte einzubauen.

- **Wie groß ist der Raum?** Die Größe des Raums beeinflusst die Gestaltung Deiner Präsentationsmaterialien und die Interaktionsmöglichkeiten mit dem Publikum bzw. wie Du Deine Stimme einsetzt, um alle zu erreichen. In einem großen Raum musst Du möglicherweise Deine Stimme stärker projizieren oder technische Hilfsmittel nutzen, um sicherzustellen, dass alle Teilnehmenden Dich gut hören und sehen können. So ist z.B. die Verwendung eines Flipcharts in großen Räumen nicht optimal, weil die weiter hinten Sitzenden Deine Zeichnungen nicht sehen können.

- **Gibt es ein Hand- oder Headset-Mikrofon?** Falls der Raum zu groß ist, um ihn mit Deiner Stimme auszufüllen, dann ist ein Mikrofon unerlässlich. Die Wahl des Mikrofons kann die Art und Weise beeinflussen, wie Du Dich auf der Bühne bewegst und interagierst. Ein Handmikrofon bindet eine Deiner Hände (was auch positiv sein kann), während ein Headset-Mikrofon die Hände frei lässt. Je nachdem, wie aktiv Du auf der Bühne agierst, kann die eine oder die andere Art des Mikrofons von Vorteil sein. Die Akustik des Raums und die Mikrofonverfügbarkeit sind auf jeden Fall entscheidend für die Verständlichkeit Deiner Botschaft.

- **Wie ist die Beleuchtung im Raum?** Gute Beleuchtung ist entscheidend dafür, dass Du und Deine Präsentationsmaterialien gut sichtbar sind. Außerdem kann die Beleuchtung

die Aufmerksamkeit und Stimmung des Publikums beeinflussen.

- **Besteht die Möglichkeit, den Raum vor der Präsentation zu besichtigen oder einen Technik-Check zu machen?** Eine Vorab-Besichtigung ermöglicht es Dir, Dich mit dem Raum und den technischen Einrichtungen vertraut zu machen, was zu einer reibungslosen Durchführung Deiner Präsentation beiträgt. Wenn dies schon einige Tage vor der Veranstaltung möglich ist, solltest Du diese Chance nutzen. Falls nicht, dann ist diese Besichtigung auch am Veranstaltungstag auf jeden Fall empfehlenswert. Einen **Technik-Check** aller verwendeten technischen Geräte, **solltest Du auf jeden Fall vor Deinem Auftritt durchführen,** um böse Überraschungen zu vermeiden!

- **Mit wie vielen Menschen wird ungefähr gerechnet?** Die erwartete Teilnehmerzahl hilft Dir, die Interaktion mit dem Publikum zu planen und zu entscheiden, ob Du beispielsweise Gruppenarbeiten oder Frage-Antwort-Runden einbauen kannst. In größeren Räumen mit vielen Personen musst Du Umfragen oder Abstimmungen eher mit Online-Tools durchführen, als die Menschen direkt zu befragen. Außerdem kannst Du mit der Besucheranzahl die Menge an Handouts oder anderen Materialien besser abschätzen.

- **Gibt es Internet bzw. WLAN im Raum?** Die Verfügbarkeit von Internet oder WLAN ist ein kritischer Aspekt für moderne Präsentationen. Erstens ermöglicht es Dir, während Deines Vortrags auf Online-Ressourcen zuzugreifen, sei es für Live-Demonstrationen, das Abrufen aktueller Informationen & Beispiele oder das Einbinden von interaktiven Elementen, die eine Internetverbindung erfordern. Zweitens kann es wichtig sein für die Teilnehmenden, insbesondere wenn Du planst, Umfragen oder Abstimmungen über Web-Plattformen durchzuführen oder wenn das Publikum während der Präsentation auf begleitende Online-Materialien zugreifen soll. Die Vorab-Klärung der WLAN-Verfügbarkeit hilft Dir, technische Vorbereitungen zu treffen und sicherzustellen, dass Deine Präsentation reibungslos verläuft, ohne durch Verbindungsprobleme unterbrochen zu werden. Zudem ermöglicht es Dir, einen Plan B zu entwickeln, falls die Internetverbindung unzuverlässig sein sollte oder ganz ausfällt. Wenn Du eine Präsentationssoftware verwendest, die auf eine Internetverbindung angewiesen ist (wie Prezi), dann solltest Du sicherheitshalber immer auch eine Offline-Version Deiner Präsentation dabeihaben.

- **Gibt es einen Beamer oder Fernseher?** Audiovisuelle Hilfsmittel sind entscheidend für die Visualisierung Deiner Inhalte. Die Verfügbarkeit von Beamer oder Fernsehgerät bestimmt, wie Du Deine Präsentation gestalten kannst, insbesondere in Bezug auf die Verwendung von Bildern, Diagrammen oder Videos. In beiden Fällen solltest Du unbedingt auch abklären, welche Anschlüsse das jeweilige Gerät hat, damit Du Deinen PC auch sicher mit dem Ausgabegerät verbinden kannst. Falls ein Beamer vorhanden ist, solltest Du darüber hinaus die Verfügbarkeit bzw. die Beschaffenheit der dazugehörigen Leinwand abklären. Ist diese fix montiert oder mobil? Denn das kann sowohl für die Größendarstellung Deiner Präsentation als auch auf die Stabilität des Bildes einen Einfluss haben.

- **Gibt es eine Fernbedienung?** Wenn Du viele Präsentationen hältst, dann macht es auf jeden Fall Sinn, Dir eine eigene Fernbedienung anzuschaffen. Falls Du keine Fernbedienung besitzt, dann solltest Du vorher abklären, ob es am Veranstaltungsort eine zum Leihen für Dich gibt.

- **Gibt es ein Flipchart und Stifte dazu?** Ein Flipchart ist ein wertvolles Werkzeug für spontane Skizzen, die Hervorhebung wichtiger Punkte oder das Festhalten von Teilnehmerbeiträgen. Die Bestätigung, dass Flipchart und Stifte verfügbar sind, ermöglicht es Dir, flexibel auf Diskussionen zu reagieren und Deine Präsentation interaktiver zu gestalten.

- **Steht ein Pult zur Verfügung oder ein Tisch für Deinen PC?** Das Vorhandensein eines Tisches oder Sprecherpults ist für die Positionierung Deines Laptops wichtig. Ob Du das Pult nur zur Ablage Deiner Geräte und Notizen nutzt, oder auch dahinter stehen bleiben willst, das kannst Du frei entscheiden. Wichtig ist wie immer, dass Du Dich wohlfühlst.

- **Gibt es ein Audiosystem?** Gute Audioqualität ist entscheidend, besonders wenn Du Videos oder Soundclips einsetzt. Die Klärung der Audio-Ausstattung hilft Dir, technische Probleme zu vermeiden und eine klare Übertragung Deiner Inhalte zu gewährleisten. Falls kein Audiosystem im Raum vorhanden ist, musst Du Dich selbst um geeignete Boxen kümmern.

Die sorgfältige Klärung all dieser Fragen im Vorfeld ermöglicht Dir eine gezielte Vorbereitung und Anpassung an die Bedingungen vor Ort. Je besser Du auf diese Bedingungen vorbereitet bist, desto weniger Grund hast Du, nervös zu sein. Eine gute Vorbereitung Deiner Bühne verhindert nämlich böse Überraschungen und steigert somit Deine Sicherheit, dass alles gut gehen wird. Sicherheit wiederum bringt Selbstvertrauen und die Summe all dieser positiven Elemente trägt maßgeblich zum Erfolg Deiner Präsentation oder Rede bei!

Deinen Platz finden

"Ein guter Redner zu sein, ist eine Kunst; den richtigen Platz auf der Bühne zu finden, ist die Leinwand, auf der diese Kunst zum Leben erweckt wird."
Unbekannter Autor

Dein Platz bzw. Standort auf der Bühne beeinflusst nicht nur, wie das Publikum Dich wahrnimmt, sondern auch, wie Du Dich während Deiner Präsentation fühlst. Ein gut gewählter Platz stärkt Deine Präsenz und ermöglicht es Dir, mit jedem im Raum direkt zu kommunizieren. Es geht darum, Deinen Ankerpunkt zu schaffen, einen Punkt der Stärke und Sicherheit, von dem aus Du Deine Botschaft kraftvoll in die Welt tragen kannst. Er hilft Dir, trotz der Nervosität, die jeder Auftritt mit sich bringt, zentriert und fokussiert zu bleiben.

Wie kannst Du nun Deinen optimalen Platz auf der Bühne finden? Dabei spielen 2 Aspekte eine Rolle, nämlich technische und emotionale.

Berücksichtigung der technischen Aspekte

- **Leinwand und Beamer**: Achte darauf, dass Du so stehst, dass die Leinwand für das Publikum immer vollständig sichtbar ist. Vermeide es außerdem, im Licht des Beamers zu stehen, um Schattenwürfe auf die Leinwand zu verhindern. Gleichzeitig sollte Dein Standpunkt es Dir ermöglichen, bei Bedarf auf wichtige Inhalte deiner Präsentation zu zeigen, ohne dabei Deinem Publikum den Rücken zuzuwenden. Dies kann entweder direkt oder durch den Laserpointer Deiner Fernbedienung erfolgen.

- **Position Deines Computers**: Dein PC sollte so platziert sein, dass Du leicht darauf zugreifen kannst, ohne die Verbindung zum Publikum zu verlieren. Das ist vor allem dann wichtig, wenn Du während Deines Vortrags aktiv am PC etwas zeigen musst. Wenn dies nicht geplant ist oder Du eine Fernbedienung verwendest, dann kann Dein Präsentationsgerät auch etwas weiter entfernt stehen. Idealerweise befindet sich der PC seitlich von Dir in einem Winkel, aus dem Du sowohl die Bildschirminhalte sehen als auch das Publikum im Auge behalten kannst. Dadurch verhinderst Du den Drang, Dich immer wieder zur Leinwand umzudrehen und hältst mit Deinem Blick immer den Kontakt zum Publikum.

Berücksichtigung der emotionalen Aspekte

Einen guten Platz auf der Bühne zu finden ist aber nicht nur eine Frage des technischen Standorts. Es geht auch darum, eine Position zu finden, in der Du Dich sicher und selbstbewusst fühlst (positiver Ankerpunkt). Eine Position, die es Dir erlaubt, das gesamte Publikum zu erfassen und mit allen eine Verbindung aufzubauen. Diesen

idealen Platz - auf dem Du Dich sicher und selbstbewusst fühlst -
kannst Du nur finden, wenn Du Dich durch den Raum bzw. über
die Bühne bewegst und ausprobierst. Wo fühlt es sich gut an, wo
nicht so gut und wo passen alle bisher genannten Aspekte am besten
für DICH?

Das herauszufinden kann einmal mehr, einmal weniger Zeit in
Anspruch nehmen. Ich empfehle Dir auf jeden Fall, die Suche nach
Deinem idealen Platz schon vor Deinem Auftritt anzugehen. Im bes-
ten Fall schon Tage vor Deinem Auftritt, was aber in den meisten
Fällen rein logistisch nicht machbar sein wird. Je nach dem Zeit-
punkt Deines Vortrags am Tag X, kannst Du es aber entweder vor
Beginn der Veranstaltung machen oder auch in Pausen. Das nimmt
Dir einmal mehr Druck und bringt Sicherheit. Und Du wirst sehen,
je öfter Du es aktiv machst, desto schneller wirst Du in Zukunft Deinen Platz in jedem Raum und auf jeder Bühne finden.

Beispiele für besondere Plätze auf der Bühne

- **Sprecherpult – Ein zweischneidiges Schwert:** Das Sprecherpult ist ein klassisches Element auf vielen Bühnen. Du bist
  aber keineswegs dazu gezwungen, ein Sprecherpult auch
  wirklich zu verwenden. Denn sein Einsatz sollte wohlüber-
  legt sein. Einerseits kann das Pult als Ankerpunkt dienen,
  der Sicherheit vermittelt und einen festen Standort auf der
  Bühne bietet. Andererseits besteht aber die Gefahr, dass es
  zu einer Barriere zwischen Dir und dem Publikum wird, die
  Deine Authentizität und die emotionale Verbindung einschränkt. Wenn Du Dich entscheidest, ein Pult zu nutzen,
  dann achte immer darauf, dass es Deine Präsenz unterstützt,
  statt sie zu verbergen. Nutze es als Stützpunkt, nicht als Ver-
  steck. Notfalls kannst Du die Position des Pults auch ändern,
  falls es zu versteckt steht. Denn Offenheit und Zugänglichkeit sind Schlüssel zu einer erfolgreichen Interaktion mit Deinem Publikum. Und die solltest Du nicht durch eine Barriere
  verbauen.

- **Der rote Punkt – Ein Meisterwerk der Präsentationskunst:** Bei TED-Talks ist der rote Teppich, auf dem die Redner stehen, legendär geworden. Dieser rote Punkt ist mehr als nur ein Designelement. Er ist ein symbolischer Ankerpunkt, der dem Redner hilft, seine innere und äußere Ausrichtung zu finden. Er markiert einen Raum, in dem die Vortragenden frei von Ablenkungen sind, sich vollkommen auf ihre Botschaft konzentrieren und gleichzeitig eine tiefe Verbindung mit dem Publikum aufbauen können. Der rote Punkt zwingt die Redner, innerhalb eines definierten Raumes zu bleiben, fördert aber gleichzeitig eine intensive Präsenz und Fokussierung, die essenziell für eine wirkungsvolle Kommunikation ist.

Kurz zusammengefasst heißt das also folgendes für Dich. Deinen Platz auf der Bühne zu finden, bedeutet Deinen Ankerpunkt zu definieren, von dem aus Du mit Selbstvertrauen, Sicherheit und Klarheit sprechen kannst. Ob es der symbolische rote Punkt von TED ist, die bewusste Entscheidung für oder gegen ein Sprecherpult, oder die Art und Weise, wie Du den Raum nutzt und mit Deinem Publikum interagierst. All das sind Aspekte, die Deine Präsenz auf der Bühne definieren. Indem Du Deinen Ankerpunkt für Dich passend wählst und gestaltest, schaffst Du Deine Bühne, auf der nicht nur Deine Worte, sondern auch Deine wahre Persönlichkeit glänzen werden.

Und wie Du es von meiner HAUS DES REDENS METHODE schon kennst, bestimmst nur DU diesen richtigen Platz - auf dem Du Dich wohl und sicher fühlst - für Dich. Denn es ist DEIN AUFTRITT.

Technik testen

In einer Welt, in der Präsentationen zunehmend von Technologie abhängen, kann das gründliche Testen aller technischen Geräte und Hilfsmittel den Unterschied zwischen Erfolg und Misserfolg ausmachen. Dich und Deine technische Ausrüstung vor einem Vortrag vorzubereiten und zu überprüfen, ist nicht nur eine Frage der Professionalität, sondern auch des Respekts gegenüber Deinem Publikum sowie deren und Deiner eigenen Zeit. Ein reibungsloser Ablauf hilft Dir, Deine Botschaft klar und wirkungsvoll zu vermitteln und peinliche Unterbrechungen zu vermeiden. Die folgende Checkliste gibt Dir einen detaillierten Überblick über die wichtigsten technischen Aspekte, die Du vor einer Präsentation testen solltest:

- **Beamer bzw. Bildschirm**: Beginne mit dem Beamer. Überprüfe, ob die Verbindung zu Deinem Laptop oder Tablet stabil ist und ob das Bild klar und scharf projiziert wird. Achte darauf, dass alle notwendigen Kabel vorhanden und unbeschädigt sind und dass die Auflösung korrekt eingestellt ist, um eine optimale Darstellung deiner Folien zu gewährleisten.

- **Mikrofon und Audiosystem**: Die Audioausrüstung ist entscheidend für die Verständlichkeit Deiner Präsentation. Teste das Mikrofon, indem Du sprichst, während Du Dich in verschiedenen Teilen des Raums bewegst, um sicherzustellen, dass es überall gut zu hören ist. Überprüfe auch die Funktion und Lautstärke des Audiosystems oder Deiner eigenen Boxen, besonders wenn Du Videos mit Ton zeigen möchtest. Stelle außerdem sicher, dass es keine Rückkopplungen gibt und die Lautstärke für alle Teilnehmer angenehm ist.

- **Fernbedienung**: Überprüfe die Batterien Deiner Fernbedienung und teste alle Funktionen, insbesondere das Vor- und Zurückblättern zwischen den Folien. Es ist ratsam, Ersatzbatterien bereitzuhalten, falls diese während der Präsentation leer werden.

- **Internetanschluss**: Falls Deine Präsentation auf Online-Inhalte angewiesen ist, ist die Überprüfung des Internetanschlusses entscheidend. Sichere eine stabile Verbindung und überlege Dir einen Plan B für den Fall, dass die Verbindung ausfällt, wie das Vorbereiten von Screenshots, das

Herunterladen von Videos oder auch den Aufbau einer alternativen Internetverbindung über Dein Mobiltelefon (Stichwort „Hotspot").

- **Platzierung PC und Monitore**: Die Platzierung Deines PCs ist wichtig für den reibungslosen Ablauf Deiner Präsentation. Stelle sicher, dass Du bequem auf Deinen Bildschirm zugreifen kannst, ohne Dich vom Publikum abwenden zu müssen. Falls verfügbar, teste auch, ob ein Monitor vor Dir platziert werden kann, auf dem Du Deine Folien sehen kannst, um den Blickkontakt zum Publikum zu halten.

- **Flipchart und Stifte**: Falls Du planst, ein Flipchart zu nutzen, dann überprüfe unbedingt, ob genügend Papier vorhanden ist. Teste auch die Stifte, um sicherzustellen, dass sie nicht ausgetrocknet sind.

- **Zusätzliche Demonstrationsobjekte**: Wenn Du physische Objekte oder Modelle zeigen möchtest, überprüfe, ob alles funktioniert und ob Du alles mitgebracht hast. Teste auch, ob diese Objekte von allen Plätzen im Raum aus gut sichtbar sind.

Warum das Testen so wichtig ist

Das Testen der Technik vor einer Präsentation dient nicht nur dazu, unerwartete Probleme zu vermeiden, sondern gibt Dir auch die Sicherheit, dass Du Dich vollkommen auf den Inhalt Deiner Präsentation konzentrieren kannst. Es ermöglicht Dir, eventuelle technische Herausforderungen im Voraus zu identifizieren und zu beheben, und trägt dazu bei, eine professionelle und souveräne Atmosphäre zu schaffen. Durch das vorherige Testen kannst Du auch sicherstellen, dass alle Teilnehmer Deine Botschaft klar und deutlich empfangen können, was letztlich den Erfolg Deiner Präsentation bestimmt.

Was auf der Bühne passieren kann

Wenn Du alles, was Du vor Deinem Auftritt klären kannst, auch wirklich geklärt hast, dann hast Du 70 % aller bösen Überraschungen, die passieren können, schon zu Beginn ausgeschlossen. Du hast also alle Dinge optimal vorbereitet, auf die Du einen direkten Einfluss hast. Das vermittelt Dir Sicherheit und gibt Dir die Möglichkeit, Dich voll und ganz auf Deine Inhalte & Deine Story zu konzentrieren.

Es bleiben aber noch ca. 30 % an Dingen übrig, auf die Du nur teilweise oder gar keinen Einfluss hast. Bei diesen geht es nun darum, dass Du Dich schon im Vorhinein darauf einstellst, dass diese passieren können. Und dass Du für den Fall des Eintretens gut gerüstet bist.

Was kann auf der Bühne passieren?

- **GANZ SICHER = Lampenfieber**: Jeder Mensch hat vor einem öffentlichen Auftritt mehr oder weniger Lampenfieber. Manche werden dadurch beflügelt, andere erstarren darin. Ich zeige Dir, wie Du damit umgehen kannst, damit Du Deine beste Leistung abrufen kannst.

- **VIELLEICHT = Etwas Unvorhergesehenes**: Denn erstens kommt es anders und zweitens als man denkt. Oder wie es im militärischen Jargon heißt „Kein Plan überlebt den ersten Feindkontakt". Ich zeige Dir, wie Du mit unvorhergesehenen Ereignissen umgehen kannst und wie Du diese mit Gelassenheit souverän meistern wirst.

Lampenfieber

> *„Es gibt zwei Arten von Rednern: Die einen sind*
> *nervös. Die anderen sind Lügner."*
> *Mark Twain*

Lampenfieber ist ein weitverbreitetes Phänomen, das viele Menschen vor und während ihres Auftritts auf der Bühne erleben. Es äußert sich durch Nervosität, Herzrasen, zitternde und/oder schwitzende Hände, trockenen Mund, beschleunigten Atem oder Erhöhung des Sprechtempos. In den schlimmsten Fällen kann es sogar zu einem völligen Erstarren oder dem sogenannten "Blackout" führen. Diese negative Art von Lampenfieber (auf Englisch „stage fright") beeinträchtigt die Fähigkeit, klar zu denken und effektiv zu kommunizieren, was zu einer minderwertigen Leistung führen kann.

Lampenfieber ist aber nicht prinzipiell negativ. Denn neben den oben genannten negativen Reaktionen gibt es auch **„positives Lampenfieber"**, das sogar leistungsfördernd wirkt. Positives Lampenfieber äußert sich durch eine gesteigerte Aufmerksamkeit, Konzentration und Energie. Es ist die Art von Nervosität, die Dich wach und fokussiert hält, ohne dass Du Dich überwältigt fühlst. Anstatt von Angst dominiert zu werden, nutzt Du die Aufregung, um Deine Leistung zu verbessern. Dieses positive Lampenfieber kann als motivierende Kraft wirken, die Dir hilft, Dich über das übliche Maß hinaus zu engagieren und Deine Botschaft mit Leidenschaft und Dynamik zu vermitteln.

Auf dieses positive Lampenfieber arbeiten wir hin. Dazu müssen wir zuerst den Gründen für negatives Lampenfieber auf den Grund gehen. Und danach zeige ich Dir den Weg raus aus der Negativspirale.

Gründe für Lampenfieber

Die Ursachen für Lampenfieber sind vielfältig und reichen vom Gedanken „was werden die Anderen denken" sowie der Angst vor negativer Bewertung, über die Sorge, den eigenen Ansprüchen nicht gerecht zu werden, bis hin zur Furcht des totalen Versagens (Blackout).

Die meisten Gründe liegen in den Themen begründet, die wir schon im Teil 1 besprochen haben. Dort haben wir mit Optimismus,

Selbstvertrauen, Entschlossenheit und Gelassenheit die Grundlage für Dein bombenfestes Fundament gelegt, das wir dann in 6 Schritten betoniert haben. Dieses Fundament ist - das kann ich schon vorwegnehmen - auch für den positiven Umgang mit Lampenfieber entscheidend. Daher habe ich die Stichworte, die wir im Teil 1 behandelt haben, hier immer wieder in Klammern gesetzt, um sie Dir in Erinnerung zu rufen.

Hier eine Liste der - aus meiner persönlichen Erfahrung - häufigsten Gründe für Lampenfieber und Nervosität.

Was werden die Anderen denken/sagen?

Die Sorge um die Meinung anderer ist ein starker Faktor, der Lampenfieber auslösen kann. Wir fürchten negative Bewertungen oder Ablehnung, was zu einem Druck führt, der unsere Leistung beeinträchtigen kann. Dabei solltest Du aber eine unverrückbare Wahrheit bedenken. DU kannst nur das beeinflussen, was Du denkst und machst. Was Andere denken und sagen, wir NIE in Deinem Einflussbereich liegen. Also solltest Du Dir auch nicht zu viele Gedanken darüber machen.

„Menschen, die immer daran denken, was andere
von ihnen halten, wären sehr überrascht, wenn sie
wüssten, wie wenig die anderen über sie nachdenken."
Bertrand Russell

Und ja, es wird immer Leute geben, die Dir gewisse Dinge nicht zutrauen oder Dir Deinen Erfolg nicht gönnen. **Aber egal, was Du machst, die Leute werden IMMER reden!** Also kannst Du auch gleich das tun, was Dir Erfolg bringt und sich gut anfühlt, anstatt Dich runterziehen zu lassen. Deine positive persönliche Einstellung (Teil 1) und die Überzeugung, dass das Publikum Dich siegen sehen will, werden diesen Druck mindern.

- **Deine Überzeugung und persönliche Einstellung sind wichtig:** Wie Du Dich selbst siehst, beeinflusst, wie entschlossen Du auftrittst (Stichwort Entschlossenheit). Wenn Du an Dich glaubst, wirst Du selbstsicherer und überzeugender wirken (Stichwort Selbstvertrauen). Deine positive Einstellung (Stichwort Optimismus) wird die Wahrnehmung Deiner Zuhörer beeinflussen und eine tiefe Verbindung zum Publikum schaffen.

- **Das Publikum will Dich siegen sehen**: Außerdem ist für Dich wichtig zu erkennen, dass die meisten Menschen im Publikum Dich unterstützen und positive Absichten haben. Denn nur wenn Du auf der Bühne erfolgreich bist, kann auch das Publikum etwas für sich mitnehmen (Stichwort WIIFM).

- **Inhaltlich – Nicht jeder ist Deine Zielgruppe**: Nicht jeder im Publikum wird sich für Dein Thema interessieren und das ist auch völlig in Ordnung. Konzentriere Dich auf die, die es tun, nämlich Deine Zielgruppe. Deine Aufgabe ist es, diejenigen zu erreichen und zu beeindrucken, für die Deine Botschaft interessant & relevant ist. Deine Zielgruppe wird Deine authentische Erscheinung (Stichworte „nicht verstellen" und „authentisch) zu schätzen wissen und Dich für Deine Einzigartigkeit (Stichwort Mach Dein Ding) feiern. Alle außerhalb Deiner Zielgruppe sind für Dich irrelevant.

- **Inhaltlich - Es wird immer jemanden geben, der mehr weiß als Du**: Einer der gewichtigsten Faktoren beim „was werden die Anderen denken" ist die Angst vor Fragen, die wir nicht sofort beantworten können. Wir befürchten, dass die Anderen unsere Kompetenz dadurch in Frage stellen könnten. Oder im schlimmsten Fall uns sogar als „Betrüger" entlarven, der „sich ja gar nicht so gut auskennt, wie er vorgibt". Dieses Phänomen ist so weitverbreitet, dass es sogar einen eigenen Namen hat - nämlich Impostor-Syndrom - zu Deutsch Hochstapler Syndrom. Selbstverständlich bist Du kein Betrüger oder Hochstapler, nur weil Du eine Frage nicht sofort beantworten kannst. Denn erstens kann man niemals alles wissen (aber alle Antworten auch später nachliefern) und zweitens wird es immer jemanden geben, der über ein Thema mehr weiß als Du. Aber das ist absolut kein Problem und noch lange kein Grund, nicht über dieses Thema zu referieren. Dass das Impostor-Syndrom fast immer ein inneres Gefühl und keine Wahrheit ist, zeigt die Tatsache, dass es besonders häufig bei Menschen auftritt, die in beruflich oder akademisch anspruchsvollen Umfeldern arbeiten bzw. bei denen hohe Leistungen erwartet werden. Also gerade bei den Menschen, die eigentlich am wenigsten Grund hätten, als Betrüger angesehen zu werden, weil sie in Wahrheit die echten Experten auf ihrem Gebiet sind.

Innere negative Überzeugung (Glaubenssätze)

Glaubenssätze formen unsere Realität und beeinflussen, wie wir uns selbst und unsere Fähigkeiten wahrnehmen. Innere negative Überzeugungen, wie „Das kann ich nicht" oder „Das will ich nicht", setzen uns mental Grenzen und können die Ursache für Lampenfieber sein. Sie basieren oft auf früheren Erfahrungen oder Ängsten und halten uns davon ab, unser volles Potenzial zu entfalten. In Verbindung mit einem starken Fokus auf „was werden die Anderen sagen" führen diese Glaubenssätze zu einer weiteren Beschleunigung der Negativspirale.

- **"Das kann ich nicht"**: Wenn Du Dir selbst sagst, dass Du es nicht kannst, legst Du Dir Steine in den Weg, bevor Du überhaupt angefangen hast. Diese selbst auferlegte Grenze hält Dich zurück. Erinnere Dich daran, dass Fähigkeiten mit Übung und Erfahrung wachsen. Gib Dir die Chance, zu lernen und zu wachsen. Denn, „es ist noch kein Meister vom Himmel gefallen". Aber Übung macht den Meister.

- **"Das will ich nicht"**: Ich denke nicht, dass Du so weit in meinem Buch vorgedrungen wärst, wenn das „ich will nicht" noch immer Dein Problem wäre. Trotzdem will ich das Thema hier kurz streifen, weil der Druck - etwas machen zu müssen, das man nicht will - ebenfalls das Lampenfieber steigern kann. Die Abwehrhaltung gegenüber dem Sprechen vor Menschen kommt oft von tiefer liegenden Ängsten. Frage Dich, was genau Du nicht willst – ist es die Aufmerksamkeit, die Angst vor Kritik oder gibt es andere Gründe?

Gerade diesen - also Deinen - Ängsten haben wir uns in der Ausgangssituation gewidmet. Bis zu diesem Punkt im Buch hast Du sicher schon erkannt, dass die Bühne auch eine Chance ist, Deine Botschaft zu teilen und Einfluss zu nehmen. Wenn Du diese Chance annimmst und verinnerlichst, dann wirst Du Deine Botschaft kraftvoll verkörpern und erfolgreich rüberbringen (Stichwort Verkörpere Deine Botschaft).

- **Perfektionismus erzeugt großen Druck**: „Ich will keine Fehler machen..." Objektive Perfektion gibt es nicht, weil jeder darunter etwas anderes versteht. Dennoch bezeichnen sich viele Menschen als Perfektionisten. Der Glaube, dass alles perfekt sein muss, setzt Dich nur unnötig unter Druck. Erinnere Dich an Schritt 3 des Fundaments, wo wir uns darauf geeinigt haben, dass Du „nicht perfekt, aber einzigartig" sein solltest. Es geht darum, authentisch zu sein und Deine Botschaft klar zu übermitteln. Fehler machen Dich menschlich und das wiederum macht Dich authentisch und sympathisch.

Mangelnde Vorbereitung

Ein Schlüsselfaktor für Lampenfieber ist oft die mangelnde Vorbereitung. Unsicherheit über den Inhalt, die Struktur des Vortrags oder die Reaktion des Publikums kann Angst und Nervosität verursachen. Gründliche Vorbereitung und Planung sind essenziell, um Dich sicher zu fühlen und Lampenfieber zu reduzieren. Gute Vorbereitung gibt Dir die Zuversicht (Stichwort Optimismus, Selbstvertrauen), dass Du Dein Bestes (Stichwort Entschlossenheit) geben kannst, selbst unter Druck (Stichwort Gelassenheit).

Gute Planung nimmt Dir viel Druck, weil Du damit viele böse Überraschungen ausschließen kannst. Durch die Anwendung der in den Teilen 1, 2 und 3 besprochenen Planungsmethoden kannst Du sicherstellen, dass Du alles bedacht hast. Auch hier im Teil 4 habe ich Dir konkrete Vorbereitungsschritte gezeigt, die Deine Sicherheit erhöhen werden. Das reduziert die Angst vor dem Unbekannten und hilft Dir, Dich auf Deinen Auftritt zu konzentrieren, ohne von Lampenfieber überwältigt zu werden.

Was tun gegen Lampenfieber

Bei den Gründen für Lampenfieber habe ich Dir soeben aus meiner beruflichen Praxis folgende Hauptursachen aufgezählt:

- Was werden die Anderen denken/sagen?

- Innere negative Überzeugung (Glaubenssätze)

- Mangelnde Vorbereitung

Das Wort Vorbereitung kommt zwar nur in der 3. Zeile vor, aber wie Du in der HAUS DES REDENS METHODE gesehen hast, sind alle 3 Zeilen Teile Deiner Vorbereitung. Die ersten beiden gehören zur persönlichen Vorbereitung (Teil 1), in der dritten Zeile sind sowohl die inhaltliche (Teil 2), die grafische (Teil 3) als auch die Vorbereitung Deiner Bühne (Teil 4) enthalten. Du siehst also...

VORBEREITUNG IST ALLES und ALLES IST VORBEREITUNG

Und wenn Du Dich an meiner HAUS DES REDENS METHODE orientierst, dann gibt es eigentlichen keinen Grund mehr, negatives Lampenfieber zu haben. Anfangs wird es sicher noch da sein. Aber je mehr positive Erfahrungen Du sammelst, desto sicherer wirst Du werden. Sodass Du in Deinem Bestzustand nur mehr das positive Lampenfieber - das Kribbeln im Bauch - verspüren wirst. Und das wiederum spornt Dich zu Höchstleistungen an.

Motivationshilfen und Übungen gegen Lampenfieber

Wenn das Lampenfieber aber doch zuschlägt, dann gibt es eine Vielzahl von Möglichkeiten, mit denen Du Deine Nervosität beherrschen und unter Kontrollen bringen kannst. Hier eine kleine Auflistung von Möglichkeiten. Bei diesen Übungen gilt einmal mehr - wähle, was für sich für Dich gut anfühlt. Nichts davon ist ein Muss. Es ist lediglich eine Hilfestellung, um Dein passendes Werkzeug gegen Lampenfieber zu finden.

- **Musik "Eigene Hymne"**: Musik löst Emotionen aus und kann Dich in eine positive, kraftvolle Stimmung versetzen. Eine persönliche Hymne kann motivierend wirken und Selbstvertrauen stärken. Wähle ein Lied, das Dich motiviert und starke positive Emotionen weckt, wie „Eye of the Tiger" von Survivor. Höre es vor Deinem Auftritt und dreh richtig auf, um Dich energetisiert und selbstsicher zu fühlen.

- **Atemübungen**: „So… jetzt atme einmal tief durch und dann sehen wir weiter". Diesen Spruch hast Du so oder so ähnlich sicher schon einmal gehört. Und tatsächlich ist es so, das tiefes Atmen das Nervensystem beruhigt und hilft, Angst und Stress zu kontrollieren. Fokussiere Dich auf tiefe Atemzüge und konzentriere Dich dabei darauf, wie sich Dein Bauch hebt und senkt (Bauchatmung). Schon 1-3 Minuten dieser Atemübung wird Dich sichtlich beruhigen.

- **Meditation**: Während sich Atemübungen hauptsächlich auf die Regulierung des Atems konzentrieren, geht Meditation inhaltlich noch weiter und befasst sich mit der Beruhigung des Geistes. Apps wie "Calm" (https://www.calm.com) oder „Headspace" (https://www.headspace.com) bieten eine Vielzahl von geführten Meditationen, die speziell darauf ausgerichtet sind, Entspannung und geistige Klarheit zu fördern. Wenn Du Dir kurz vor Deinem Auftritt Zeit nimmst, einer dieser Meditationen zu folgen, dann kannst Du Deinen Geist beruhigen und innere Ruhe finden. Die oben genannten Apps bieten dazu nicht nur Meditationen, sondern auch Entspannungsmusik und -geschichten. Somit sind diese auch nützlich, wenn Du mit Meditation bisher nichts am Hut hast.

- **Positive Glaubenssätze oder Affirmationen**: Positive Selbstgespräche stärken das Selbstbewusstsein und bekämpfen negative Gedanken. Wiederhole positive Aussagen über Deine Fähigkeiten und Deinen Erfolg. Sage Dir selbst zum Beispiel: „Ich bin bereit und fähig, mein Bestes zu geben." Positive Affirmationen kannst Du Dir entweder selbst überlegen oder auch im Internet danach suchen. Auch hier gilt, was sich gut anfühlt, ist auch gut für Dich. Wiederhole Deine persönlichen Sätze morgens, untertags und unmittelbar vor Deinem Auftritt. Für viele Menschen sind diese positiven Glaubenssätze anfangs sehr komisch. Bedenke dabei immer Folgendes: Wenn negative Sätze es schaffen, Dich herunterzuziehen, dann müssen auch positive Glaubenssätze in der Lage sein, Dich aufzubauen. Und wer will schon etwas Schlechtes wählen, wenn er auch etwas Gutes haben kann?

- **Power Pose**: Körperhaltungen, die Selbstvertrauen und Macht ausstrahlen, können das Stressniveau senken und das Selbstvertrauen erhöhen. Ein Beispiel für eine Power Pose ist die "Superman-Pose", bei der Du die Füße schulterbreit auseinander stellst, die Hände in die Hüften stemmst und die Brust herausstreckst, während Du den Blick geradeaus richtest. Eine weitere ist die "Siegerpose", bei der Du beide Arme in die Luft streckst, als würdest Du einen Erfolg feiern. Eine Power Pose wirkt, weil sie durch die Einnahme der selbstbewussten Körperhaltungen das Testosteron („Dominanzhormon") erhöht und gleichzeitig das Stresshormon Cortisol senkt, was zu gesteigertem Selbstvertrauen und Stressresistenz führt. Probiere es aus, es funktioniert wirklich.

- **"Achter kreisen" um Gehirn zu aktivieren**: Bewegungen in Form einer Acht können die beiden Gehirnhälften synchronisieren und so die Konzentration verbessern. Zeichne mit Deiner Hand oder einem Stift in der Luft eine liegende Acht. Dies hilft, die Koordination zwischen den Gehirnhälften zu verbessern und die Konzentration zu steigern.

- **Hüpfen**: Körperliche Aktivität wie Hüpfen steigert die Durchblutung und Energie, was helfen kann, Nervosität abzubauen. Springe ein paar Minuten locker auf und ab, bevor Du die Bühne betrittst, um Deinen Kreislauf zu aktivieren und Deine Anspannung abzubauen.

- **Lachen**: Lachen setzt Endorphine frei, die Stress abbauen und für eine positive Grundstimmung sorgen. Wenn Du nicht spontan lachen kannst, dann reicht auch ein intensives Grinsen. Ziehe dazu die Mundwinkel für ca. 30 Sekunden weit nach hinten und tue so, als würdest Du lachen. Die Wirkung ist ähnlich wie bei einer Power Pose und Du wirst tatsächlich besser gelaunt sein. Wiederhole die Übung ein paar Mal, bis Du Dich besser fühlst.

- **Positive Anker setzen**: Mit „Deinem Platz" auf der Bühne haben wir schon einen positiven Anker gesetzt. Aber auch ein körperlicher Anker (z.B. ein Schmuckstück, Stift oder Moderationskarten in der Hand) oder ein mentaler Anker (ein positives Bild oder Wort) kann Dir in stressigen Momenten Halt geben und Dich an Deine Stärke erinnern. Nutze sie als Symbole der Stärke und Ruhe.

- **Kleine Rituale**: Rituale vor einem Auftritt können beruhigend wirken und Dir das Gefühl von Kontrolle geben. Ein Beispiel wäre, vor jedem Auftritt denselben Tee zu trinken, ein bestimmtes Lied zu hören oder gewisse Übungen durchzuführen. Diese Handlungen signalisieren Deinem Gehirn, dass es Zeit ist, sich zu konzentrieren und zu beruhigen.

- **Visualisierungstechniken**: Stelle Dir in aller Ruhe vor, wie Du erfolgreich Deinen Vortrag hältst. Sieh Dich selbst, wie Du selbstbewusst auf der Bühne stehst, das Publikum ansprichst und Applaus erhältst. Diese mentale Übung kann Ängste reduzieren und Deine Selbstsicherheit stärken, indem sie Dein positives Ergebnis in Deinem Geist verankert.

Publikum mit einbeziehen

Mit den oben genannten Techniken und Übungen kannst Du Deine Nervosität sehr gut minimieren und unter Kontrolle bringen. Auf der Bühne gibt es noch eine zusätzliche Möglichkeit. Und zwar kannst Du das Publikum mit in Deine Präsentation einbinden und somit Deine Nervosität auf das Publikum „ableiten". Auf der Bühne beherrschst Du den Raum, das heißt, Du hast die Macht. Wenn Du beispielsweise schon am Beginn darauf hinweist, dass Du während der Präsentation einen Freiwilligen brauchst, dann werden die meisten Menschen im Publikum mehr Angst davor haben, als Du es auf der Bühne je haben könntest.

Durch die Kombination all dieser Strategien wirst Du das Lampenfieber nicht nur bewältigen, sondern es sogar zu Deinem Vorteil nutzen. Erinnere Dich immer daran, dass ein gewisses Maß an Aufregung normal ist und dass Du durch gute Vorbereitung, Übung und die richtige persönliche Einstellung jedem Auftritt selbstbewusst entgegensehen kannst.

Umgang mit Unvorhergesehenem

Wenn Du alle Vorbereitungen der Teile 1-4 einmal verinnerlicht hast, dann bist Du für ALLES gewappnet, was Dich bei einem Vortrag erwarten kann. Und dazu zählen auch unvorhergesehene Dinge, die immer mal wieder vorkommen können. Denn erstens kommt es anders und zweitens als man denkt. Oder wie es beim Militär heißt „Kein Plan überlebt den ersten Feindkontakt."

Da stellt sich für Dich sicherlich die Frage, was Du tun kannst, wenn Unvorhergesehenes passiert bzw. wie Du Dich möglichst gut darauf vorbereiten kannst. Richtig?

Im militärischen Kontext spricht man diesbezüglich vom „Commander's Intent", frei übersetzt also von der „Absicht des Kommandeurs". In der deutschsprachigen Militärsprache heißt es richtig übersetzt „Führen durch Auftrag". Commander's Intent zielt darauf ab, die übergeordnete Absicht einer Mission klar zu kommunizieren. Es geht darum, das gewünschte Ziel so zu vermitteln, sodass jedes Teammitglied, auch bei unvorhergesehenen Ereignissen, eigenständig & flexibel im Sinne dieses Ziels handeln kann.

Ein militärisches Beispiel: Ein Kommandeur gibt den Befehl, einen strategisch wichtigen Hügel zu sichern, um die Sicht und Feuerkontrolle über das darunter liegende Tal zu gewinnen. Der Commander's Intent dabei ist nicht nur die Einnahme des Hügels, sondern vor allem die Kontrolle über das Tal zu erlangen. Sollte der Hügel unerwartet stark verteidigt sein, ermächtigt dieses Wissen die Soldaten, eigenständig & flexibel Alternativen zu finden, um das übergeordnete Ziel – die Kontrolle des Tals – zu erreichen.

Aber was hat das mit Reden & Präsentationen zu tun, fragst Du Dich jetzt vielleicht?

Ganz einfach: Bei jeder Präsentation oder Rede solltest Du Dir Deinen eigenen "Commander's Intent" - also Dein Ziel - klarmachen. Das bedeutet, Du solltest von Beginn an ein klares Verständnis davon haben, was Du mit Deiner Präsentation erreichen möchtest. **Genau DAS haben wir im Teil 2 unter „Was ist Dein Ziel?" gemacht.** Wie Du dieses Ziel erreichen willst, haben wir ebenfalls im Teil 2 mit der kompletten Erstellung Deiner „Inhalte, Struktur & Story" geplant.

Diese Planung ist aber nicht starr, sondern gibt Dir - wie in der Zusammenfassung von Teil 2 ausgeführt - die **Flexibilität, Dich frei innerhalb Deiner inhaltlichen Struktur zu bewegen**. Solltest Du also während der Präsentation merken, dass

- etwas Unvorhergesehenes passiert,
- bestimmte Teile nicht wie geplant funktionieren oder
- Dein Publikum nicht so reagiert, wie Du es erwartet hast,

dann ermöglicht Dir ein klares Ziel (Commander's Intent) schnell & flexibel Anpassungen vorzunehmen, ohne das übergeordnete Ziel aus den Augen zu verlieren. Ganz genau so, wie beim militärischen Beispiel beschrieben.

Gelassenheit ist der Schlüssel zum (flexiblen) Umgang mit Unvorhergesehenem

Der Schlüssel liegt also darin, vorbereitet zu sein und dennoch flexibel auf das zu reagieren, was kommt, ohne dabei das Hauptziel Deiner Präsentation aus den Augen zu verlieren. Das Zauberwort dazu heißt **Gelassenheit**, mit dem wir uns schon im Teil 1 beschäftigt haben. Wenn Du akzeptierst, dass zwar alles passieren kann, Du aber sicher (**Selbstvertrauen**) & entschlossen (**Entschlossenheit**) bist, dass Du trotzdem Dein Ziel erreichen wirst (**Optimismus**), dann bist Du perfekt gerüstet. Und einmal mehr beruht die Lösung auf Deinem bombenfesten Fundament, das auf Optimismus, Selbstvertrauen, Entschlossenheit & Gelassenheit basiert.

Die allgemeine Vorbereitung auf Unvorhergesehenes ist also direkt im Fundament der HAUS DES REDENS METHODE verankert. Ich möchte Dir aber nachfolgend noch ein paar konkrete Tipps geben, wie Du auf bestimmte unvorhergesehene Ereignisse reagieren kannst.

- **Technikversagen** (Stromausfall, Mikrofonausfall, etc.): Du solltest immer einen Plan B haben. Für den Fall, dass der Beamer ausfällt, sei bereit, Deine Präsentation ohne visuelle Hilfen fortzusetzen. Halte Notizen oder Ausdrucke Deiner Folien bereit, damit Du Deinen Vortrag auch ohne technische Unterstützung halten kannst. Bei einem Mikrofonausfall nutze Deine Stimme effektiv, um auch ohne Mikrofon gehört zu werden.

- **Persönliche Missgeschicke** (Stolpern, Inhalte vergessen, etc.): Ganz grundsätzlich gilt hier, „bleib locker und nimm es mit Humor". Ein kurzes Lachen über Dich selbst kann die Atmosphäre auflockern und Sympathien wecken. Denn Fehler zu machen ist menschlich. Solltest Du Inhalte vergessen, dann leite über zu dem, an das Du Dich erinnern kannst. Kehre später zurück, wenn Dir der vergessene Teil wieder einfällt - Stichwort „Flexibles Bewegen in der inhaltlichen Struktur". Da Du Dir in der HAUS DES REDENS

METHODE aber nur die Struktur und nicht jedes Wort Deines Inhalts merken musst, ist es eher unwahrscheinlich, dass Du überhaupt etwas vergessen wirst.

- **Fragen aus dem Publikum**: Sieh Fragen als Chance, nicht als Hindernis. Denn erstens zeigen Fragen, dass Dein Publikum mit Aufmerksamkeit dabei ist. Und zweitens ermöglichen sie Dir, tiefer auf Dein Thema einzugehen. Du solltest Fragen immer während der gesamten Präsentation zulassen. Dies kann zwar Deinen Fluss unterbrechen, steigert aber das Verständnis Deines Publikums und fördert somit die Erinnerung an Deine Botschaft. Solltest Du eine Frage nicht sofort beantworten können, sei ehrlich und biete an, nach der Präsentation darauf zurückzukommen. Das ist absolut kein Problem, ganz im Gegenteil. Denn Ehrlichkeit wirkt verbindend und macht Dich vertrauenswürdig.

- **Unterbrechungen** (Handyläuten, Gespräche etc.): Bleibe ruhig und professionell. Eine kurze Pause oder ein humorvoller Kommentar können ausreichend sein, um die Aufmerksamkeit zurückzugewinnen, ohne unhöflich zu sein. Wenn Du plötzlich ruhig bist und eine Pause machst, lenkt das die gesamte Aufmerksamkeit des Publikums auf die „Störenfriede". In den meisten Fällen reicht das, um sie ruhigzustellen, weil es ihnen peinlich ist, auf einmal im Rampenlicht zu stehen und als Störende entlarvt worden zu sein. Sollte das nicht reichen, kannst Du z.B. folgende Frage an die Störenfriede richten. „Sollen wir hinausgehen, damit Sie in Ruhe alles besprechen können?" Im Normalfall hast Du damit die Lacher auf Deiner Seite, ohne dass Du persönlich oder unhöflich wirst. Derselbe Satz passt übrigens auch, falls ein Handy während Deines Vortrags läutet.

- **Emotionale Reaktionen**: Sei darauf vorbereitet, dass Dein Thema (starke) Emotionen hervorrufen kann. Bleibe einfühlsam und steuere das Gespräch sanft zurück zum Hauptthema, falls die Diskussion zu weit abdriftet.

- **Technische Schwierigkeiten des Publikums mit Interaktionstools**: Stelle sicher, dass Du einfache Alternativen anbietest, falls Teilnehmer Probleme mit Abstimmungstools oder ähnlichem haben. Wie z.B. eine Abstimmung per Handzeichen, deren Ergebnisse Du dann auf dem Flipchart festhalten kannst.

Egal, was passiert, entscheidend ist, dass Du locker und gelassen bleibst. Erinnere Dich daran, dass das Publikum auf Deiner Seite ist. Du weißt, sie wollen, dass Du "gewinnst". Denn nur wenn Du erfolgreich bist, können sie etwas aus Deinem Vortrag mitnehmen. **Ein selbstsicherer und gelassener Umgang mit unvorhergesehenen Ereignissen zeigt nicht nur Professionalität, sondern auch Menschlichkeit & Authentizität.** Diese Echtheit fördert eine positive Verbindung zum Publikum und kann Deine Präsentation dadurch sogar verstärken.

Letztlich ist es die Fähigkeit, mit Unvorhergesehenem umzugehen, die einen hervorragenden Vortragenden auszeichnet. Der "Commander's Intent" (das Ziel) Deiner Präsentation hilft Dir, fokussiert zu bleiben, egal was passiert. Wenn Du Dich auf dieses Ziel besinnst, kannst Du sämtliche Hindernisse souverän überwinden und sicherstellen, dass Deine Kernbotschaft trotzdem beim Publikum ankommt. Und DAS ist schließlich alles, was zählt!

Was Dich auf der Bühne ausmacht

Deine Inhalte sind geplant, Deine Bühne ist vorbereitet, das Lampenfieber ist unter Kontrolle und falls etwas Unvorhergesehenes passieren sollte, dann weißt Du genau, was zu tun ist. Nachdem wir nun also endgültig alle Vorbereitungen abgeschlossen haben, ist jetzt der große Moment gekommen, wo es für Dich wirklich auf die Bühne hinausgeht.

Aber was macht Dich nun als Vortragenden wirklich aus? Was ist es, dass Dich und Deinen Vortrag besonders macht - abgesehen vom

Inhalt? Welche Aspekte unterscheiden einen schlechten von einem guten und einen guten von einem sehr guten Vortragenden?

Um Dein Publikum nicht nur zu erreichen, sondern es auch zu begeistern und nachhaltig in Erinnerung zu bleiben, sind bestimmte Aspekte, Fähigkeiten & Qualitäten ausschlaggebend. Ein überzeugender Vortrag basiert nicht allein auf dem Inhalt, sondern auch darauf, wie dieser Inhalt von Dir präsentiert wird. Hier sind die fünf Schlüsselaspekte, die Dich als Vortragenden ausmachen:

- Deine Authentizität
- Deine Körpersprache
- Die Nutzung Deiner Stimme
- Die WIEdergabe Deiner Inhalte
- Dein Zeitmanagement

Die Kombination aus diesen 5 Elementen macht den Unterschied und entscheidet darüber, wie Dich das Publikum wahrnimmt. Dabei ist das Ganze mehr als die Summe seiner Teile. Denn wenn Du in einem dieser Aspekte Fortschritte machst, dann wird Dein gesamter Auftritt nicht linear, sondern exponentiell besser. Und jede Verbesserung gibt Dir zusätzliches Selbstvertrauen, das Dich noch weiter beflügeln wird.

Am Anfang mag es für Dich so wirken, als wären es unendlich viele Dinge, die Du gleichzeitig beachten musst. Lass Dich dadurch nicht aus der Ruhe bringen und gehe mit dem „Geist des Anfängers" an die Sache heran. Der „Anfänger-Geist" – auf Japanisch „Shoshin" – kommt ursprünglich aus der Zen-Lehre und bezieht sich auf die Offenheit, den Eifer und den Mangel an Vorurteilen, mit denen man sich einer neuen Erfahrung oder Fähigkeit zum ersten Mal nähert. Wenn Du mit dem Geist des Anfängers an Deinen Auftritt herangehst, ermöglichst Du Dir ein reicheres, erfüllteres Lernerlebnis. Du legst den Grundstein für kontinuierliche Verbesserung und öffnest die Tür zu unbegrenzten Möglichkeiten in Deiner Entwicklung als Redner. Denke immer daran, dass JEDER Meister einmal ein Anfänger war – und der Weg zur Meisterschaft beginnt mit dem ersten

Schritt, begleitet von Neugier, Offenheit und der Bereitschaft, zu lernen.

Es ist wie beim Autofahren. Du wirst mit jeder einzelnen Fahrt bzw. mit jedem einzelnen Auftritt routinierter und besser werden. Und das gilt, egal ob Du jetzt komplett neu bist, schon erste Erfahrungen hast oder Dich bereits als fortgeschritten bezeichnest. Neben Deinem Inhalt liegt in diesen 5 Aspekten (besonders aber in den ersten 4) Dein persönlicher Entwicklungsraum, in dem Du Dich vom Neuling zu einem guten und von einem guten zu einem sehr guten Redner entwickeln wirst. Und irgendwann werden Dir alle Aspekte des erfolgreichen Auftritts wie selbstverständlich in Fleisch und Blut übergegangen sein.

Auf den folgenden Seiten werde ich auf die fünf genannten Aspekte näher eingehen und die Grundlagen mit Dir erörtern. Für die individuelle & stetige Weiterentwicklung Deiner Fähigkeiten biete ich Dir aber auch außerhalb dieses Buches verschiedenste Möglichkeiten an. Wenn Du Interesse hast, mit mir an der Entwicklung Deiner Fähigkeiten zu arbeiten, dann lade ich Dich ein, mich unter hello@mcprezi.com zu kontaktieren oder unter https://www.mcprezi.academy/termin-buchen direkt einen Online-Meeting-Termin in meinem Kalender zu buchen.

Authentizität

„Du selbst zu sein, in einer Welt, die dich ständig anders haben will, ist die größte Errungenschaft."
Ralph Waldo Emerson

Das Thema Authentizität ist mittlerweile an mehreren Stellen in diesem Buch aufgetaucht. Dass es auch hier als einer der Schlüsselaspekte erscheint, unterstreicht nur einmal mehr die Wichtigkeit des „authentisch seins" für Deinen Auftritt. Denn Menschen lieben ECHTE Menschen. Das Gegenteil von echt sein ist, eine Rolle zu spielen. Warum das nicht sinnvoll ist, haben wir vor allem im Teil 1 ausführlich behandelt. Damit Du nicht zurückblättern musst, habe ich hier noch einmal die wichtigsten Punkte für Dich zusammengefasst.

Nicht perfekt - aber einzigartig

Perfektion ist eine Illusion, die oft mehr blockiert als fördert. Es geht nicht darum, ein fehlerfreies Bild zu präsentieren, sondern um die Akzeptanz und Wertschätzung der eigenen Einzigartigkeit. Diese Einzigartigkeit ist es, die Dich von anderen unterscheidet und Deinem Vortrag eine persönliche Note gibt. Die Befreiung von der Last der Perfektion ermöglicht es Dir, Deine Authentizität voll zu entfalten und mit Deinem Publikum auf einer tieferen Ebene in Verbindung zu treten. Deine individuellen Erfahrungen, Gedanken und Talente machen Dich aus. Sie machen Dich einzigartig und heben Dich von der Masse ab. Nutze sie, um Deine Botschaft zu untermauern und eine echte Verbindung zu Deinem Publikum herzustellen.

Nicht verstellen

Authentizität entsteht, wenn Du Dir treu bleibst und Dich nicht verstellst, unabhängig von der Größe des Publikums. Stell Dir vor, Du redest mit Deinen Freunden – locker und ungezwungen – und überträgst diese Natürlichkeit auf die Bühne. Dieses Konzept des "Nicht Verstellens" schafft nicht nur eine tiefere Verbindung zu Deinem Publikum, sondern befreit Dich auch von dem Druck, eine Rolle spielen zu müssen. Denn eine Rolle zu spielen heißt, Dir merken zu müssen, wie Du in jeder Situation der Rolle zu sein hast. Und das baut Druck auf, etwas zu vergessen oder Fehler zu machen. Dagegen ist „Du selbst zu sein" einfach, weil Du Dir nichts merken musst, was nicht ohnehin schon zu Dir gehört. Wenn Du einfach Du selbst bist, entfällt die Notwendigkeit, Dich hinter einer Maske zu verbergen oder eine Fassade aufrechtzuerhalten, was zu weniger Druck, mehr Sicherheit und einer authentischeren Präsentation führt.

SO bist Du authentisch

Wenn Du Deine Einzigartigkeit annimmst und Dich nicht verstellst, dann bist Du ganz automatisch authentisch. Denn Authentizität ist keine Fähigkeit, die Du lernen kannst. Sie ist ein Zustand, der sich natürlich ergibt, **wenn Du aufhörst, Deinem Selbst etwas hinzufügen zu wollen.** Authentisch zu sein bedeutet, eine echte Verbindung zu Deinem Publikum herzustellen, indem Du Dich so zeigst, wie Du wirklich bist - mit allen Ecken und Kanten. Diese Authentizität ist entscheidend für Deine wirkungsvolle Präsentation oder Rede, da sie das Fundament für Vertrauen und Glaubwürdigkeit bildet. Menschen sehnen sich nach echten Menschen. Und nur wenn sie Dich als echt wahrnehmen, werden sie Dir und Deinen Worten auch Vertrauen schenken.

In jedem dieser 3 Punkte geht es darum, die Illusion der Perfektion abzulegen und die Kraft Deiner individuellen Persönlichkeit in den Vordergrund zu stellen. Dies führt nicht nur zu einer authentischeren Präsentation, sondern ermöglicht es Dir auch, Dein Publikum auf einer persönlicheren Ebene anzusprechen und eine bleibende Wirkung zu hinterlassen. Und genau das ist es ja schlussendlich, was wir wollen - einen bleibenden Eindruck zu hinterlassen!

Körpersprache & Haltung

„Du kannst aufhören zu sprechen, aber Dein Körper spricht weiter. Er ist der größte Schwätzer aller Zeiten."
Samy Molcho

Zu einem authentischen Auftritt gehört auch eine authentische Körpersprache. Körpersprache setzt sich aus verschiedenen Elementen zusammen, die alle zusammenwirken, um Deine Botschaften und Emotionen nonverbal zu kommunizieren. Die wesentlichen Bestandteile der Körpersprache sind:

- **Gestik**: Die Bewegungen Deiner Hände und Arme können Deiner Botschaft Nachdruck verleihen, Konzepte visualisieren und Deine Worte unterstützen. Viele Menschen kämpfen aber eher mit der Frage, was sie mit ihren Händen bei einer Präsentation machen sollen.

- **Mimik**: Dein Gesichtsausdruck vermittelt Gefühle und Reaktionen. Ein Lächeln kann etwa Offenheit signalisieren, während hochgezogene Augenbrauen Überraschung oder Skepsis ausdrücken können.

- **Blickkontakt**: Durch Augen- bzw. Blickkontakt baust Du eine Verbindung zum Publikum auf, zeigst Selbstsicherheit und Interesse. Es hilft auch dabei, die Reaktionen des Publikums zu lesen und darauf einzugehen.

- **Körperhaltung**: Eine aufrechte offene Haltung signalisiert Selbstbewusstsein und Kompetenz. Gebeugte oder geschlossene Haltungen können dagegen Unsicherheit oder Verschlossenheit suggerieren.

- **Raumnutzung**: Wie Du den Dir zur Verfügung stehenden Raum nutzt, etwa durch Bewegungen auf der Bühne, kann Dynamik erzeugen und das Interesse des Publikums aufrechterhalten.

Aber wie wird Körpersprache nun authentisch?

Der wichtigste Satz des letzten Kapitels lautete: „Authentizität ist ein Zustand, der sich natürlich ergibt, wenn Du aufhörst, Deinem Selbst etwas hinzufügen zu wollen." Und genau DAS gilt auch für Deine Körpersprache. Sie soll sich natürlich ergeben und Du solltest nichts zu Deinem Selbst hinzufügen. Das heißt in diesem speziellen Fall, versuche auf keinen Fall Gesten oder Gesichtsausdrücke einzustudieren (das ist wie eine Rolle zu spielen), sondern lasse die Gesten so passieren, wie sie natürlich aus Dir herausfließen.

Auch hier schließt sich wieder der Kreis zum 1. Teil der HAUS DES REDENS METHODE. Unter Schritt 6 des bombenfesten Fundaments habe ich das Thema **„Verkörpere Deine Botschaft"** als dynamischste und überzeugendste Art Deines Vortrags dargestellt. Deine Körpersprache spielt dabei die Hauptrolle. Sie ist das Salz in der Suppe Deiner Präsentation. Beim Verkörpern Deiner Botschaft geht es im Kern darum, dass Du Dein Thema nicht nur präsentierst, sondern es regelrecht lebst. Stell dir vor, Deine Begeisterung & Deine Leidenschaft für das Thema strahlen so aus Dir raus, dass sie jeden im Raum anstecken. Genau das willst Du erreichen. Kurz gesagt: Deine Präsentation wird erst richtig großartig, wenn Du Dein Thema nicht nur vorträgst, sondern es mit jeder Faser Deines Seins verkörperst. Das macht den Unterschied zwischen einer guten und einer unvergesslichen Präsentation. Also lass Deine Leidenschaft sprechen und reiß Dein Publikum mit!

Wenn Du Deine Botschaft bzw. Deinen Inhalt so richtig lebst bzw. verkörperst, dann werden viele der folgenden Tipps überflüssig werden. Und genau das ist unser Ziel, dass Du in Deinen Flow kommst - wo alles scheinbar wie von selbst geht und Du noch dazu so richtig authentisch rüberkommst.

Da wir uns aber gerade erst auf dem Weg zu diesem Ziel befinden, werde ich Dir für die meistgefragten Themen aus meiner Beratungspraxis ein paar konkrete Antworten mit auf den Weg geben.

Was tun mit den Händen

Die Bewegungen Deiner Hände und Arme können Deiner Botschaft Nachdruck verleihen, Konzepte visualisieren und Deine Worte unterstützen. Aus meiner Praxis weiß ich aber, dass dies nur die Wenigsten wirklich nutzen. Die allermeisten Menschen kämpfen eher mit der Frage, was sie mit ihren Händen bei einer Präsentation oder Rede machen sollen. Ist Dir das auch schon einmal passiert? Den ganzen Tag denkst Du nicht daran, was Deine Hände beim Sprechen machen bzw. ob und wie sich diese zu Deinen Worten bewegen. Aber kaum betrittst Du eine Bühne oder stehst bei einem Meeting auf, dann werden die Hände zur „Herausforderung".

Das Problem, nicht zu wissen, was man während eines Vortrags mit den Händen machen soll, ist weitverbreitet und kann auf verschiedene Gründe zurückgeführt werden. Einer davon ist die natürliche Nervosität und Unsicherheit, die viele Menschen beim Sprechen in der Öffentlichkeit empfinden. Unsere Hände sind ein Ausdruck unseres inneren Zustands, und wenn wir uns unsicher fühlen, wissen wir oft nicht, wie wir diese Unsicherheit physisch manifestieren sollen. Ein weiterer Grund liegt in der mangelnden Vorbereitung oder Erfahrung mit öffentlichen Auftritten. Viele Menschen konzentrieren sich hauptsächlich auf den Inhalt ihrer Präsentation und vernachlässigen die Bedeutung der Körpersprache, einschließlich dessen, was sie mit ihren Händen tun.

Hier sind einige positive Wege, wie Du Deine Hände während eines Vortrags nutzen kannst:

- **Natürliche Bewegungen**: Erlaube Deinen Händen, sich natürlich zu bewegen und zu gestikulieren, anstatt sie zu zwingen oder sie unnatürlich stillzuhalten. Dies kann dazu beitragen, dass Du entspannter und authentischer wirkst. Um herauszufinden, was für Dich „natürlich" ist, achte einmal darauf, wie sich Deine Hände bewegen, wenn Du in einer lockeren Runde mit Freunden zusammen stehst oder wie Du in anderen Situationen im privaten Umfeld agierst. In diesen Situationen fühlst Du Dich sicher und somit sind auch Deine Handbewegungen kein Thema für Dich. Wenn Du gezielt darauf achtest, kannst Du feststellen, welche Handbewegungen sich für Dich auch in einer angespannten Situation gut anfühlen könnten.

- **Ruheposition finden**: Für die Momente, in denen Du nicht gestikulierst, finde eine ruhige, aber natürliche Position für Deine Hände, z.B. das lockere Halten der Finger einer Hand mit der anderen oder das Zusammenlegen deiner Hände vor dir in einer nicht verkrampften Weise (lockeres Hände falten). Die wohl bekannteste Ruheposition ist die sogenannte „Merkel-Raute", die aufgrund ihrer speziellen rautenförmigen Handhaltung nach der ehemaligen deutschen Bundeskanzlerin Angela Merkel benannt wurde. Diese besondere Handgeste hat sich sogar einen eigenen Wikipedia-Artikel (https://de.wikipedia.org/wiki/Merkel-Raute) verdient und auch die Wachsfigur von Angela Merkel im Museum „Madame Tussauds" zeigt sie mit dieser für sie typischen Handhaltung.

- **Gegenstände als Blitzableiter und Beschäftigung der Hände**: Neben Gesten und natürlichen Bewegungen können spezifische Hilfsmittel wie Fernbedienungen, Kugelschreiber oder Whiteboard-Stifte effektiv eingesetzt werden, um Deine Handhaltung und Körpersprache während eines Vortrags zu verbessern. Diese Gegenstände bieten nicht nur eine praktische Funktion, indem sie es Dir ermöglichen, durch Deine Präsentation zu navigieren oder wichtige Punkte zu unterstreichen, sondern sie können auch als physische Anker dienen, die Dir helfen, Deine Nervosität zu kontrollieren und Deine Hände sinnvoll zu beschäftigen.

  - **Fernbedienung für Präsentationen**: Sie erlaubt Dir, durch Deine Folien zu navigieren, ohne zum Computer zurückkehren zu müssen. Dies ermöglicht es Dir, Dich frei auf der Bühne zu bewegen und eine stärkere Verbindung zum Publikum aufzubauen. Außerdem dient sie in Deinen Händen als „Blitzableiter" Deiner Nervosität.

  - **Kugelschreiber oder Flipchart-Stifte**: Diese können nützlich sein, um während Deiner Präsentation Notizen zu machen oder Schlüsselkonzepte visuell zu unterstreichen. Das Halten eines Stifts kann auch dazu beitragen, Deine Hände zu beschäftigen und Dir ein Gefühl der Sicherheit zu geben. Probiere es aus! Du wirst sehen, der Stift wird beruhigende Wunder wirken in Deinen Händen.

  - **Moderationskarten**: Im Teil 3 habe ich bei den Präsentationsarten die „Rede mit Moderationskarten" erwähnt. Diese Moderationskarten dienen einerseits der Erinnerung an Deine Inhalte, sie können aber auch und vor allem als „Blitzableiter" für Deine Nervosität verwendet werden. In diesem Sinn wirken sie somit doppelt. Sie nehmen Dir Nervosität, weil Du durch die Informationen auf den Karten nichts vergessen kannst, und sie leiten die restliche Nervosität als physischer Anker ab. Tipp: Wenn Du den optimalen Umgang mit Moderationskarten erlernen willst, dann schau Dir genau an, wie professionelle Moderatoren im Fernsehen und bei Veranstaltungen damit umgehen.

- **Objekte oder Übungsgegenstände**: Wenn es zu Deinem Vortrag passt, dann kannst Du Objekte oder Hilfsmittel benutzen, um Deine Botschaft zu unterstreichen, Beispiele zu veranschaulichen und die Aufmerksamkeit hochzuhalten. Nebenbei können diese Gegenstände auch dazu dienen, um Deine Hände zu beschäftigen. Ich verwende in einem meiner Seminare z.B. Golfbälle für ein Experiment auf der Bühne (Stichwort Golfball-Analogie). Schon zu dem Zeitpunkt, an dem ich den ersten Golfball in die Hand nehme, lenke ich die Aufmerksamkeit des Publikums auf den Ball in meiner Hand. Und gleichzeitig sind meine Hände beschäftigt.

• **Übung und Vorbereitung**: Übe Deinen Vortrag mit besonderem Fokus auf Deine Körpersprache. Videoaufnahmen können Dir dabei helfen, Deine Gesten und den Einsatz Deiner Hände zu analysieren und zu verbessern. Fokussiere Dich dabei aber nicht auf das Einüben von speziellen Gesten. Beobachte Dich stattdessen auf dem Video selbst und achte darauf, ob Du unnatürliche Gesten machst, die Dich beim Betrachten selbst stören. Wenn gewisse Gesten oder Bewegungen für Dich unnatürlich wirken, dann ist die Chance groß, dass es auch Deinem Publikum so geht. Konzentriere Dich dann beim Üben darauf, diese unnatürlichen Gesten zu vermeiden. Dies ist einfacher und wirkungsvoller, als sich neue Gesten anzutrainieren.

All diese Möglichkeiten werden Dir helfen, Deine Hände auf der Bühne besser einzusetzen und am Ende authentischer rüberzukommen. Etwas in der Hand zu halten, bringt dabei den schnellsten Erfolg. Probiere es einfach aus und Du wirst sehen, wie schnell Du hier ein positives Ergebnis erzielen wirst.

Umgang mit Mikrofon

Ein Element, das ebenfalls Deine Hände beschäftigt, habe ich bisher noch nicht erwähnt. Nämlich das Mikrofon. Ein Mikrofon ist immer dann unverzichtbar, wenn Du sicherstellen möchtest, dass alle im Raum Dich klar und deutlich hören können – egal, ob Du in einem kleinen Seminarraum sprichst oder eine große Halle füllen musst. Es verstärkt nicht nur Deine Stimme, sondern kann auch zur Verbesserung der Klangqualität beitragen, sodass Deine Botschaft gut übermittelt werden kann.

Das richtige Halten eines Mikrofons und die Wahrung des optimalen Abstands sind entscheidend für eine klare und verständliche Tonübertragung während Deiner Präsentation. Hier sind einige Tipps, wie Du dies meistern kannst:

- **Grundhaltung**: Halte das Mikrofon locker, am besten im Bereich zwischen der Mitte und dem unteren Ende des Griffs. So hast Du die beste Kontrolle über das Mikrofon, ohne die Tonqualität negativ zu beeinflussen. Wähle die Position, die sich für Dich am besten anfühlt. Um Dich an Deine beste Mikrofonhaltung zu erinnern, kannst Du Dir am Mikrofon auch mit Klebeband eine Markierung machen. Dies hilft Dir dabei, nicht zu weit nach oben zu rutschen und ev. dadurch die Tonqualität negativ zu beeinflussen.

- **Der optimale Abstand**: Eine einfache Methode, den optimalen Abstand zu finden, ist, zwei Finger (in der Regel etwa 2,5 bis 5 cm) quer vor Deinem Mund zu halten und das

Mikrofon direkt dahinter zu platzieren. Dieser Abstand hilft, Ploppgeräusche (durch zu starke P- und B-Laute) und Atemgeräusche zu minimieren. Manche Menschen versuchen den optimalen Abstand zu umgehen, indem sie das Mikro direkt am Kinn auflegen. Dies scheint auf den ersten Blick eine elegante Methode zu sein, ich würde sie aber trotzdem nicht empfehlen. Denn erstens verstärkt diese Haltung Deine Atemgeräusche und kann auch zu zusätzlichen Nebengeräuschen durch das Reiben am Kinn (vor allem bei Männern mit Bart) führen. Zweitens deckst Du damit einen Teil Deines Gesichts dauerhaft ab, was unnatürlich und „Schutz suchend" wirken kann.

- **Stabilität:** Eine ruhige Hand ist entscheidend für eine durchgängig gute Tonqualität. Vermeide es, das Mikrofon unnötig zu drehen oder zu kippen, da dies die Tonübertragung beeinträchtigen kann. Dasselbe gilt, wenn Du den Abstand zum Mikrofon immer wieder veränderst. Versuche, den Abstand während Deiner gesamten Präsentation konstant zu halten, auch wenn Du Dich bewegst oder gestikulierst. Falls Dir das schwerfällt, dann übe Deine Präsentation mit einem Mikrofon (oder einem alternativen Gegenstand) in der Hand. Deine Konzentration beim Üben sollte darauf liegen, das Mikrofon ganz ruhig zu halten und nur mit der freien Hand zu gestikulieren.

Atme ruhig: Dies kann in einer Drucksituation anfangs schwerfallen, ist aber besonders bei Vorträgen mit Mikrofon wichtig. Denn Mikrofone fangen auch Deine Atmung ein und diese Atemgeräusche können für das Publikum sehr störend wirken. Wenn Du allerdings den richtigen Abstand zum Mikro hältst, dann sind die Atemgeräusche - auch wenn Du nervös bist - normalerweise nicht hörbar.

Bildquelle: Privataufnahme

Dieses Bild zeigt eine lockere Mikrofonhaltung, ca. in der Mitte des Griffs. Das weiße Band am Griff signalisiert dem Sprecher die Grenze, über die er nicht nach oben rutschen sollte. Der Vortragende gestikuliert mit der anderen Hand und hält dabei das Mikro stabil.

Aber - und das ist ein großes ABER! **Das Mikrofon ist viel zu weit vom Mund entfernt und macht daher aus tontechnischer Sicht absolut keinen Sinn.** Ganz offensichtlich hat der Sprecher große Probleme damit, den richtigen Abstand zu finden und zu halten. In diesem Fall würde ich ihm empfehlen, das Mikrofon ganz weg zu legen und nur mit seiner natürlichen Stimme zu sprechen. Denn diese Mikrofonnutzung stört mehr als sie hilft.

Falls auch Du Schwierigkeiten hast, den richtigen Abstand zu finden und zu halten, dann empfehle ich Dir ein gezieltes Üben mit dem Mikrofon. Nimm Dich dabei auf, um ein Gefühl für den richtigen Abstand und den Ton zu bekommen. So kannst du auch besser nachvollziehen, wie sich Veränderungen im Abstand auf die Tonqualität auswirken.

Wenn das Handmikrofon - trotz aller Bemühungen - einfach nicht zu Deinem Freund werden will, dann könnten Dir folgende Alternativen weiterhelfen:

- **Lavalier-Mikrofone (Ansteckmikrofone)**: Diese kleinen Mikrofone werden an Deiner Kleidung befestigt und bieten eine gleichbleibende Audioqualität, ohne dass Du Dich um den Abstand zum Mikrofon kümmern musst. Sie sind auch ideal, wenn Du Dich frei auf der Bühne bewegen möchtest. Neben Bühnenauftritten werden diese auch sehr häufig für Videoproduktionen im Online-Bereich eingesetzt, wie bei z.B. Online-Kursen & -Coachings. Eine gute Auswahl in verschiedenen Preiskategorien findest Du unter https://amzn.to/4amrTK4.

- **Headset-Mikrofone**: Ähnlich wie Lavalier-Mikrofone sorgen Headsets für konstanten Abstand zur Tonquelle (Deinem Mund) und ermöglichen gleichzeitig eine freie Bewegung und Gestikulation. Sie eignen sich besonders, wenn Du eine sehr dynamische Präsentation planst. Denn während Lavalier-Mikrofone bei heftigen Bewegungen verrutschen können, bleibt ein Headset-Mikro auch bei der dynamischsten Bewegung an seinem Platz.

Das Wichtigste ist, eine Lösung zu finden, die für Dich persönlich funktioniert und bei der Du Dich wohlfühlst. Durch die Kombination aus Übung und der Auswahl des richtigen Mikrofontyps kannst Du sicherstellen, dass Deine Stimme immer bestmöglich übertragen wird.

Augenkontakt

Augen- bzw. Blickkontakt wirkt verbindend. Wenn Du dem Publikum zugewandt bist, dann ist Augenkontakt Deine direkte Verbindung zu den Menschen. Er signalisiert Selbstbewusstsein und hilft, die Aufmerksamkeit der Zuhörer zu gewinnen und zu halten. Blickkontakt vermittelt Glaubwürdigkeit und Vertrauen, was für den Erfolg Deiner Präsentation von großem Vorteil ist.

Um effektiven Augenkontakt aufzubauen, beginne damit, eine einzelne Person für ein paar Sekunden anzublicken, bevor Du zu einer anderen Person wechselst. In kleinen Gruppen (bis 10 Personen) ist Augenkontakt einfach umzusetzen, weil Du alle irgendwann anschauen kannst. Trotzdem kannst Du Dich im Laufe eines Vortrags auf die Personen konzentrieren, bei deren Anblick Du Dich wohler fühlst. Also wo Du eine positive Energie spürst.

Bei großen Gruppen ist es nahezu unmöglich, mit jeder Person einmal Augenkontakt aufzunehmen. Das ist aber auch gar nicht nötig. Du kannst Dir stattdessen in verschiedenen Abständen von der Bühne - mal vorn, mal weiter hinten, mal links, mal rechts - einzelne Personen suchen, die Du immer wieder ansiehst. Durch die Größe des Raumes fühlen sich dann gleichzeitig mehrere Menschen angeblickt, ohne dass dies tatsächlich passiert.

Selbstbewussten Augenkontakt zu halten, erfordert Übung und Selbstvertrauen. Die Übung kommt mit jedem einzelnen Auftritt. Nutze auch hier jede Gelegenheit - ob kleines Meeting oder großer Vortrag - um Deinen selbstbewussten Blickkontakt zu trainieren.

Das Selbstvertrauen solltest Du bis zu diesem Zeitpunkt im Buch schon aufgebaut bzw. gestärkt haben. In puncto Blickkontakt hilft es am Anfang auch, sich auf die freundlichen Gesichter im Publikum zu konzentrieren, um Deine Nervosität zu reduzieren. Außerdem solltest Du Dich daran erinnern, dass das Publikum will, dass Du erfolgreich bist. Du kannst also frohen Mutes, mit Selbstvertrauen auf jede Bühne der Welt steigen und der Herausforderung - im wahrsten Sinne des Wortes - ins Auge blicken!

(Körper-)Haltung auf der Bühne

Bei der Vorbereitung Deiner Bühne hast Du Dir Deinen Platz gesucht, an dem Du Dich wohlfühlst. Jetzt geht es darum, auf diesem Platz eine gute Figur - in Form einer guten Haltung - abzugeben.

Grundsätzlich gilt auch hier, die Haltung, die sich für Dich gut anfühlt, ist die beste Haltung für Dich. Allerdings gibt es bei der

Körperhaltung ein paar No-Go's, **die Du unbedingt vermeiden solltest:**

- **Dem Publikum den Rücken zudrehen:** Ich beginne mit diesem No-Go, weil es aus meiner praktischen Erfahrung heraus, das wohl häufigste Problem für Vortragende darstellt. Sehr viele drehen dem Publikum während der Präsentation nicht nur kurz, sondern teilweise über den gesamten Vortrag hinweg, den Rücken zu. Der Grund liegt darin, dass sie sich (u.a. beim Lesen der Folien) sicherer fühlen, wenn sie der Leinwand zugekehrt sind und nicht offen ins Publikum blicken müssen. Auf dem Foto, das ich Dir zum Thema „Mikrofon" gezeigt habe, ist dies ebenfalls zu sehen. In diesem Fall dreht der Vortragende dem Publikum nicht nur den Rücken zu, sondern steht auch noch neben dem Publikum. Somit kombiniert er in dieser Position eine schlechte Haltung mit einer schlechten Platzierung. Die abgewandte Haltung ist deswegen schlecht, weil sie die Verbindung zum Publikum bricht und außerdem als Desinteresse oder Respektlosigkeit aufgefasst werden kann. Achte daher darauf, dass Du immer so stehst, dass Dein Gesicht und Dein Körper zum Publikum gerichtet sind. Auch dann, wenn Du auf Deine Präsentation oder ein Objekt hinter Dir hinweisen musst.

- **Gebeugte Haltung:** Eine nach vorn gebeugte Haltung oder gesenkte Schultern können Unsicherheit signalisieren und machen es Dir zudem schwieriger, deutlich zu sprechen.

- **Hände in den Taschen:** Dies kann als Desinteresse oder Nervosität interpretiert werden. Es schränkt auch Deine Fähigkeit ein, mit den Händen zu gestikulieren.

- **Überkreuzte Arme:** Diese Haltung kann als verschlossen oder abwehrend wahrgenommen werden und sollte daher vermieden werden, wenn Du eine offene und einladende Atmosphäre schaffen möchtest.

- **Überkreuzte Beine:** Das Stehen mit überkreuzten Beinen auf der Bühne kann ein Gefühl der Instabilität & Unsicherheit vermitteln. Abgesehen davon ähnelt es der Haltung von Kindern, die sich in die Hose gemacht haben. Und das ist sicherlich nicht der Eindruck, den Du auf einer Bühne hinterlassen willst. Außerdem kann es den Eindruck erwecken, dass Du Dich in einer Verteidigungsposition befindest, was eine Barriere zwischen Dir und Deinem Publikum schaffen könnte. Stabilität und Offenheit sind Erfolgsschlüssel für eine überzeugende Präsentation. Daher solltest Du eine feste, aber entspannte Standposition (etwa schulterbreit) mit beiden Füßen fest auf dem Boden wählen, um Selbstsicherheit und Engagement zu signalisieren.

- **Häufiges Wechseln des Gewichts von einem Fuß auf den anderen**: Dies kann Unruhe signalisieren und ablenkend wirken. Versuche stattdessen, eine ruhige und stabile Position einzunehmen.

Die Körperhaltung auf der Bühne ist ein wichtiger Aspekt Deines Auftritts, der maßgeblich dazu beiträgt, wie Dein Publikum Dich und Deine Botschaft wahrnimmt. Eine gute Haltung signalisiert Selbstvertrauen, Offenheit und Professionalität.

Hier sind einige Tipps, die Dir dabei helfen sollen, souverän und professionell rüberzukommen:

- **Aufrechte Haltung**: Stehe aufrecht mit leicht gespreizten Beinen, die etwa schulterbreit auseinander stehen. Das verleiht Dir nicht nur Stabilität, sondern auch eine selbstbewusste Ausstrahlung.

- **Schultern zurück, Brust raus**: Diese Haltung öffnet Deinen Brustkorb, erleichtert das Atmen und hilft Dir, kraftvoller zu sprechen. Es ähnelt auch der Superman-PowerPose, die Dir zusätzlich Selbstvertrauen verleiht.

- **Kopf hoch**: Halte Deinen Kopf hoch und Deinen Blick geradeaus gerichtet. So stellst Du effektiven Blickkontakt mit Deinem Publikum her und zeigst, dass Du präsent und ansprechbar bist.

- **Dem Publikum zugewandt**: Für Anfänger, denen noch das nötige Selbstvertrauen fehlt, ist dies eine der schwierigsten Aktivitäten. Denn sie fühlen sich sicherer, wenn sie dem Publikum den Rücken zudrehen können. Oder anders ausgedrückt, die offene, den Menschen zugewandte Haltung, fühlt sich für viele „ausgeliefert" und „verletzlich" an. Und das macht vielen Vortragenden Angst. Wenn es Dir auch so geht, dann denke daran, dass Deine Präsentation eigentlich ein persönliches Gespräch mit den Leuten im Publikum ist. In einem persönlichen Gespräch z.B. mit Freunden oder Arbeitskollegen würde es Dir sicher niemals einfallen, Deinem Gegenüber während des Gesprächs den Rücken zuzudrehen. Diese würden das berechtigterweise als sehr unhöflich empfinden. Dasselbe gilt somit auch für Dein Gespräch mit dem Publikum. Klingt logisch, oder? Abgesehen davon, hast Du mittlerweile das nötige Selbstvertrauen, um Dich offen dem Publikum zu präsentieren. So zeigst Du Deine Bereitschaft zur Kommunikation und verstärkst die persönliche Verbindung. Selbst wenn Du auf einen Bildschirm oder eine Präsentation hinter Dir verweisen musst, versuche dies mit einer Drehung Deines Kopfes oder Deines Oberkörpers zu tun, ohne dem Publikum komplett den Rücken zuzukehren. So bleibst Du in Verbindung und stellst sicher, dass Deine Botschaft klar und deutlich ankommt.

- **Offene Haltung**: Eine offene Haltung signalisiert Zugänglichkeit, Selbstvertrauen und Bereitschaft zur Interaktion. Halte Deine Arme locker an Deinen Seiten oder nutze sie für Gesten, anstatt sie vor Deinem Körper zu verschränken. Diese Haltung fördert die Offenheit in der Kommunikation und erleichtert eine positive Verbindung zu Deinem Publikum.

Wie schon am Beginn dieses Kapitels erwähnt, können Dir diese Tipps & Tricks am Anfang als „etwas viel auf einmal" erscheinen, ähnlich Deiner ersten Fahrstunde beim Autofahren. Daher empfehle ich Dir, in all diesen Themen, Schritt für Schritt vorzugehen. Soll heißen, analysiere Dein aktuelles Verhalten und versuche dann ein Thema nach dem anderen so weit zu verbessern, bis Dir alle Aktionen wie selbstverständlich erscheinen. Beginne mit den Aktivitäten, von denen Du Dir - auch auf Basis meiner Beschreibungen - den schnellsten und größten Erfolg erhoffst. Diese Erfolgserlebnisse geben Dir zusätzliches Selbstvertrauen und werden Dich dazu anspornen, aktiv den nächsten Schritt zu gehen.

Apropos Schritt - die Körperhaltung haben wir nun besprochen, aber wie sieht es eigentlich mit der Bewegung auf der Bühne aus?

Bewegung auf der Bühne

Im Kapitel „Was Du vorab klären solltest" haben wir gemeinsam erörtert, wie Du Deinen optimalen Platz - Deinen Ankerpunkt - auf der Bühne findest. Jetzt, wo es um Ausdruck und Körpersprache geht, wollen wir die Frage klären, wie es mit der Bewegung auf der Bühne aussieht.

Die Bewegung auf der Bühne ist eine Kunst, die - richtig eingesetzt - Deine Botschaft unterstreicht und Deine Präsentation lebendig macht. Aber auch hier gilt, wie schon so oft in diesem Buch, weniger ist mehr. Oder anders ausgedrückt, die Dosis macht das Gift. Denn wenn Du wie eine Wildkatze im Käfig auf der Bühne auf und ab läufst, dann machst Du damit nicht nur Dich, sondern auch Dein Publikum nervös. Umgekehrt wirkt zu wenig Bewegung starr und kann zur Monotonie beitragen.

Es gilt also die richtige Balance zu finden. Doch wie findet man die Balance zwischen zu viel und zu wenig Bewegung? Wie hängt die Bewegung auf der Bühne mit Deinem Ankerpunkt zusammen?

- **Bewegung und Ankerpunkt:** Dein Ankerpunkt, von dem aus Du Deinen Vortrag beginnst und zu dem Du immer wieder zurückkehrst, dient als Deine Basisstation. Er ist Dein Zuhause auf der Bühne, das Dir Sicherheit gibt. Von diesem Punkt aus kannst Du gezielte Bewegungen einsetzen, um Deine Präsenz und die Wirkung Deiner Worte zu verstärken.

- **Bewegung als Ausdrucksmittel:** Ein gutes Mittelmaß kann sein, dass Du von Deinem positiven Ankerpunkt aus, immer wieder ruhige Schritte in die ein oder andere Richtung machst. Am besten wirkt es, wenn die Bewegung sogar zum Gesagten passt. Dann bleibst Du wieder stehen, sprichst im Stehen und bewegst Dich später wieder zurück auf Deinen Punkt. Wenn Du Dein Thema so richtig lebst - es verkörperst (Stichwort „Embodiment") - dann kommen Bewegung, Haltung und Körpersprache auf der Bühne ganz natürlich aus Dir raus.

- **Einfluss der Leinwand:** Die Position und Größe der Leinwand auf der Bühne spielen eine wesentliche Rolle bei der Planung Deiner Bewegungen. Du solltest stets darauf achten, dass Deine Bewegungen die Sicht des Publikums auf die Leinwand nicht blockieren. Andererseits kannst Du die Leinwand nutzen, um Bewegungen sinnvoll zu gestalten. Beispielsweise kannst Du Dich zur Leinwand bewegen, um auf einen wichtigen Punkt hinzuweisen, und dann wieder zu Deinem Ankerpunkt zurückkehren, um die Aufmerksamkeit auf Dich und Deine Botschaft zu lenken.

- **Bewegung als Teil der Erzählung:** Die höchste Kunst der Bewegung auf der Bühne ist es, wenn diese als Teil Deiner Erzählung betrachtet werden. Sozusagen als visuelles Mittel, um Deine Geschichte zu verstärken. Bewege Dich dazu in Momenten, die Dynamik erfordern, und bleibe stehen, wenn Nachdruck und Tiefe gefragt sind. Deine Bewegung kann ein kraftvolles Werkzeug sein, um Emotionen zu wecken, Spannung aufzubauen oder Entspannung zu signalisieren.

Fassen wir zusammen. Die Bewegung auf der Bühne, im Einklang mit Deinem Ankerpunkt und unter Berücksichtigung der Leinwand, ist eine Kunst, die Deine Präsenz auf der Bühne verstärken und Deinen Vortrag lebendiger machen kann.

Aber, sie sollte natürlich aus Dir herauskommen und keinesfalls einstudiert wirken. Fokussiere Dich daher - speziell, wenn Du

Anfänger bist - nicht zu sehr auf diese Bewegung. Denn die „Bewegung als Teil der Erzählung" ist eher eine Kunst für Fortgeschrittene. Du solltest Dir also erst dann darüber Gedanken machen, wenn Du schon Selbstvertrauen durch gute Erfahrungen in Reden & Präsentationen gesammelt hast und Dir die anderen Grundlagen, die wir bis hierher bearbeitet haben, in Fleisch und Blut übergegangen sind.

Als Anfänger solltest Du Dich in erster Linie auf Deinen Platz sowie die positive Körperhaltung konzentrieren und versuchen, dort - im kleinen Bewegungsrahmen - möglichst authentisch zu agieren. Alles andere bringt Dir mehr Druck als positive Aspekte.

Wenn Du eine gewisse Erfahrung gesammelt hast und Deine Reden auf das nächste Level heben willst, dann erst ist es Zeit, Dir auch über Deine Bewegungen auf der Bühne ernsthafte Gedanken zu machen.

Stimme

Deine Stimme spielt bei einem Auftritt auf der Bühne eine wichtige Rolle, da sie das primäre Medium ist, durch das Du mit Deinem Publikum kommunizierst. Die Stimme trägt dazu bei, Emotionen zu vermitteln, Deine Botschaft zu verstärken und die Aufmerksamkeit der Zuhörer zu fesseln.

Dennoch solltest Du Dich darauf erst dann konzentrieren, wenn Du sicher auf der Bühne unterwegs bist und alle anderen „Dinge, die Dich auf der Bühne ausmachen" entsprechend beherrscht oder optimiert hast. Der Grund liegt darin, dass Deine Stimme im Normalfall das kleinste Deiner Probleme darstellt. Sie funktioniert in ihren Grundzügen gut und das reicht vorerst auch völlig aus.

Wenn Du allerdings - zu einem späteren Zeitpunkt - Deine Reden & Präsentationen auf ein Master-Level heben willst, dann macht es auch Sinn, sich mit der Stimme und ihren Möglichkeiten - im Zuge eines Stimmtrainings - intensiv auseinanderzusetzen.

Fortgeschrittene Aspekte der Stimmarbeit wären dann beispielsweise:

- **Lautstärke**: Die Lautstärke anzupassen, kann helfen, die Aufmerksamkeit des Publikums zu erregen oder besondere Punkte hervorzuheben. Leiser sprechen kann genauso wirkungsvoll sein wie das Erhöhen Deiner Lautstärke, um Spannung aufzubauen oder Wichtiges zu betonen.

- **Tonalität**: Die Tonalität bezieht sich auf die Klangfarbe oder Qualität Deiner Stimme, die durch unterschiedliche Frequenzen und Schwingungen entsteht. Eine vielseitige Tonalität kann Deine Rede lebendiger und interessanter machen, indem sie Emotionen und Nachdruck besser zum Ausdruck bringt. Durch das Variieren der Tonalität kannst Du wichtige Punkte hervorheben und die Aufmerksamkeit des Publikums lenken.

- **Modulation**: Die Fähigkeit, Tonhöhe und Melodie Deiner Stimme zu variieren, hält Deine Rede interessant und vermeidet Monotonie. Modulation kann helfen, unterschiedliche Emotionen auszudrücken und die Qualität Deiner Präsentation zu verstärken.

- **Artikulation**: Deutliche Artikulation macht Deine Rede verständlicher und erleichtert dem Publikum das Zuhören. Übungen zur Verbesserung der Artikulation können helfen, das „Verschlucken" von Wörtern oder undeutliches Sprechen zu minimieren.

Die Unterthemen Sprechtempo und Pausen werden vielfach auch dem Thema Stimme zugeordnet. Da diese für mich aber mehr mit der Wiedergabe der Inhalte zu tun haben, habe ich diese dem nächsten Kapitel untergliedert.

WIEdergabe Deiner Inhalte

Deine Kernaussage, die Struktur Deiner Inhalte und die dazugehörigen Storys hast Du im Teil 2 geplant. Inhaltlich bist Du also voll und ganz gerüstet. Jetzt geht es darum, WIE Du Deine Inhalte dem Publikum näher bringst.

Die WIEdergabe Deiner Inhalte, also WIE Du diese auf der Bühne vorträgst, ist einer der entscheidenden Faktoren in Bezug auf die Aufmerksamkeit Deines Publikums.

Komplettes Skript der Rede/Präsentation niederschreiben

Gerade bei Anfängern ist die Variante sehr beliebt, die gesamte Rede wortwörtlich niederzuschreiben, weil sie sich als ungeübte Vortragende dann sicherer fühlen und nichts vergessen können. Tatsächlich kann es nützlich sein, wenn Genauigkeit sehr entscheidend ist. ABER, eine Rede bzw. Präsentation ist keine Vorlese-Übung. Daher solltest Du diese Variante tunlichst vermeiden, weil das Vorlesen Deine Präsentation steif, monoton und somit wenig ansprechend macht.

> *„Eine abgelesene Rede garantiert, dass Ihnen das*
> *Publikum nicht zuhört."*
> *Henry Kissinger*

> *„Eine Rede abzulesen, ist wie per Telefon zu küssen – es fehlt was."*
> *Jesse Jackson*

Auswendig lernen

Da das Vorlesen der Inhalte meist fad und monoton wirkt, versuchen viele ihr Glück darin, das gesamte Skript auswendig zu lernen. Das Auswendiglernen des gesamten Inhalts bietet tatsächlich einige Vorteile, wie die Präzision der Darbietung, die für Dich sicherstellt, dass alle wesentlichen Punkte exakt so vermittelt werden, wie Du sie geplant hast. Es kann des Weiteren Deine Sicherheit stärken, weil

Du genau weißt, was als Nächstes zu sagen ist und es gibt Dir die vollständige Kontrolle über Timing (Stichwort Zeitmanagement) und Ablauf der Präsentation. Diese Aspekte können besonders in Situationen hilfreich sein, in denen Genauigkeit und Detailtreue von größter Bedeutung sind.

Allerdings bringt diese Methode sehr gewichtige Nachteile mit sich, die meiner Meinung nach, die Vorteile bei weitem überwiegen. Denn, obwohl das Auswendiglernen (durch ausgiebiges Üben des Vortrags) besser ist als das Vorlesen, so besteht auch bei dieser Variante die große Gefahr, dass Dein Vortrag unnatürlich und monoton wirkt. Vor allem dann, wenn Du „geschliffene" Formulierungen wählst, die Du in einer normalen Konversation niemals verwenden würdest. Oder Du auf der Bühne „steif" wirkst, weil Du Dich so sehr auf das Erinnern Deiner Worte konzentrieren musst. Außerdem ist die spontane Interaktion mit dem Publikum durch das starre Festhalten an Deinem vorher festgelegten Text eingeschränkt.

Die größten Nachteile des Auswendiglernens heißen aber Fehleranfälligkeit und Druck. Je länger der Vortrag, desto höher ist die Wahrscheinlichkeit, dass Du an der ein oder anderen Stelle einen Fehler machst. Jeder kleinste Fehltritt im Text führt zum „Stocken" Deines Vortrags, also einer unnatürlichen Unterbrechung, die den Fluss Deiner Geschichten & Informationen behindert. Jeder Fehler kann auch zu einer innerlichen Verwirrung führen, die es Dir schwer machen könnte, den Faden wieder aufzunehmen. Dasselbe gilt bei Zwischenfragen des Publikums. Ferner kann der Druck, einen langen Text fehlerfrei auswendig zu lernen, massiven Stress verursachen und paradoxerweise die Angst vor einem Blackout erhöhen, was die Wahrscheinlichkeit eines „Totalausfalls" nur vergrößert. Die vermeintliche Sicherheit des genau geplanten Textes sowie des fixen Ablaufs, wird durch den Druck, keine Fehler machen zu wollen, meist mehr als aufgehoben. All die erwähnten Nachteile sind der Grund, warum ich das Auswendiglernen weder Anfängern noch Fortgeschrittenen empfehle.

Freies Reden

„… wie Dir der Gedanke gekommen ist." Das heißt, Du schreibst also nicht einen Text nieder und lernst ihn auswendig, sondern **Du formulierst die Sätze völlig frei in der Situation. DAS ist freies Reden und die absolut beste & authentischste Variante für jede Rede oder Präsentation.**

Klingt für Dich völlig unmöglich? Dann stelle Dir folgende Situation vor. Es ist Montag morgen. Beim Morgenkaffee im Büro erzählst Du Deinen Kolleginnen und Kollegen ausführlich & enthusiastisch von Deinem ereignisreichen Wochenende. In allen Details schilderst Du, was Du wann gemacht hast, mit wem Du unterwegs warst und was Du erlebst hast.

So oder so ähnlich hast Du das sicher irgendwann schon einmal gemacht. Und wenn nicht vom Wochenende, dann von Deinem Urlaub oder anderen Ereignissen in Deinem Leben. Aber eine Sache hast Du dabei sicher nicht gemacht. Nämlich Dir einen genauen Text überlegt, wie Du von Deinen Erlebnissen berichten wirst und diesen dann auswendig gelernt. Ganz im Gegenteil. Du hast Deine Erlebnisse im Kopf, mit einer Struktur, wie diese passiert sind. Und wenn Du darüber erzählst, bewegst Du Dich in dieser Struktur und formulierst die Sätze ganz frei in der Situation. Genauso wie sie Dir gerade in den Sinn kommen. Richtig?

Warum solltest Du das dann nicht auch bei einer Rede oder Präsentation genau so können?

Es gibt absolut keinen Grund, warum Du das nicht schaffen solltest! Mit der HAUS DES REDENS METHODE hast Du im Teil 2 Deine Inhalte gut strukturiert erstellt. Du weißt genau, worum es geht und weißt, in welcher Struktur und Reihenfolge die entscheidenden Inhalte geplant sind - Stichwort „Roter Faden". JETZT, im Moment der Präsentation, holst Du Dir diese Struktur her und bewegst Dich völlig frei in Deinem Inhaltsgerüst (erinnere Dich an Haus, Räume, Stockwerke usw.). Wenn Du eine Sicherheitsschleife einziehen willst, dann kannst Du Dir die wichtigsten Inhaltspunkte auf Moderationskarten schreiben. Aber Du wirst sehen, je öfter Du dieses Freie Reden praktizierst, desto seltener wirst Du auf Moderationskarten als Hilfsmittel zurückgreifen. Abgesehen von den Karten unterstützt Dich auch Deine Präsentationsunterlage (PowerPoint, Prezi oder ähnliches) entlang Deines roten Fadens sowie durch die Visualisierung Deiner Kernpunkte.

Deine Inhalte sind also in Deinem Kopf, genau wie Deine Erlebnisse des Wochenendes. Beim Vortrag formulierst Du Deine Sätze dann so, wie sie Dir im Moment in den Kopf kommen. Du sprichst somit völlig natürlich. Natürlich heißt authentisch und authentischen Menschen zuzuhören ist es, was Dein Publikum will. Durch das freie Formulieren bist Du viel lockerer in Deiner Sprache und die Präsentation fühlt sich an, als würdest Du in einem Gespräch mit dem Publikum sein.

Klingt das nicht traumhaft? Sag' ich doch! Und deshalb wirst Du GENAU SO alle Deine zukünftigen Reden & Präsentationen bestreiten. Und der Erfolg ist Dir garantiert. Denn diese Form der freien Rede hat eigentlich nur Vorteile

- **Kein Druck**: Da Du Dir nur sehr wenige Inhalte (Inhaltsstruktur) oder gar keine (Unterstützung durch Moderationskarten) merken musst, minimierst Du den Druck auf ein absolutes Minimum.

- **Kein Vergessen**: Da Du keinen fixen Text hast, an den Du Dich halten musst, kannst Du auch keine Worte vergessen. Damit Du keine Inhalte vergisst, hast Du Dein Inhaltsgerüst (Dein HAUS DES REDENS). Und wenn Dir das im Kopf nicht reicht, kannst Du Dir die Struktur auch zur Sicherheit auf Moderationskarten schreiben.

- **Maximale Flexibilität:** Da Du nicht auf einzelne Worte, Sätze und Formulierungen angewiesen bist, bist Du nicht nur in der Formulierung der Sätze komplett flexibel, sondern auch im Ablauf Deines Vortrags. Eine Zwischenfrage aus dem Publikum ist somit keine Störung, an die Du möglicherweise nicht mehr anknüpfen kannst, sondern eine Chance, Deinen Vortrag noch interessanter für das Publikum zu machen. Du kannst Dich flexibel in Deiner Präsentation bewegen und kannst jederzeit wieder zu Deinem roten Faden zurückkehren. So wirkst Du nahbar und natürlich und kannst eine bessere Verbindung zu Deinem Publikum aufbauen.

- **Maximale Authentizität:** All diese oben genannten Punkte tragen dazu bei, dass Du in Deiner Rede völlig authentisch rüberkommst. Und wie wichtig Authentizität ist, das habe ich Dir im Laufe des Buches schon unzählige Male vorgeführt.

- **Maximale Aufmerksamkeit:** Wenn sich Dein Vortrag für das Publikum wie ein Gespräch mit einer „echten Person" anfühlt, dann wird es Dir auch eher folgen und zuhören. Und wie Du weißt, ist Aufmerksamkeit die Grundlage für den Erfolg Deiner Botschaft.

Diese Fülle von Vorteilen ist der Grund, warum die HAUS DES REDENS METHODE von Beginn an voll und ganz auf das „Freie Reden" ausgerichtet ist. DAS ist Dein Weg zum Erfolg! Und ich verspreche Dir, dass Du mit dieser Art der WIEdergabe zur besten Version Deiner Selbst werden wirst, die Du Dir jemals vorstellen konntest. Und weit darüber hinaus. Denn Du wirst damit Dinge erreichen, die für Dich jetzt noch völlig unerreichbar scheinen.

Jede Möglichkeit zur freien Rede wird Dich besser machen. Allein schon durch die Übung und die Erfahrungen, die Du machst, wirst Du von Mal zu Mal besser werden. Damit sich Dein „Freies Reden" über die Zeit immer weiter entwickeln kann, möchte ich jetzt noch auf 3 Unterthemen eingehen, die für Dich vor allem dann interessant

werden, wenn Du Deine Reden & Präsentationen auf das nächste
Level heben willst.

Sprechtempo

> *Sprich nicht schneller, als du denken kannst!*
> *Fred Ammon*

Immer wenn es um Tempo geht, dann kann dieses entweder zu
schnell zu langsam oder (subjektiv) genau richtig sein. Zu langsames
Sprechen wirkt leicht einschläfernd und ist ähnlich schädlich für die
Aufmerksamkeit wie monotones Vorlesen. Dieses Problem tritt aber
eher selten auf, denn meistens sind Vortragende eher zu schnell.

Nervosität erhöht natürlicherweise das Sprechtempo. Da uner-
fahrene Redner meist nervöser sind als erfahrene, kommt es vor allem bei den Anfängern vor, dass sie tendenziell zu schnell sind. Das
ist zwar nicht optimal, aber wenn Du als Feedback bekommst, dass
Du zu schnell redest, dann sollte Dich das nicht allzu sehr beunru-
higen. Und zwar deshalb, weil durch die steigende Erfahrung bzw.
durch die optimale Vorbereitung, die wir in den Teilen 1-4 bisher
gemacht haben, Deine Nervosität immer geringer werden wird.
Und somit wird sich Dein nervositätsbedingtes zu schnelles Sprechtempo von selbst regeln.

Wenn Du Deine Nervosität einmal im Griff hast, dann kannst Du
eine Variation Deines Redetempos aber auch zu Deinem Vorteil in
der Präsentation nutzen. Ein variierendes Tempo kann Deine Rede
nämlich lebendiger machen. Ein bewusst schnelleres Tempo kann
Enthusiasmus und Energie vermitteln, während ein langsamerer
Rhythmus dem Publikum hilft, komplexe Informationen zu verarbeiten oder die Bedeutung bestimmter Punkte zu unterstreichen.

Wenn Du Dich so richtig „in Dein Thema reinlebst" (Stichwort
„verkörpere Deine Botschaft"), dann wird Dein Sprechtempo - auch
wenn es vielleicht schneller wirkt - Enthusiasmus & Energie vermitteln. Und das Publikum wird es lieben. Überlege Dir in diesem Fall,
an welchen Stellen in Deinem Inhalt eine bewusste Verlangsamung

des Tempos noch mehr Eindruck machen könnte. So kannst Du Energie ausstrahlen und gleichzeitig den wichtigsten Punkten genügend Zeit und Platz einräumen, um vom Publikum noch besser verstanden zu werden.

Da dies ein bisschen Übung erfordert, solltest Du Dich darum aber erst dann kümmern, wenn Du Dich im „Freien Reden" sicher fühlst.

Pausen

> *„In einer Welt der Dauerbeschallung*
> *wird Stille zum Ereignis."*
> Michael Sinnhuber

Pausen sind wie Leerraum (Weißraum) im Design. Sie sind nicht nichts, sie sind alles! Beziehungsweise können sie alles oder vieles ändern.

Denn ebenso wie das Sprechtempo, so können auch gezielte Pausen einen starken Eindruck bei den Zuhörern hinterlassen. Sie können dramatische Effekte erzielen, Spannung aufbauen oder dem Publikum Zeit geben, wichtige Informationen zu verdauen. Wenn Du es schaffst, Pausen bewusst einzusetzen, dann kannst Du die Aufmerksamkeit Deines Publikums sehr effektiv steuern.

Stell Dir vor, Du stehst auf der Bühne, Dein Herz klopft. Du bist kurz davor voller Spannung loszulegen. Aber stattdessen blickst Du ruhig ins Publikum und schweigst… eine Pause. Diese Stille scheint endlos, aber genau hier liegt eine unschätzbare Kraft verborgen.

Hast Du Dich schon einmal gefragt, warum diese Momente der Ruhe so mächtig sind? Warum sie uns in Gesprächen unangenehm erscheinen und in einer Präsentation die Aufmerksamkeit des Publikums so stark anziehen?

Die Magie der Pause ist vielfältig. Erstens schafft eine bewusste Pause einen spannenden Kontrast zum ständigen Strom Deiner Worte. In einer Welt, die von Dauerbeschallung geprägt ist, **wird**

Stille zum Ereignis. Sie unterbricht den Fluss Deiner Rede nicht, sie verstärkt ihn. **Stille setzt ein Zeichen**, lädt Deine nächsten Worte mit mehr Gewicht und Bedeutung auf. Es ist, als würdest Du für einen Moment die Luft anhalten, um dann mit umso größerer Wirkung fortzufahren.

Aber warum fühlt sich Stille oft so herausfordernd an?

Unsere Gesellschaft lehrt uns, dass ständige Kommunikation und Aktivität Zeichen von Sicherheit und Kompetenz sind. Stille wird schnell mit Unsicherheit oder Unbehagen gleichgesetzt. Doch genau das Gegenteil ist der Fall. Eine Pause - z.B. zum bewussten Nachdenken über eine gute Antwort oder die gezielte Formulierung des nächsten Satzes - ist erstens inhaltlich besser und wirkt zweitens auch viel souveräner & sicherer als ein „Dahinstammeln" mit Füllwörtern wie „ähm", „ah", „genau" usw.

Wenn Du Pausen bewusst einsetzt, brichst Du mit diesen gesellschaftlichen Erwartungen. Ebenso wie Du es schon mit Deinem „starken Start" (Teil 2) getan hast, als Du auf die typische (aber erwartete) Unternehmensvorstellung verzichtet hast, um aufmerksamkeitswirksam und überraschend ins Thema zu starten. Dieses „anders sein" hebt Dich einmal mehr von der Masse ab und macht Dich und Deinen Vortrag interessanter. Deine Zuhörer werden in den Momenten der Stille auf das folgende Wort, den nächsten Gedanken warten – gespannt und voller Erwartung. Mit der maximalen Aufmerksamkeit. Und genauso kannst Du Dir diese kulturelle Prägung einfach zunutze machen.

Aber das ist noch nicht alles. Denn gut eingesetzte Pausen fördern auch die geistige Verarbeitung. Nach einer wichtigen Information gibt eine Pause dem Publikum Zeit, das Gehörte zu durchdenken und zu verinnerlichen. Diese Momente des Innehaltens sind es, die es den Zuhörern ermöglichen, Verbindungen zu knüpfen und die Botschaft nicht nur aufzunehmen, sondern tief zu verarbeiten. So wird aus passivem Zuhören aktives Erleben und Erinnern.

Nicht zuletzt hat die Stille eine emotionale Komponente. Sie gibt den emotionalen Höhepunkten Deiner Rede Raum zum Atmen, lässt sie nachklingen und verstärkt so ihre Wirkung (genau wie der Weißraum im Design). Denke an die Pause wie an den ruhigen Moment in einem Musikstück, der dem nächsten Ton noch mehr Kraft verleiht.

Wie kannst Du die kraftvolle Stille nun gezielt meistern?

Sei mutig sie einzusetzen. Experimentiere mit kurzen Pausen, um wichtige Punkte zu unterstreichen, und mit längeren Pausen, um Deinem Publikum Zeit zur Reflexion zu geben. Achte auf das Unbehagen, das sie hervorrufen kann – sowohl (anfangs) bei Dir als auch bei Deinen Zuhörern – und lerne, es als Teil des intensiven Kommunikationsprozesses zu schätzen. Übe diese Pausen schon in der Vorbereitung Deiner Rede und zwinge Dich bei Probepräsentationen gezielt dazu, die Stille zu halten. Beim Üben kannst Du kurze & lange Pausen durch „Zählen im Kopf" füllen. Kurze Pausen sind dabei 1-3 Sekunden lang, während lange Pausen bis zu 10 Sekunden dauern können. Durch das Zählen lenkst Du Dich einerseits von der Stille ab, bekommst aber andererseits ein gutes Gefühl, wie lange verschiedenen Pausen dauern. Außerdem verlierst Du dadurch mit der Zeit das Unbehagen vor der Stille und wirst somit zum Meister der kraftvollen Pause.

Aber wie schon beim Sprechtempo, so ist auch die Macht der Pause eine Disziplin für (leicht) Fortgeschrittene. Sie sollte also nicht Dein erster Gedanke bei den Überlegungen zur Wiedergabe Deiner Inhalte sein. Wenn Du Dich aber mit dem „Freien Reden" sicher fühlst, dann werden die gezielten Pausen Deinen Reden & Präsentationen noch einmal einen wesentlichen Push zu mehr Ausdrucksstärke geben!

Füllwörter

Ähm, äh, genau, ja, also… wir alle kennen sie, diese nervigen Füllwörter. Sie sind wie ungebetene Gäste, die sich - oft völlig unbewusst - in unsere Sätze schleichen. Sicher hast Du Dich auch schon gefragt, woher sie kommen, warum sie so hartnäckig in Reden & Präsentationen auftauchen und wie Du sie minimieren kannst?

Füllwörter entstehen oft aus Unsicherheit oder dem Bedürfnis, das Schweigen zu füllen, während wir nach Worten suchen oder unsere Gedanken ordnen. Sie sind sprachliche Platzhalter, die uns Zeit kaufen, umzudenken, ohne die Kommunikation vollständig zu unterbrechen. Sie können aber auch aus Gewohnheit entstehen – eine Art verbaler Tick, der sich einstellt, wenn wir uns dessen nicht bewusst sind.

Das Problem mit Füllwörtern ist, dass sie - zu oft verwendet - Deine Glaubwürdigkeit untergraben und Deine Botschaft abschwächen können. Außerdem vermitteln sie den Eindruck von Unsicherheit oder mangelnder Vorbereitung. Und im schlimmsten Fall lenken sie sogar die Aufmerksamkeit so stark von Deinem eigentlichen Anliegen ab, dass die Zuhörer nur mehr Deine Füllwörter hören.

Wie kannst Du Füllwörter in Deinen Reden & Präsentationen verhindern?

Dazu gibt es mehrere Antworten, deren Wirkung aufsteigend ist. Du kannst mit der geringsten Intensität beginnen und dann langsam steigern oder gleich die Nonplusultra-Lösung angehen.

Zu Beginn ist es wichtig zu erkennen & zu akzeptieren, dass es völlig normal ist, Füllwörter zu verwenden. Der Lösungsansatz liegt darin, sie bewusst zu minimieren. Eine effektive Strategie ist die Steigerung Deines Bewusstseins. Nimm Dich beim Reden auf und höre zu, wo und wie oft Du Füllwörter benutzt. Dieses Bewusstsein allein kann schon zu einer deutlichen Reduzierung führen, weil Du bewusster mit Deiner Sprache umgehen wirst.

Ein weiterer Tipp ist das langsame Sprechen. Wenn Du langsamer sprichst, hast Du mehr Kontrolle über Deine Worte und bist weniger geneigt, Füllwörter zu verwenden.

Der Spruch „Übung macht den Meister" gilt natürlich auch in diesem Themenbereich. Denn das intensive Üben Deines Vortrags wird dazu führen, dass Du flüssiger sprichst und Dich sicherer fühlst, was wiederum die Notwendigkeit von Füllwörtern verringert.

Die Nonplusultra-Lösung ist schließlich das, was Du anstreben solltest. Sie klingt fast zu einfach, um wahr zu sein, erzeugt aber eine echte Win-win-Situation. Sie lautet:

Ersetze Füllwörter durch Pausen!

Wenn Du es schaffst, Deine Füllwörter durch Pausen zu ersetzen, dann transformierst Du Momente der Unsicherheit in eine kraftvolle Stille! Win-win! Denn, wie wir schon im vorangegangenen Kapitel erörtert haben, sind Pausen nicht nur akzeptabel, sie sind ein mächtiges rhetorisches Werkzeug. Sie geben Dir Zeit zum Denken und helfen Dir, Deine Gedanken klarer zu formulieren. Zudem verleihen sie Deiner Rede mehr Gewicht und verstärken die Wirkung Deiner Botschaft, weil sie Deinem Publikum Zeit geben, das Gehörte zu verstehen & zu verinnerlichen. Und, nicht zuletzt steigern sie die Spannung auf das, was da noch kommt.

Die Fähigkeit, komfortabel mit Stille umzugehen, ist ein Zeichen von Souveränität & Selbstvertrauen und wird Deine Präsentationsfähigkeiten erheblich verbessern.

Aber auch hier gilt. Die einfache Lösung ist zwar einfach zu verstehen, die Umsetzung ist es aber keineswegs. Denn die Reduktion von Füllwörtern in Deiner Rede ist ein Prozess, der Geduld und Übung erfordert. Füllwörter stammen aus einem natürlichen Impuls - das Schweigen zu füllen - der tief in uns verankert ist. Durch bewusste Wahrnehmung und das Üben von Pausen wirst Du lernen, sie zu minimieren und schließlich völlig aus Deinen Reden zu verbannen. Dies wird nicht nur die Klarheit & Kraft Deiner Präsentationen verbessern, sondern auch Dein Selbstvertrauen als Redner stärken. Win-win!

Zeitmanagement

„Tritt fest auf, mach's Maul auf, hör bald auf."
Martin Luther

Dieses Zitat betont nicht nur die Bedeutung von Selbstbewusstsein und Klarheit, sondern auch die Wichtigkeit eines bewussten Umgangs mit der Zeit. Zeit ist ein kostbares Gut – besonders die Zeit Deines Publikums. Es zeigt großen Respekt und Wertschätzung, wenn Du diese Zeit achtest und sorgfältig damit umgehst. Ein effektives Zeitmanagement in Deinen Präsentationen spiegelt Deine Professionalität wider und maximiert die Wirkung Deiner Botschaft. Lass uns daher drei zentrale Aspekte des Zeitmanagements in der Kunst der Präsentation genauer betrachten:

Pünktlichkeit – der erste Eindruck zählt

Pünktlich zu sein bedeutet Respekt. Respekt gegenüber Deinem Publikum, Deinen Mitrednern und nicht zuletzt Dir selbst. Indem Du pünktlich erscheinst, signalisierst Du, dass Du sowohl die Zeit anderer als auch die Bedeutung der Veranstaltung wertschätzt. Zu spät zu kommen ist daher absolut unentschuldbar! Denn es wird von den Menschen einerseits als Mangel an Professionalität und Vorbereitung wahrgenommen werden und andererseits setzt es Dich unter unnötigen Druck. Und diesen Druck wollen wir ganz allgemein so gering wie möglich halten. Erinnere Dich daher daran, dass Pünktlichkeit auch bedeutet, genügend Zeit für Deine gründliche Vorbereitung einzuplanen. Gib Dir selbst ausreichend Zeit, um den Raum, die Technik sowie Dein Material entsprechend vorzubereiten und Deinen Platz auf der Bühne zu finden. Nur so stellst Du sicher, dass Du entspannt und konzentriert starten kannst.

Dauer der Präsentation – halte Dich an die Zeitvorgaben

Ein absolutes No-Go bei jeder Präsentation ist das Überziehen der vorgesehenen Zeit. Dies kann als mangelnde Achtung vor dem Zeitplan Deiner Zuhörer und eventuell nachfolgender Redner angesehen werden. Halte Dich daher immer strikt an die vorgegebene Dauer Deiner Präsentation. Dies erfordert natürlich, dass Du Deine Inhalte präzise planst und übst, um sicherzustellen, dass Du alle wichtigen Punkte innerhalb des Zeitrahmens abdecken kannst. Was Du für diese präzise Planung brauchst, das haben wir in vielen Kapiteln in diesem Buch erörtert. Somit schließt sich hier einmal mehr der Kreis und Du siehst, wofür die ganze Vorbereitung wichtig und sinnvoll war.

Zeitmanagement – nutze die verfügbare Zeit sinnvoll

Es ist nicht nur wichtig, die Zeitvorgaben prinzipiell einzuhalten, sondern auch zu bedenken, wie Du die zur Verfügung stehende Zeit optimal nutzt. Plane Deine Rede so, dass Du Deine Hauptpunkte klar und deutlich vermitteln kannst, ohne die gesamte Zeit dafür zu verplanen. Soll heißen, lasse Dir noch einen Zeitpuffer übrig, der für Fragen & Diskussionen während bzw. nach Deiner Präsentation zur Verfügung steht. Ein gut getimter Auftritt wirkt professionell und zeigt, dass Du flexibel auf die Bedürfnisse Deines Publikums eingehen kannst. Und beides schafft wiederum eine tiefere Verbindung zu Deinen Zuhörern.

Zusammenfassend kann man also folgendes festhalten. Durch pünktliches Erscheinen, das Einhalten der vorgegebenen Dauer und einen klugen Umgang mit der zur Verfügung stehenden Zeit etablierst Du Dich beim Publikum als professionell und respektvoll. Dies wiederum hilft Dir, Deine Botschaft effektiv zu vermitteln und eine positive Wirkung zu hinterlassen.

Gutes Zeitmanagement ist also nicht nur eine Frage der Organisation, sondern auch ein Zeichen der Wertschätzung gegenüber Deinem Publikum.

Was Du machen kannst, um das Erlebnis des Publikums noch weiter zu steigern

Mit den bisher besprochenen Aktivitäten wirst Du ganz sicher einen guten Eindruck auf der Bühne hinterlassen und eine erfolgreiche Präsentation absolvieren. Zum Abschluss dieses - sehr intensiven - Teil 4 möchte ich Dir hier noch 2 vertiefende Themen mit auf den Weg geben, die das Erlebnis Deines Publikums noch weiter positiv verstärken können.

Einbindung des Publikums

Ich habe bereits im Teil 2 der HAUS DES REDENS METHODE ein Kapitel dem Thema Aufmerksamkeit gewidmet. Neben den inhaltlichen & visuellen Möglichkeiten, die Aufmerksamkeit des Publikums zu verdienen und zu steigern, gibt es während der Präsentation noch eine weitere Möglichkeit, dies zu tun. Und zwar, in dem Du die Zuhörer gezielt in den Vortrag einbindest. Wenn Du Dein Publikum aktiv teilhaben lässt, fühlen sich alle mehr wertgeschätzt, da deren Meinung zählt. Die aktive Teilnahme schafft automatisch Aufmerksamkeit für das Thema und führt außerdem dazu, dass sich die Personen, die Inhalte besser merken, weil sie Teil des Ganzen sind.

Die einfachste Art und Weise das Publikum einzubinden, ist es eine Frage in den Raum zu stellen. Wenn diese mit Handzeichen zu beantworten ist, dann ist die Beteiligung normalerweise hoch. Schwieriger wird es, wenn Du nach konkreten Antworten fragst. Hier haben viele Menschen eine Hemmschwelle ihre Meinung offen auszudrücken, vor allem in großen Sälen mit vielen Anwesenden. Dasselbe gilt, wenn es darum geht, während oder nach der Präsentation Fragen zu stellen.

Um auch denjenigen eine Chance für diese Arten von Interaktion zu geben, die lieber anonym bleiben wollen, gibt es mittlerweile Tools wie **Slido**. Slido (https://www.slido.com/) ist ein interaktives Tool, das die Einbeziehung des Publikums bei Präsentationen, Meetings und Veranstaltungen ermöglicht. Es bietet verschiedene Funktionen zur Steigerung der Interaktion, darunter Live-Umfragen, Q&A-Runden, Quiz und interaktive Abstimmungen. Slido ermöglicht es Dir, Feedback in Echtzeit einzufangen und Deine Präsentationen, Meetings oder Events lebendig und interaktiv zu gestalten. So baust Du eine Brücke zu Deinem Publikum und förderst eine Atmosphäre, in der sich jeder einbringen und etwas lernen kann. Die Ergebnisse der jeweiligen Interaktionen können live in die Präsentation eingebaut werden.

Hier ein paar konkrete Beispiele wie Du ein solches Tool für Deine Zwecke einsetzen könntest:

- **Live-Umfragen**: Starte Deine Präsentation mit einer Umfrage, um direkt herauszufinden, was Deine Zuhörer denken oder wissen (wollen). Das weckt sofort Interesse und gibt Dir die Möglichkeit, Dinge über das Publikum zu erfahren, die für den weiteren Verlauf wichtig sind.

- **Q&A-Sessions**: Gib Deinem Publikum die Chance, jederzeit (anonym) Fragen zu stellen. Du kannst diese dann entweder gleich beantworten oder sie für das Ende aufbewahren.

- **Quizze**: Mache zum Abschluss ein kleines Quiz. Das ist nicht nur unterhaltsam, sondern hilft Dir auch zu erkennen, wie viel von Deiner Botschaft beim Publikum hängen geblieben ist.

- **Interaktive Umfragen**: Hol Dir Feedback zu Deinen Themen. Das gibt Dir wertvolle Einblicke, wie Deine Präsentation angekommen ist.

Diese Ideen sind nur beispielhaft für die zahlreichen Möglichkeiten, die Dir zur Verfügung stehen, um das Publikum in Deinen Vortrag einzubinden. Ich empfehle Dir, die eine oder andere Art der Einbindung auf jeden Fall zu verwenden, da sie neben der aktiven Einbindung & Mitarbeit auch Abwechslung hineinbringt. Und diese Abwechslung weiß jedes Publikum zu schätzen.

Sei offen & erreichbar

Stell Dir vor, Du hast gerade Deine Präsentation beendet. Du gehst von der Bühne, das Licht dimmt sich, und Du spürst das Echo Deiner letzten Worte im Raum nachklingen. In diesem Moment beginnt eine oft unterschätzte Phase Deiner Präsentation, nämlich die „Afterparty". Und hier zählt vor allem Deine Offenheit und Erreichbarkeit für das Publikum.

Warum ist es so entscheidend, offen, zugänglich, angreifbar und erreichbar zu sein, sobald die Scheinwerfer ausgehen?

- **Offen und zugänglich sein** bedeutet, dass Du nach Deiner Präsentation für Fragen und Diskussionen zur Verfügung stehst. Es zeigt, dass Du nicht nur als Sprecher vor dem Publikum stehst, sondern auch als Teilnehmer am Dialog interessiert bist. Dies baut eine Brücke zwischen Dir und Deinem Publikum und macht Deine Präsentation zu einem lebendigen Austausch, anstatt zu einer einseitigen Kommunikation.
- **Angreifbar sein** mag zunächst negativ klingen, ist aber in diesem Kontext ein Zeichen von Stärke. Es bedeutet, dass Du bereit bist, Kritik und unterschiedliche Meinungen anzunehmen. Dieses Zulassen von Feedback, sei es positiv oder kritisch, ist entscheidend für Deine persönliche und professionelle Entwicklung. Es zeigt auch, dass Du Deinen eigenen Standpunkt vertreten kannst, während Du anderen Perspektiven Raum gibst.
- **Erreichbar sein** nach Deinem Vortrag zeigt, dass Du Dich für das wirkliche Verständnis und die Interessen Deines Publikums interessierst. Falls Du Fragen während der Präsentation nicht beantworten konntest, dann liefere die Antworten im Nachgang so schnell wie möglich nach. So hältst Du den Kontakt auch nach dem Vortrag aufrecht. Dasselbe gilt, wenn Du Deine Kontaktdaten - in der Präsentation oder durch Ausgabe von Visitenkarten - hinterlässt. Denn wenn Du Dich für Nachfragen und weiterführende Diskussionen zur Verfügung stellst, verlängerst Du die Lebensdauer Deiner Botschaft und verstärkst ihre Wirkung.

Das Beherzigen dieser Eigenschaften ist wichtig, weil es Deine Glaubwürdigkeit und Authentizität als Redner stärkt. Menschen fühlen sich von Rednern angezogen, die nicht nur informieren, sondern auch inspirieren und sich echt engagieren. Wenn Du offen und erreichbar bleibst, kannst Du eine tiefere Verbindung zu Deinem

Publikum aufbauen, Vertrauen fördern und letztendlich eine nachhaltigere Wirkung erzielen.

Überdies erhöht Deine Bereitschaft, nach der Präsentation erreichbar zu sein, die Wahrscheinlichkeit, dass Du wertvolle Kontakte knüpfst, die über den Moment hinausgehen. Ob es sich um potenzielle Kunden, zukünftige Arbeitgeber oder Gleichgesinnte handelt, jedes Gespräch kann eine Tür zu neuen Möglichkeiten öffnen.

Kurz gesagt, wenn Du offen, zugänglich, angreifbar und erreichbar bist, dann zeigst Du Wertschätzung für jeden einzelnen Zuhörer und jede Zuhörerin. Du demonstrierst, dass Deine Präsentation kein Monolog, sondern ein Dialog ist, der zum Denken anregt und zur Weiterführung einlädt. In einer Welt, in der wir permanent von Informationen überflutet werden, kann die Fähigkeit, echte menschliche Verbindungen zu schaffen, Dein größtes Unterscheidungsmerkmal sein.

Zusammenfassung TEIL 4 - Dein Auftritt

GRATULATION! Du hast einen großartigen, erfolgreichen und gewinnbringenden Auftritt hingelegt! Beziehungsweise kennst Du jetzt wirklich ALLE Schritte meiner HAUS DES REDENS METHODE, die Dich zu diesem erfolgreichen Bühnenerlebnis bringen werden. Damit Du die einzelnen Bestandteile Deines persönlichen Auftritts auf der Bühne (Teil 4) noch einmal kurz Revue passieren lassen kannst, habe ich hier noch einmal die wichtigsten Schritte übersichtlich zusammengefasst.

Denke immer daran - es ist **DEIN Auftritt**, nur DU machst **DEINE Regeln**. Also mach **DEIN Ding**!

Mit diesem Hinweis aus Teil 1 schloss sich der Kreis von Deinem bombenfesten Fundament - das natürlich auch die Grundlage für Deinen Auftritt bildet - zu Teil 4, Deinem tatsächlichen Auftritt auf der Bühne. Daher ist es immer wichtig, sich speziell vor dem großen Tag noch einmal an die 6 Schritte zu Deiner positiven persönlichen

Einstellung zu erinnern, damit Du mit Optimismus, Selbstvertrauen, Entschlossenheit und Gelassenheit auf die Bühne treten kannst!

Was Du vorab klären solltest

Alles, was wir bis zu diesem Zeitpunkt gemacht haben, war Vorbereitung auf verschiedenen Ebenen. Den letzten Schritt der Vorbereitung bildete nun die konkrete Vorbereitung auf Deinen Bühnen-Auftritt.

- **Checkliste für Deine Ausrüstung**: Diese Checkliste soll Dich dabei unterstützen, auf alles vorbereitet zu sein und kann jederzeit an Deine persönlichen Bedürfnisse angepasst werden. Sie bietet eine umfangreiche Auflistung von Tools und Werkzeugen aus den Bereichen
    - Technisches Equipment
    - Persönliche Gegenstände
    - Kleidung & persönliche Pflege sowie
    - sonstige wichtige Dinge.

- **Wichtige Fragen klären**: Als Nächstes haben wir uns um die Gegebenheiten gekümmert, die mit der Vorbereitung Deiner Bühne, dem Veranstaltungsort und der Veranstaltungsplanung zu tun haben. Folgende Fragen solltest Du unbedingt vor der Anreise zum Vortrag klären.
    - Zu welchem Zeitpunkt der Veranstaltung ist Dein Vortrag dran?
    - Wie groß ist der Raum?
    - Gibt es ein Hand- oder Headset-Mikrofon?
    - Wie ist die Beleuchtung im Raum?
    - Besteht eine Möglichkeit, den Raum vor der Präsentation zu besichtigen oder einen Technik-Check zu machen?
    - Mit wie vielen Menschen wird ungefähr gerechnet?

- Gibt es Internet bzw. WLAN im Raum?
- Gibt es einen Beamer oder Fernseher?
- Gibt es eine Fernbedienung?
- Gibt es ein Flipchart und Stifte dazu?
- Steht ein Pult zur Verfügung oder ein Tisch für Deinen PC?
- Gibt es ein Audiosystem?

- **Deinen Platz finden**: Dein Platz bzw. Standort auf der Bühne beeinflusst nicht nur, wie das Publikum Dich wahrnimmt, sondern auch, wie Du Dich während Deiner Präsentation fühlst. Daher habe ich Dir in diesem Kapitel gezeigt, wie Du den für Dich richtigen Platz - Deinen positiven Ankerpunkt - auf der Bühne findest.

- **Technik testen**: Technik unterstützt Dich dabei, Deine Botschaft bestmöglich rüberbringen zu können. Damit diese auch wirklich ihre Funktion erfüllen kann, muss sie einwandfrei funktionieren. Daher haben wir uns in diesem Abschnitt mit der Wichtigkeit des Testens sämtlicher Technik beschäftigt. Hier noch einmal die wichtigsten Dinge im Überblick, die Du vor JEDER Präsentation testen solltest:
  - Beamer bzw. Bildschirm
  - Mikrofon und Audiosystem
  - Fernbedienung
  - Internetanschluss
  - Platzierung von PC und Monitor
  - Flipchart und Stifte
  - Zusätzliche Demonstrationsobjekte

Was auf der Bühne passieren kann

Wenn Du alles, was Du vor Deinem Auftritt klären kannst, auch wirklich geklärt hast, dann hast Du den Großteil aller bösen Überraschungen, die passieren können, schon zu Beginn ausgeschlossen.

Dennoch bleiben gewisse Dinge, die Dir auf der Bühne passieren können.

- **Lampenfieber**: Jeder Mensch hat vor einem öffentlichen Auftritt mehr oder weniger Lampenfieber. Manche werden dadurch beflügelt, andere erstarren darin. Daher habe ich Dir gezeigt, was die Gründe für (negatives) Lampenfieber sind und wie Du damit umgehst, damit Du Deine beste Leistung abrufen kannst.

- **Etwas Unvorhergesehenes**: Denn erstens kommt es anders und zweitens als man denkt. Oder wie es im militärischen Jargon heißt „Kein Plan überlebt den ersten Feindkontakt". Daher haben wir in diesem Abschnitt gemeinsam erörtert, welche unvorhergesehenen Ereignissen auf Dich zukommen könnten und wie Du diese mit Gelassenheit souverän meistern kannst.

Was Dich auf der Bühne ausmacht

Dein überzeugender Vortrag basiert nicht allein auf dem Inhalt, sondern auch darauf, wie dieser Inhalt von Dir präsentiert wird. Daher haben wir in diesem Abschnitt die fünf Schlüsselaspekte betrachtet, die Dich als Vortragenden auf der Bühne ausmachen.

- **Authentizität**: Menschen wollen „echte Menschen" sehen! Und daher ist Authentizität auch eines der Themen, das in der HAUS DES REDENS METHODE eine sehr gewichtige Rolle einnimmt. Wir haben auch hier den Kreis zu Teil 1 geschlossen, wo wir den Weg zum eigenen „Authentisch sein" erstmals aufgezeigt haben. Sei nicht perfekt, sondern einzigartig und verstelle Dich nicht. Denn wenn Du Deine Einzigartigkeit annimmst und Dich nicht verstellst, dann bist Du ganz automatisch authentisch.

- **Körpersprache & Haltung**: Authentisch zu sein heißt auch, dass das Gesagte mit dem zusammen passt, was Dein Körper ausstrahlt. Daher haben wir uns in diesem Abschnitt intensiv mit allen Aspekten der Körpersprache beschäftigt.

- **Was tun mit den Händen**: Da viele Vortragende sich die Frage stellen, was sie mit ihren Händen machen sollen, sobald sie im Rampenlicht stehen, habe ich Dir in diesem Abschnitt viele Tipps & Tricks dazu gezeigt.

- **Umgang mit dem Mikrofon**: Welche Arten von Mikrofonen es gibt, wie Du Deine bevorzugte Version wählst und wie Du mit dem Mikro allgemein umgehst, all das haben wir hier behandelt.

- **Augenkontakt**: Augen- bzw. Blickkontakt wirkt verbindend. Er signalisiert Selbstbewusstsein und hilft, die Aufmerksamkeit der Zuhörer zu gewinnen und zu halten. Wie Du in verschiedenen Settings Augenkontakt herstellen und halten kannst, hast Du in diesem Kapitel kennengelernt.

- **(Körper-)Haltung auf der Bühne**: Grundsätzlich gilt, dass Du Dich mit der Haltung auf der Bühne wohlfühlen sollst. Allerdings gibt es bei der Körperhaltung einige No-Go's, die wir in diesem Abschnitt ausführlich behandelt haben. Ebenso habe ich Dir gezeigt, was eine professionelle Haltung ausmacht und wie Du diese für Dich erreichen kannst.

- **Bewegung auf der Bühne**: Bei der Vorbereitung Deiner Bühne hast Du Dir „Deinen Platz" gesucht. In diesem Kapitel ging es dann darum, wie und wie viel Du Dich - von Deinem Platz ausgehend - auf der Bühne bewegen kannst und sollst.

• **Stimme**: Die Stimme ist das primäre Medium, durch das Du mit Deinem Publikum kommunizierst. Sie funktioniert in ihren Grundzügen meist sehr gut und daher habe ich diesem Thema hier nur einen kurzen Abschnitt gewidmet.

- **WIEdergabe Deiner Inhalte**: Das WIE ist deshalb großgeschrieben, weil es auf der Bühne das sogenannte „Make or break" ist. Du kannst entweder mit einer großartigen Wiedergabe - durch eine Freie Rede - glänzen oder Du kannst - durch fades Vorlesen - Dein Publikum einschläfern. Welche Arten der Wiedergabe es gibt und warum Dein Ziel IMMER die Freie Rede sein sollte, all das haben wir in diesem Abschnitt erörtert.

- **Zeitmanagement**: Zeit ist ein wertvolles Gut, vor allem die Zeit Deines Publikums. Die 3 wichtigsten Aspekte Deines Zeitmanagements habe ich Dir in diesem Kapitel näher gebracht.

    - **Pünktlichkeit**: Zu spät kommen ist ein absolutes No-Go. Aber nicht nur, weil es eine geringe Wertschätzung gegenüber Deinem Publikum und der Organisation ausdrückt. Wenn Du zu spät zu Deinem Auftritt erscheinst, beraubst Du Dich selbst der Zeit, die Du brauchst, um die Technik zu testen und Deinen Platz auf der Bühne zu finden. Du schadest Dir und Deinem Ansehen also gleich doppelt.

    - **Dauer der Präsentation**: Egal, was während Deiner Präsentation passiert, halte Dich unbedingt an die Zeitvorgabe und überziehe nicht. Warum dies so essenziell ist und wie Du es schaffst, in Deiner Zeit zu bleiben, das habe ich Dir in diesem Abschnitt erklärt.

    - **Nutze die verfügbare Zeit sinnvoll**: Besser noch, als nur Deine Zeitvorgabe einzuhalten, ist es diese sogar zu unterschreiten. Du schafft Dir damit einen Zeitpuffer für Fragen und Diskussionen, der Dir und Deinem Auftritt Professionalität und Souveränität verleiht.

Was Du machen kannst, um das Erlebnis des Publikums noch weiter zu steigern

Mit allen bisher genannten Aktivitäten ist Dir ein erfolgreicher Auftritt sicher. Wie Du das positive Erlebnis noch weiter steigern und somit noch mehr Eindruck hinterlassen kannst, das haben wir uns im abschließenden Kapitel genauer angeschaut.

- **Einbindung des Publikums**: Das aktive Einbinden des Publikums in Deine Präsentation erhöht nicht nur die Aufmerksamkeit, sondern gibt den Menschen auch das Gefühl dazu zu gehören und wertgeschätzt zu werden. Du kannst das Publikum durch Fragen, Umfragen oder Abstimmungen usw. sehr gut einbinden.

- **Sei offen & erreichbar**: Last but not least - die Afterparty. Denn Dein Auftritt endet nicht nach Deinem letzten Wort auf der Bühne. Wenn Du auch nach Deiner Präsentation für das Publikum erreichbar und offen für Gespräche und Diskussionen bist, dann vertiefst Du damit Deine Verbindung mit dem Publikum und legst den perfekten Grundstein für zukünftige Möglichkeiten (z.B. Aufträge), die aus Deiner Präsentation entstehen können.

Damit haben wir auch den 4. und letzten Teil der HAUS DES REDENS METHODE absolviert und Du bist nun bestens gerüstet, um mein System für Dich gewinnbringend umzusetzen! JETZT bist Du dran!

Aber bevor Du loslegst, lass uns noch ein abschließendes Resümee ziehen.

RESÜMEE

Langsam aber sicher nähern wir uns dem Ende unserer gemeinsamen Reise. Zeit, um das Erlebte noch einmal kurz Revue passieren zu lassen.

Im Vorwort habe ich Dir die Geschichte meiner Entwicklung erzählt und darauf hingewiesen, wie auch Du davon profitieren kannst. Denn eines ist klar, wenn ich es geschafft habe, dann **WIRST auch DU es schaffen**.

Als Nächstes haben wir die gemeinsame Ausgangssituation abgeklärt. Begonnen mit Analyse & Herausforderungen haben wir Deinen persönlichen Stand der Dinge als Analyse Deiner bisherigen Erlebnisse & Learnings festgehalten, sowie Deine Erwartungen und Ziele festgelegt.

Gefolgt von einer eher ernüchternden Feststellung, dass der Stand der Dinge im Bereich Rhetorik & Präsentation sehr düster aussieht. Gleichzeitig haben wir erörtert, dass gerade darin Deine große Chance liegt, schon mit kleinen Verbesserungen Deiner Fähigkeiten, große Ergebnisse erzielen zu können.

Und diese Optimierung Deiner Fähigkeiten solltest Du nun durch meine HAUS DES REDENS METHODE erreichen. Aufgeteilt in 4 Elemente, deren Ergebnis viel mehr ist als die Summe der Teile.

- **Deine Persönliche Einstellung** = Fundament

- **Dein Inhalt & Deine Story** = Planung und Bau des Hauses (Rohbau)

- **Dein Design & die Visualisierung Deiner Botschaft** = Gestaltung des Hauses

- **Dein Auftritt** = Vorstellung des Hauses in der Öffentlichkeit

Die HAUS DES REDENS METHODE ist als durchgängiges Schritt-für-Schritt System konzipiert, das für alle Präsentations- & Rede-Situationen anwendbar ist.

JETZT BIST DU DRAN - mit dem Bau Deines eigenen HAUS DES REDENS!

Jetzt geht es um die konkrete Umsetzung aller Schritte sowie Tipps & Tricks, die ich Dir im Laufe dieses Buches mit auf den Weg gegeben habe. Da jeder Mensch anders & einzigartig ist und jeder andere Voraussetzungen & Ausgangssituationen mitbringt, ist es wichtig, meine Methode an Deine individuelle Situation anzupassen.

Das „Vorher" Deiner individuellen Ausgangssituation haben wir zu Beginn geklärt. Jetzt - nachdem Du die HAUS DES REDENS ME-THODE in ihrer kompletten Fülle kennengelernt hast, stellt sich die Frage, wie Dein Stand der Dinge jetzt - also „Nachher" aussieht?

Stand der Dinge für Dich

Mich interessiert: „**Wie geht es Dir jetzt im Vergleich zum Anfang?**"

Sicherlich sind Dir schon während des Lesens viele Gedanken gekommen, wie Du die HAUS DES REDENS METHODE - oder Teile daraus - für Dich wirksam nutzen kannst. Jetzt geht es mir aber noch kurz um einen Vorher-Nachher-Vergleich. Untenstehend findest Du dazu noch einmal einige der Fragen, die Du schon am Anfang unserer gemeinsamen Reise für Dich beantwortet hast. Beantworte die Fragen jetzt noch einmal und vergleiche sie mit Deinen alten Antworten. Wie schon zu Beginn habe ich jeweils unterhalb der Fragen einen entsprechenden Platz freigelassen. Falls Du nicht direkt ins Buch hineinschreiben willst oder die E-Book-Version liest, so kannst Du die Vordrucke verwenden, die ich für Dich unter **https://www.mcprezi.academy/buch-bonus** zum Download & Drucken bereitgestellt habe.

Gehe dazu bitte noch einmal ganz an den Beginn des Buches zurück - in den Abschnitt „Was ist Dein persönlicher Stand der Dinge". Dort hast Du einige Fragen beantwortet. Lese Dir diese Antworten noch einmal durch und halte fest, was sich für Dich durch das Buch geändert hat.

Als Nächstes gehe zurück zur „Stärken-Schwächen-Analyse" und vergleiche Deine Antworten mit der Situation jetzt.

PERSÖNLICHE EINSTELLUNG

DABEI FÜHLE ICH MICH GUT	DARAN MÖCHTE ICH ARBEITEN

INHALT & STORY

DABEI FÜHLE ICH MICH GUT	DARAN MÖCHTE ICH ARBEITEN

DABEI FÜHLE ICH MICH GUT	DARAN MÖCHTE ICH ARBEITEN

AUFTRITT

DABEI FÜHLE ICH MICH GUT	DARAN MÖCHTE ICH ARBEITEN

Und abschließend kannst Du noch in den Abschnitt „Was sind Deine Erwartungen" zurückblicken und klären, inwiefern Deine Erwartungen durch das Buch erfüllt wurden bzw. welche Deiner Erwartungen noch offen geblieben sind.

Ich würde mich sehr freuen, wenn Du Deine Entwicklung bzw. Deine Erkenntnisse in der Facebook-Gruppe (https://www.facebook.com/groups/321redenistdeins) mit mir und allen anderen Leserinnen und Lesern teilen würdest. Falls noch Fragen bzw. Erwartungen offen geblieben sind, so poste diese bitte ebenfalls in die Gruppe. Wenn Du keinen Facebook Account hast, dann schreibe mir bitte direkt eine Mail an hello@mcprezi.com.

Denn, ich will Dir helfen! Und das gilt nach dem Lesen des Buches mehr denn je.

WIE GEHT ES WEITER?

An dieser Stelle möchte ich mich bei Dir für Dein Vertrauen und die bisherige gemeinsame Reise bedanken. Hier trennen sich nun erst einmal unsere Wege, denn ab sofort, liegt es an Dir, wie schnell und intensiv Du das Gelernte in Deine persönliche Praxis umsetzt. Du weißt jetzt, wie Du einen überzeugenden und gewinnbringenden Vortrag von A bis Z planen, erstellen, designen und halten kannst.

Die nächsten Schritte

Aber nur wenn DU vom Wissen ins TUN kommst, wirst Du die Früchte Deiner Entwicklung auch wirklich ernten können. Die Schritte ins TUN musst Du jetzt selbst gehen!

Ich empfehle Dir, besser heute als morgen damit zu beginnen. Denn jetzt sind Deine Learnings und Deine Gedanken - wie Du das Gelernte für Dich gewinnbringend nutzen willst & kannst - noch ganz frisch. Schmiede das Eisen also, solange es heiß ist. Damit machst Du den nächsten Schritt in Deine erfolgreiche Zukunft und Du wirst mit JEDER einzelnen Präsentationserfahrung weiter lernen und immer besser werden.

DEINE konkreten nächsten Schritte

Wenn Du also mit JEDER Erfahrung besser wirst, dann ist ganz klar, was Du als Deine nächsten Schritte zu tun hast. Nutze **JEDE MÖGLICHKEIT**, die sich Dir zum **ÜBEN** bietet, sowohl im kleinen als auch im großen Rahmen!

Untenstehend findest Du einige Beispiele. Anhand der ersten paar Situationen werde ich Dir kurz erklären, was Du in diesen Situationen üben kannst und was Dir das bringt. Beim Rest der Beispiele kannst Du Dir diese Erklärungen dann sicher schon selbst geben.

- **Private Alltagsgespräche**: Ich spreche vor allem von denen, die im Stehen passieren. Achte darauf, eine gute offene Haltung zu haben. Achte darauf, was Du mit Deinen Händen machst, und Du wirst diese gute Haltung für Dich verinnerlichen. Sie wird sich für Dich mit der Zeit immer besser anfühlen, sodass Du diese dann auch vor größeren Menschenmengen selbstbewusst einnehmen kannst. Außerdem kannst Du in privaten Gesprächen auch das „Freie Reden" sowie die Pausen sehr gut trainieren. Wenn es darum geht, in einer privaten Situation jemanden von Deinen Ideen oder Deiner Meinung zu überzeugen, dann kannst Du die Werkzeuge verwenden, die eine überzeugende Story (Inhalt) ausmachen. Der große Vorteil ist, dass Du in diesen Situationen meist absolut nichts zu verlieren hast. Selbst wenn Deine Umsetzung also völlig daneben geht, hat das absolut keine Auswirkungen. Somit bekommst Du in diesen Übungsfällen ein Echtzeit-Training mit der geringstmöglichen Drucksituation. Wenn also etwas nicht funktioniert, dann ist nichts passiert. Wenn Du aber positive Erlebnisse bekommst, dann steigert das Dein Selbstvertrauen. Mehr Selbstvertrauen heißt mehr Optimismus. Und mehr Optimismus bringt wiederum Entschlossenheit und lässt Dich gelassener auf Deine nächsten Herausforderungen blicken.

- **Berufliche Meetings aller Art**: Vor allem kleine interne Meetings eignen sich perfekt für das Üben Deiner Redefertigkeiten. Diese finden zwar meist im Sitzen statt (ebenso wie Online-Meetings), aber dennoch liegt hier viel Übungspotential versteckt. Je öfter Du Dich zu Wort meldest, desto mehr übst Du das „Freie Reden" - also das Formulieren Deiner Gedanken, während Du sprichst. Du kannst Dir vorher kurz überlegen, welchen Punkt Du machen willst. Die Formulierung der Sätze passiert aber in der Situation. So übst Du diese Fertigkeit in einer Situation mit wenig Druck, um dann in einer Situation mit mehr Druck gut gerüstet zu sein. Wenn Du an Deiner offenen Haltung arbeiten willst, dann kannst Du bei Deinen Wortmeldungen auch aufstehen. Das wird zwar das restliche Team etwas überraschen, Du simulierst dadurch aber eine Situation, die einer Bühnensituation sehr ähnlich ist. Denn auch diesem Fall sind plötzlich alle Blicke auf Dich gerichtet und Du stehst im Rampenlicht - wenn auch nur im kleinen Rahmen. Beim Online-Meeting stehst Du in einer stehenden Haltung zwar nicht ganz so im Rampenlicht wie in einem Meeting-Raum, aber auch hier kannst Du Dich an die stehende - möglichst offene - Haltung gewöhnen und diese dadurch für Dich als sichere Haltung manifestieren. Du kannst also nur gewinnen. Und dabei habe ich jetzt nur von normalen Wortmeldungen gesprochen. Wenn Du in einem internen Meeting eine Präsentation halten musst, dann kannst Du gleich das komplette Programm aus den Teilen 1-4 in einer - sehr ungefährlichen Umgebung - üben.

- **Interne Schulungen**: Dasselbe gilt für interne Schulungen, allerdings mit einer noch längeren Übungsmöglichkeit, weil diese meist länger dauern als normale Meetings.

- **Vereinssitzungen**: Um wieder in den privaten Bereich zu wechseln. Alles, was ich oben über Meetings und Schulungen gesagt habe, gilt natürlich auch im privaten Bereich, wenn Du z.B. in einem Verein tätig bist. Auch dort gibt es Sitzungen, wo Du Dich zu Wort melden kannst. Zusätzlich könnten Weihnachtsfeiern, Jubiläumsfeiern, Jahreshauptversammlungen oder geplante Sonderprojekte dazu dienen, um ausführliche Präsentationen zu halten.

- **Berufliche Einzelgespräche und Verhandlungen**: In Gesprächen und Verhandlungssituationen kannst Du vor allem den Aufbau & Einsatz der „überzeugenden Story" simulieren. Überlege Dir dazu vorher genau, was Dein Ziel ist, was Du für Deine Zielgruppe - in diesem Fall Dein Gegenüber - anzubieten hast und verpacke das Ganze dann in eine überzeugende Argumentation. Genau wie wir es im Teil 2 durchgemacht haben. Diese Übung wird Dir helfen, auch bei komplexen und bedeutungsvollen Themen die überzeugendste Argumentation zu liefern. Je öfter Du den Aufbau von überzeugenden & gewinnbringenden Argumentationen übst, desto besser - und vor allem desto schneller - wirst Du werden. Und schneller zu sein als andere bringt Dir wiederum einen strategischen Vorteil und erhöht für Dich auch die Motivation, es noch öfter einzusetzen!

Ich denke, diese Beispiele haben Dir gezeigt, was ich meine und warum diese Übungen so sinnvoll sind. Weitere Beispiel-Situationen könnten sein:
- Produktpräsentationen
- Verkaufsgespräche
- Präsentationen in Schule & Universität
- Gespräche an einem Messestand
- Dankesreden
- Festreden
- Konferenzen & Vorträge
- Online Videos auf Social Media
- Speziell gewählte Übungssituationen wie Toastmasters oder andere Redegruppen
- usw.

Und selbst diese Liste ist natürlich nicht vollständig. Ich bin mir sicher, Dir fallen in Deinem persönlichen und/oder beruflichen Bereich noch weitere Beispiele und Situationen ein, in denen Du Deine Fertigkeiten optimieren kannst.

Das ALLERBESTE dabei: Durch die Nutzungen dieser zahlreichen Übungsmöglichkeiten wirst Du Dich in **ALLEN 4 Bereichen - Persönlichkeit, Inhalt & Story, Design und Auftritt verbessern und Deine Präsentations- & Rede-Fertigkeiten somit GESAMT-HEITLICH optimieren!**

Versuche, die Veränderungen in Deiner Entwicklung bewusst wahrzunehmen und feiere Deine Erfolge. Denn diese werden Dich dazu motivieren, immer noch einen Schritt weiterzugehen und noch besser zu werden. Und irgendwann - da bin ich mir ganz sicher - wirst auch Du die Erfolgsgeschichte Deiner Entwicklung erzählen können.

Wenn Du Dich an meine Geschichte erinnerst, dann wirst Du sehen, dass ich es genauso gemacht habe. Von meinem einschneidenden Erlebnis weg, habe ich tatsächlich jede Situation genützt, um das Präsentieren - in diesem Fall in verschiedenen Lehrveranstaltungen auf der Universität - zu üben. Und das viele Male im mehr oder weniger „geschützten Raum" von einfachen Seminaren, bei denen auch ein komplettes Scheitern keine schlimmen Konsequenzen gehabt hätte. Somit war ich dann für meine erste große Präsentation - nämlich die Vorstellung meiner Diplomarbeit vor dem gesamten Institut - gut trainiert und konnte diese souverän meistern. All diese Uni-Erfahrungen habe ich dann als Basis mit in mein Berufsleben genommen, wo ich viel üben konnte und schließlich mein ehemaliges Leiden in meine Leidenschaft und später in meinen Beruf verwandelt habe.

Ich habe es geschafft und daher wirst auch DU ES SCHAFFEN! Davon bin ich felsenfest überzeugt. Und das schaffst Du ab jetzt ganz auf eigene Faust.

Solltest Du aber unterwegs einmal Fragen haben oder in bestimmten Situationen konkrete Hilfe benötigen, dann unterstütze ich Dich natürlich sehr gerne auf Deinem Weg!

Ich unterstütze Dich gerne dabei

Ich habe im Vorwort davon gesprochen, dass ich Dir helfen will. Dieses Buch ist der erste Schritt meiner Unterstützung, aber ich würde mich sehr freuen, wenn es nicht der letzte wäre.

Wie schon einige Male im Buch erwähnt, kannst Du allgemeine Fragen, Erlebnisse, Erfahrungen und Erkenntnisse gerne in die Gruppe https://www.facebook.com/groups/321redenistdeins posten. Falls Du keinen Facebook-Account hast, dann sende mir Deine Fragen bitte direkt per Mail an hello@mcprezi.com.

Wenn Du aber nach persönlicher und intensiver Unterstützung suchst, dann **BUCHE JETZT gleich ein kostenloses & UNVER-BINDLICHES STRATEGIE-MEETING direkt in meinem Kalender unter https://www.mcprezi.academy/termin-buchen**

Gemeinsam finden wir den besten Weg für Deine individuelle Ausgangssituation & Deine Ziele!

Auf Deinen Erfolg!

Herzlichst,
Michael Sinnhuber

WEITERFÜHRENDE INFORMATIONEN

Meine Ausrüstung für Präsentationen

Die „Checkliste für Deine eigene Ausrüstung", die ich Dir im Teil 4 vorgestellt habe, war einerseits sehr ausführlich, andererseits aber wenig konkret, was die Produkte betrifft. Daher möchte ich Dir eine kleine Übersicht über meine Ausrüstung geben, damit Du beispielhaft siehst, wie eine persönliche „Werkzeugkiste für Präsentationen" aussehen kann. Da ich im Bereich „Präsentation und öffentliche Rede" beruflich zu Hause bin, ist meine Werkzeugkiste ziemlich prall gefüllt. Daher dient sie nur als Orientierung und ist keineswegs eine Liste von Must-haves. Die wichtigsten Werkzeuge, die ich immer brauche, habe ich unterstrichen dargestellt.

Um die Liste meiner Ausrüstung immer aktuell halten zu können, habe ich diese auf der Buch-Bonusseite unter **https://www.mcprezi.academy/buch-bonus** online gestellt. Über die Links kommst Du damit direkt zu den Produkten.

DANKE

Ein Buch zu schreiben ist ein Weg, den man selten allein geht, und ich hatte das Glück, diesen Weg in wunderbarer Gesellschaft zu beschreiten.

Mein tiefster Dank gilt meiner wunderbaren und heiß geliebten Lebensgefährtin Claudia. Ihre Liebe, Geduld und die unzähligen Gespräche haben mich durch die Höhen und Tiefen des Schreibprozesses getragen. Sie war und ist nicht nur meine Stütze in allen Lebenslagen, sondern auch eine wertvolle Ratgeberin, die mir inhaltlich zur Seite stand. Danke Claudia, dass Du in all den Jahren immer bei mir warst und mir immer wieder den Rücken gestärkt hast. Ohne Dich wäre dieses Buch nicht das, was es heute ist.

Ebenso möchte ich meiner Tochter Linda danken, die längst ihren eigenen Weg im Leben geht, aber stets eine wichtige Rolle in meinem spielt. Ihr jugendlicher Blick auf die Welt und viele tiefgreifende Gespräche haben mir oft neue Perspektiven eröffnet und mich in vielerlei Hinsicht inspiriert. Danke Linda, Deine Unterstützung bei diesem Buch bedeutet mir mehr, als Worte ausdrücken können.

Ein herzliches Dankeschön geht an all jene, die sich die Zeit genommen haben, dieses Buch Probe zu lesen. Eure ehrliche Kritik und euer wertvolles Feedback haben dem Buch den letzten Schliff verliehen. Ihr habt mir geholfen, die Worte zu schärfen und die Geschichte zu verfeinern. Danke für eure Zeit, eure Geduld und eure Unterstützung.

Und schließlich danke ich Dir - liebe Leserin, lieber Leser - von Herzen für Dein Vertrauen und dafür, dass Du Dich auf diese Reise mit mir eingelassen hast. Es war mir eine Ehre, Dich bis hierher begleiten zu dürfen, und ich hoffe, dass Du für Dich etwas mitnehmen konntest. Wenn Dir unsere gemeinsame Reise gefallen hat, dann sende mir doch bitte eine Buch-Rezension an hello@mcprezi.com.

Vielen Dank und viel Erfolg für Deine Zukunft!

www.ingramcontent.com/pod-product-compliance
Lightning Source LLC
La Vergne TN
LVHW042347190726
843493LV00005B/945